山岸常人［編］
YAMAGISHI Tsuneto

歴史のなかの根来寺

教学継承と聖俗連環の場《トポス》

勉誠出版

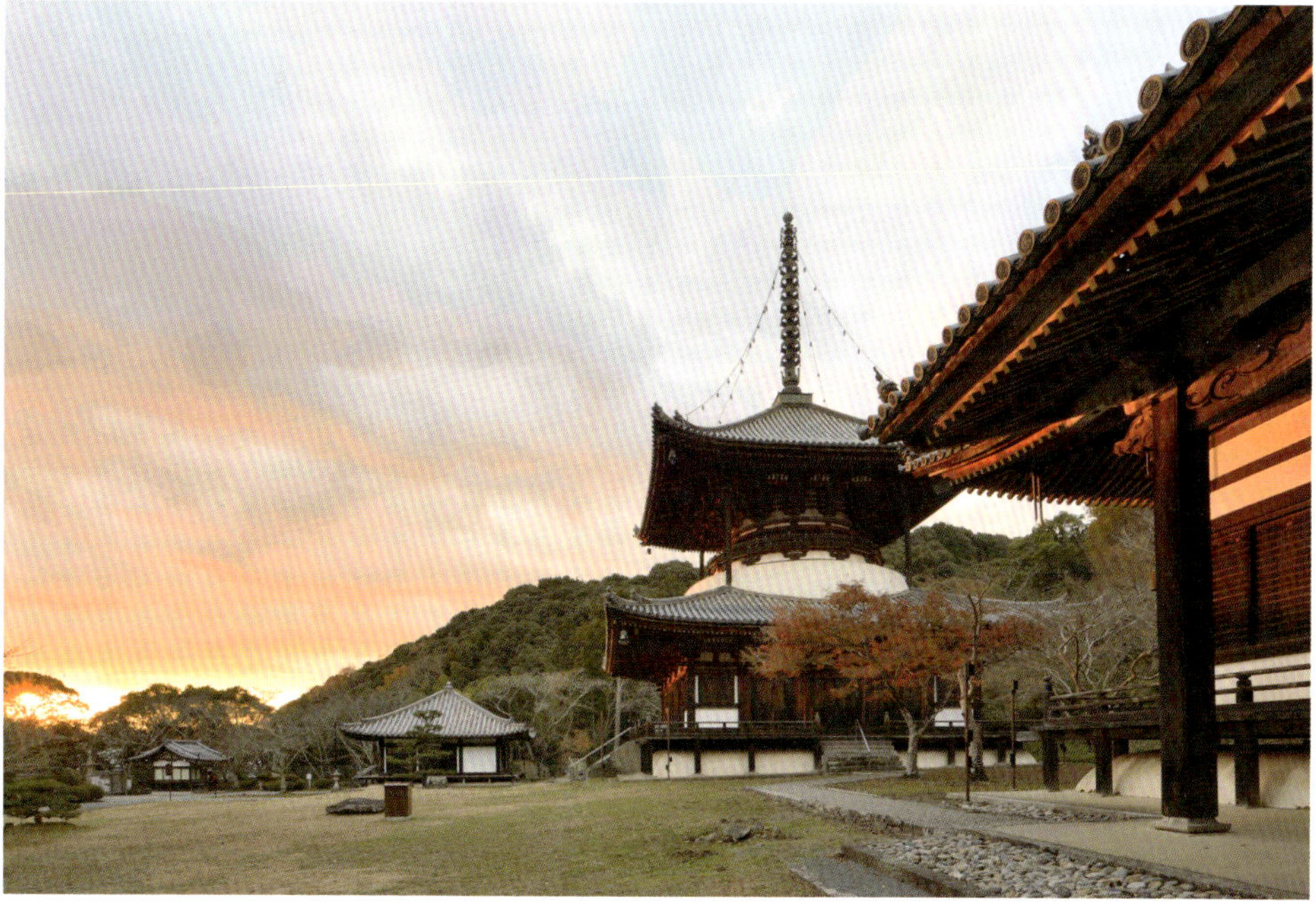

大塔・大伝法堂（撮影・桑原英文）

大塔上層内部
（撮影・桑原英文）

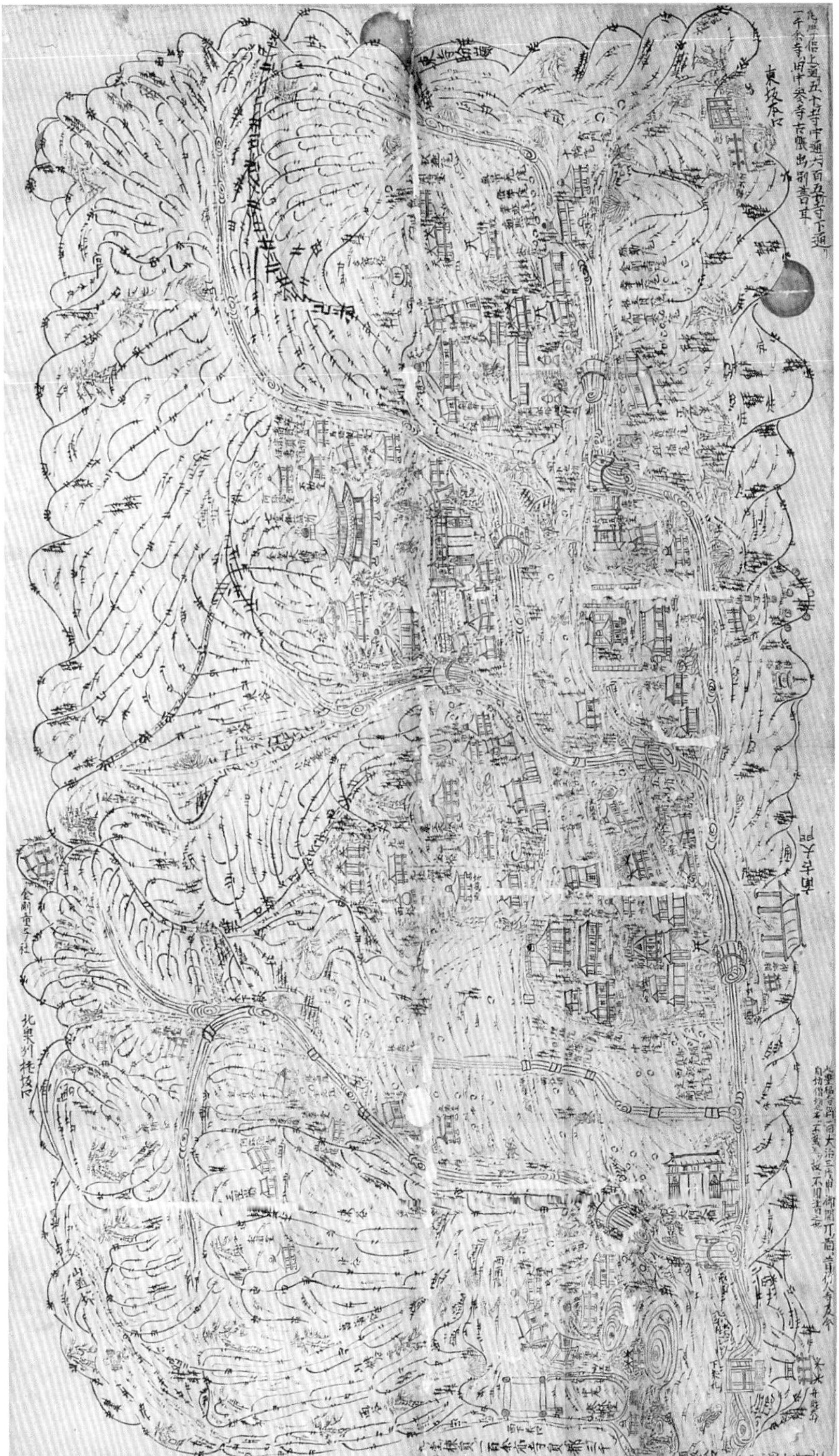

根来寺伽藍古絵図（根来寺蔵）

釈論開解鈔 巻第十一
（天野山金剛寺蔵）（143頁参照）

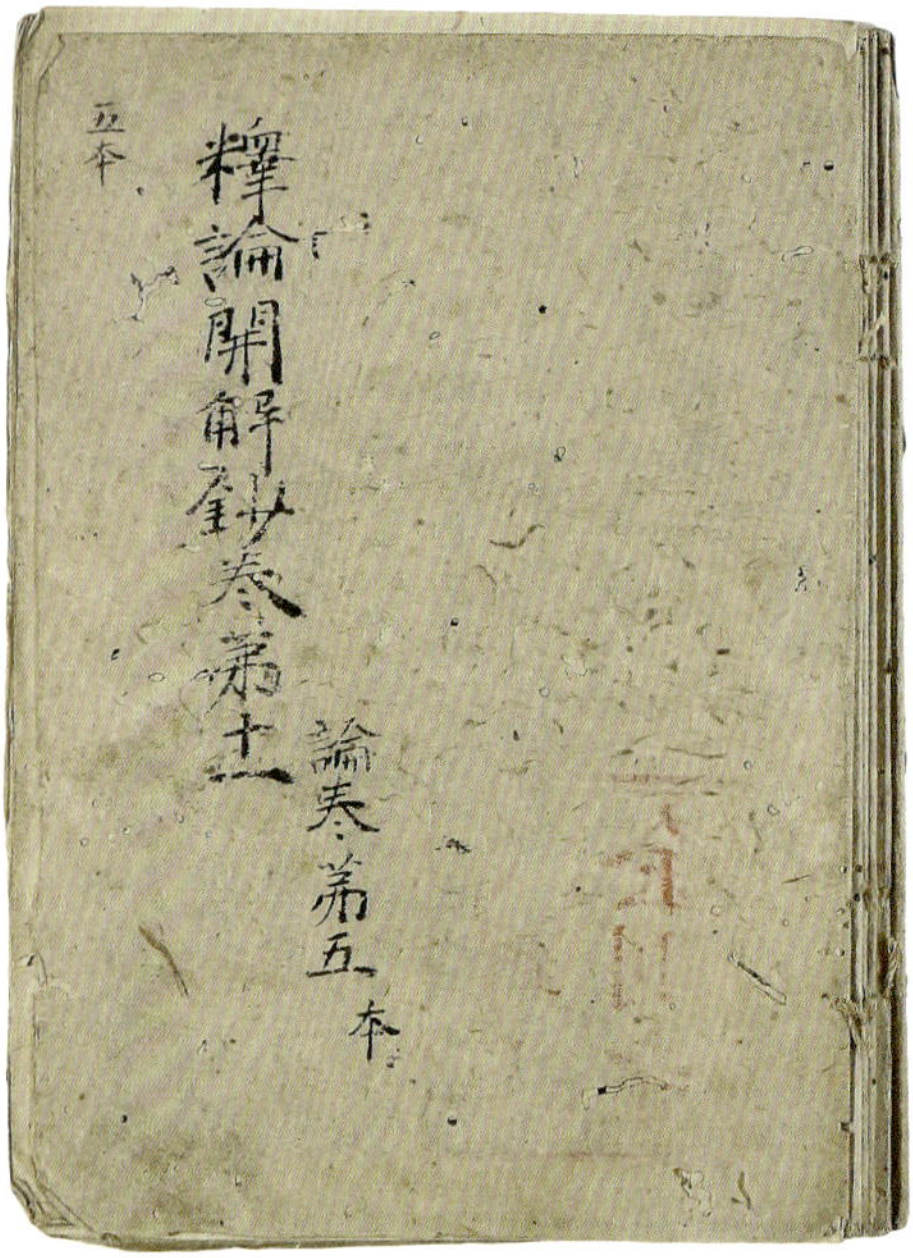

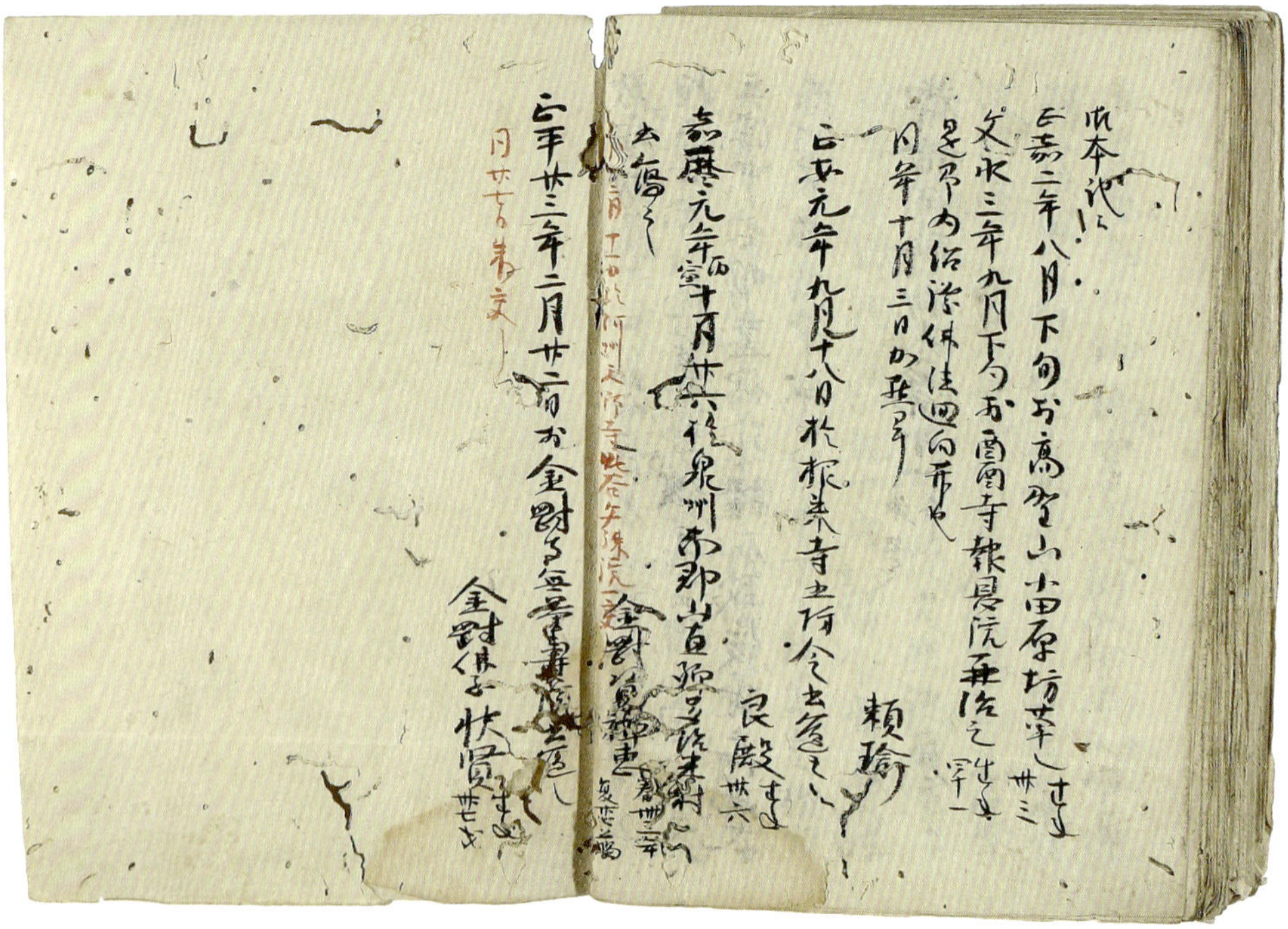

序

一つの寺院の歴史を総合的に研究するということは、その寺がどのような宗教活動を行い、どのような文化を生み出したのか、その寺が時代と共にどう変化してきたのか、などを知ることである。しかし一つの寺院は孤立して存続するわけではない。寺僧の法脈関係や寺の支配する所領など、聖俗の様々な繋がりを持っていた。周辺の寺社や地域と、あるいは近隣の地域住民と、あるいは遠方の権力者と関わりをもち、それらが相互に影響を及ぼしあい、時に寺が外部の力によって大きく改変を余儀なくされることもある。つまりある寺院の歴史を解明することによって、寺院社会の中の動向だけでなく、翻って社会そのものの歴史の評価をも可能にする。個別事例の深化と、個別からもたらされる全体への視座は、常に歴史の探究では欠かせないことである。

これを中世後期に絶大な勢力を誇った根来寺について行ってみようというのが、私たちの研究の目的である。このために平成二十五年度から二十八年度に日本学術振興会から科学研究費補助金（基盤研究（B））の助成を受けた。本書はこの研究の遂行の過程で、平成二十七年三月八日に実施したシンポジウム「根来寺史をめぐる新たな視角」の口頭発表に、その後の研究の成果を加えて一書となしたものである。

さてこの研究の対象とした根来寺は、和歌山県岩出市の紀ノ川北岸の山沿いにあり、フランシスコ・ザビエルの書簡やルイス・フロイスの「日本史」によって、十六世紀には世界的に名を知られた寺であり、その隆盛期の院家・院坊の遺跡が極めて広範囲に残されていることでも知られている。そもそも根来寺の濫觴は、十二世紀に覚鑁《かくばん》によって高野山において大伝法院が創設されたことに遡る。同時に根来の地にその末寺である豊福寺も設定された。大伝法院の僧団と金剛峯寺の軋轢や、大伝法院の火災などもあり、十三世紀後期に頼瑜《らいゆ》は活動拠点を根来の地へ移した。その後も大伝法院は高野山に存続して活動を続けたが、根来の地での活動が活発化し、伽藍整備も徐々に進んで、根来寺の寺基が固まった。十六世紀に至って、根来寺は広大な寺地と膨大な数の僧を抱え、戦国大名と敵対する一大勢力となっていた。しかし、天正十三年（一五八五）の豊臣秀吉による泉州・紀州攻めに伴って、根来寺は焼き討ちされ、大塔周辺の一郭を除いて灰燼に帰し、院家が立ちならんだ一〇〇ヘクタール以上もの寺地は田畑と化し、今に至っている。

こうした歴史は、中世寺院が近世に向かって変容してゆく過程の一端をよく示している。一般にいわれるように顕密寺院の修学活動が中世後期に衰退していくわけではない。真言教団における教相と事相の比重が、教相側に傾いてゆく。そしてその教相の修学拠点は、各地からの修学僧の遊学を招くことになる。客僧・客衆等と呼ばれるが、その増加は中世後期の社会全般の人的移動の活発化と連動していると推定される。そしてこの遊学のあり方が地方にも及び、談義所の増加を生み、近世の教団組織の形成に繋がってゆくと考えられる。根来寺はそうした密教の教相の修学拠点であると同時に、事相相承の法流拠点でもあった。

以上のような認識を踏まえつつ、本書の各論考ではそれぞれの著者の研究領域と問題意識に従って論を展開している。

中川委紀子氏（一）は、高野山における大伝法院の成立から、「末寺根来寺」の成立、根来寺への法燈移転までの過程を仔細に検討する。十三世紀初頭までに根来寺における寺基が確立される一方で、高野山大伝法院の充実も図られるが、十三世紀中期以降、中性院流を樹立した頼瑜が拠点を根来寺に移すようになり、十四世紀後期に至って高野山大伝法院の正当を担う仏宝の移転が完成したとする。

平雅行氏（二）は、大伝法院を開いた覚鑁が、その座主職に住山の僧を補任する原則を定めたが、その原則は十三世紀中期に到るまで、真言系有力寺院、幕府、朝廷等様々な権力が絡み合う政治的闘争の中で実現できない状況を克明に描く。

永村眞氏（三）は、大伝法院が根来寺に軸足を移す時期の主導的役割を担った頼瑜を中心に、その法流に着目する。十三世紀に活躍した頼瑜は、醍醐寺の密教の諸法流を包括的に継承し、それを伝授していった。その法流に連なる十四世紀の頼豪の著した「束草集」を手掛かりに、根来寺において教相を巡る論議・談義の法会が盛んに催行され、そこに根来寺で重視された仏法の特質が顕著に映し出されていると見る。そのような環境の中で、頼瑜の撰述した聖教が周辺寺院に普及し、根来寺を核とする新義教学の形成と広がりがもたらされることを明らかにしている。

村田弘氏（四）は近年行われた根来寺大伝法堂周辺の発掘調査成果を紹介し、天正焼き討ちの被害が大塔周辺には及んでいないことを明らかにした。このことは、天文年間（十六世紀半ば）に完成した大塔の位置づけや、秀吉の戦略、根来寺の存続のあり方を示唆するものだとする。

廣田浩治氏（五）は、中世後期の紀伊北部における根来寺の勢力の実態を探る。根来寺の衆徒・行人が多くの所領を取得し支配したこと、しかしその支配のあり方は、根来寺として一元的に権力行使の組織が確立していたのではなく、一山集会や惣分集会など寺僧全体の意志決定機構から、谷単位の院家組織、行人の個別支配など、多様であったとする。また根来寺境内と門前・寺辺の社会構造を概観する。以上の考察を踏まえて、根来寺惣国一揆論や根来寺を都市と見る近年の論に批判を加えた。

上島享氏には、シンポジウムでの各報告に対するコメントをお願いした。本書ではそこでの議論を踏まえて、論考にまとめていただいた。すなわち（六）では、中世真言寺院を、教相研究の拠点たる〈根本寺院〉と、事相法流伝授の拠点たる〈定額寺・御願寺系寺院〉に分け、根来寺を、前者の性格を持ちつつも後者の法流拠点としての機能も持っていたこと、双方の実態を解明することが根来寺の本質を解明する鍵になるとした。

伊東史朗氏（七）は、シンポジウムでの報告ではないが、科学研究費と根来寺による共同調査によって得られた根来寺大塔の上層に安置される諸尊と木札銘の検討成果を報告する。高野山大伝法院塔の安置諸尊と比較し、根来寺大塔との類似点と差異が明確になる。

以上の論考はまさに中世前期に発し、継承と変容をへながら未曾有の大寺に展開していった根来寺の歴史の主要な画期を、時代順に描くものである。同時にそれは中世の重層的な寺院組織のそれぞれの相の活動とその意味を描き出すことにもなっている。寺院社会の中世の動向が、聖俗様々な要素の変容と葛藤の中で展開していった様相が確認できる。

このように研究成果の一端を並べたのではあるが、論じるべき課題はこの他にも多く残されるだけでなく、根来寺を主たる対象として寺院社会の歴史を探るには、さらに基礎的な史料の集成が不充分であることを実感する。これまで『興教大師伝記史料全集』（興教大師八百年御遠忌事務局出版部、一九四二年）、『根来寺史』（史料編一・二、ぎょうせい、一九八七・一九九二年）等、史料の集成はないわけではなく、『根来要書――覚鑁基礎史料集成』（東京美術、一九九四年）、『『東草集』訳註研究』（川崎大師教学研究所叢書、第二巻、大本山川崎大師平間寺、二〇一四年）など重要史料の翻刻も刊行されてはいる。しかし、根来寺関連の地方寺院の史料、根来寺周辺の在地の史料など、なお蒐集の余地がある。これらを集成しつつ、この研究は継続してゆくこととなる。その成果は、今しばらくの時間を要するものであり、本書とは別の形で公表することになる予定である。

山岸常人

目次

序……山岸常人 (1)

一　中世後期における高野山大伝法院の再構築
——末寺根来寺への仏宝移転相承とその観念——……中川委紀子 1

はじめに……1
一　高野山大伝法院と末寺根来寺の成立……8
二　高野山大伝法院の自立と末寺根来寺への法灯相承にむけて……28
三　根来寺における高野山大伝法院の再構築……36
おわりに……58

二　大伝法院座主職と高野紛争——理想主義の挫折——……平　雅行　73
一　問題の所在……73
二　住山不退の緩和……75
三　非門流の座主の誕生……89
四　承久の乱と大伝法院座主……102
大伝法院の再建と宝治合戦——むすびにかえて——……108
三　中世根来寺の教学とその聖教……永村　眞　121
はじめに……121
一　頼瑜とその法流……123
二　根来寺の法会と修学……131
三　頼瑜の教説とその相承……140
おわりに……148

四　発掘調査から見た根来寺の興亡――大塔周辺の発掘調査を中心に――……村田　弘　151
はじめに……151
一　調査の方法……152
二　基本層序……155
三　検出遺構……155
まとめ……162
五　中世根来寺権力の実像――「一揆」「惣国」「都市」再考――……廣田浩治　165
はじめに――根来寺の虚像と実像――……165
一　紀伊北部における根来寺支配の拡大……167
二　根来寺権力と所領支配構造――「惣国」「一揆」再考――……177
三　根来寺境内・門前と地域経済構造――「都市」再考――……183
おわりに――重層的な「衆」の権力としての根来寺――……188

六　中世真言寺院の教学とその歴史的変遷
——根来寺の位置づけを考えるために——……上島　享　195
はじめに……195
一　法流の拠点寺院の歴史的変遷——小野流の嫡流勧修寺流と勧修寺の歴史を中心に——……197
二　東寺の教学復興——〈根本寺院〉の特質——……203
三　根来寺の位置づけについて——むすびにかえて——……206
七　大塔上層に安置される金剛界三十七尊像、賢劫十六尊牌等……伊東史朗　211
一　高野山大伝法院塔と根来寺の大塔……212
二　三十七尊像、十六尊牌等とその銘記……216
三　栄性による大塔内の構想……227
結び……230
あとがき……233
執筆者一覧……237

一　中世後期における高野山大伝法院の再構築

――末寺根来寺への仏宝移転相承とその観念――

中川委紀子

はじめに

1　根来寺史の現状

これまで根来寺史は、伝説的に語られることが多かった。これは史料不足によるものであったが、近年寺内・外から根来寺に係わる史・資料が多く確認され、未だ調査や研究の途次にはあるものが多いものの、不明であった寺史の実像が解明されつつある。(1)本稿では、これらの史・資料に拠って、大伝法院と根来寺の成立と両寺院の持続的存続および、やがて高野山大伝法院が根来寺において再構築を遂げてゆく際にその基盤とした観念について検討してみたい。

さて寺内から確認された史・資料は、天正兵火をのがれた本尊大日如来像・金剛薩埵像・尊勝仏頂像（重要文化財）・鳥羽天皇像（重要文化財）・大塔（国宝）・大師堂（重要文化財）など根来寺史の核心となるものが多くあった。また天正兵火以降では、再建された大伝法堂（本堂）・不動堂・円明寺・大門や新造された光明真言殿等建造物とその安置仏、また本尊（大日如来）像に追納された紀州徳川家収集の護符のほか、近世文書・仏画・近世根来版版木・紀州徳川家寄進能面等々約四千余点で、(2)これらの一点一点が根来寺史の多彩さを物語る史・資料である。一方、寺外の根来寺関連史料には、すでに知られてきた「根来要書」や「東草集」等のほかに、高野山大伝法院や根来寺で生成された聖教や記録類および在地史料があり、その主なものは僧職の伝受やこれを介した人的交流があった醍醐寺・高野山正智院・金剛寺（河内長野市）・長谷寺・智積院をはじめとする関係寺院に伝存していた。(3)これらの史料は受容側の選択眼が働いた可能性もあり、これらをもって大伝法院・根来寺史の全容を示す訳ではないが、不明であった高野山大伝法院における覚鑁の事績や、鎌倉時代以降に大伝法院・根来寺でおこなわれた教学活動の詳細を明らかにしたその存在意義は深い。これらの史料によって、覚鑁が高野山大伝法院において創成した事績が末寺根来寺の活動の基盤になったことが明らかになった。したがって高野山大伝法院の活動を踏まえることが根来寺通史を解明する糸口となり、また、密教寺院としての根来寺の特質を知ることに繋がった。

　また近年の根来寺内の出来事では、根来寺史の解明がすすんだことによって史・資料の背景や位置付けが明確になり、根来寺境内が平成十九・二十二年に国史跡に、また鳥羽天皇像が重要文化財指定になった。このように、寺内文化財は再評価の段階にある。(4)史跡指定の範囲は最盛期（十五〜六世紀）の境内域の約三分の一程度であるが、このような根来寺内外の動向が研究者の関心を集めることにもなり、多角的な根来寺研究が深化する機会になった（註1参照）。

さて筆者は密教寺院である根来寺の歴史展開やその宗教的な特質の考察に携わってきたが、その方法は日本における中世仏教寺院社会の成立・存続を支えるうえで不可欠な要素である仏・法・僧三宝のうち、「仏宝」（本尊・堂塔・仏具等）に視座をおいた。仏宝は法会成立の趣旨である法宝（灌頂・論議・各種法会等）の決定や僧宝（僧職組織）の活動と一体となって信仰の内容を顕現してきた。この「仏宝」の役割を通じて、密教寺院である根来寺が成立し、持続的な存立を継承した背景にある特質を捉えたいと考えたからである。[5]

旧著『根来寺を解く――密教文化伝承の実像』[6]では、このように仏・法・僧三宝の連携を包括的にとらえる立場から寺史の展開を考察した結果、これまでは金剛峯寺と大伝法院間の相論に議論が集中していたために等閑視されてきた宗祖覚鑁（一〇九五～一一四三）の事績を評価し、覚鑁が高野山大伝法院を開山し、そこに創成した密教伽藍が、末寺根来寺の本尊堂塔として再興造立され、高野山大伝法院の法灯が末寺根来寺に継承されたこと、また、その再興された大伝法院の本尊堂塔に寺家が信心の基盤をおいて、中世後期に新義教団を形成して全国への教線拡大をすすめたこと、また、天正兵火以降の近世復興においても秀吉が破却した本堂を復興再建し、覚鑁創成の本尊像が近世復興の信心再生を導いたことを示した。

一方これまで根来寺は、十三世紀後期に頼瑜（一二二六～一三〇四）が大伝法院を移転したことによって成立したとの通説が定着していた。しかし高野山大伝法院は、十五世紀後期まで山上に存続していた記録を確認した（『高野山請院家帳』本稿三四頁参照）。また覚鑁は高野山大伝法院創建と同年に大伝法院五荘園内に末寺として豊福寺を鳥羽上皇から下賜開山しており、この末寺豊福寺が後年根来寺と呼称される。[7]すなわち、根来寺は高野山大伝法院と同時期に開山し、その後は大伝法院末寺として持続的な活動をおこない、この末寺境内へ十五世紀はじめから十六世紀半ばにかけて大伝法院の法灯（代表法人格）を相承し、現代に至っている。

これまでの頼瑜による大伝法院の移転と理解された時期には未だ主要法会を執行する大伝法院本堂は高野山上に在る。移転したとされる十三世紀後半は頼瑜が流祖として中性院流の樹立をおこない、このことを契機に自らの活動の拠点である院家を末寺境内に建立した時期にあたる（第二節）。聖教にある「離山」の文言は丁寧に扱う必要があろうが、中性院は頼瑜以降も法流を伝受した子弟を受けいれ、「束草集」にみる諸院家の中核として学山活動を持続し、十六世紀半ばに作成された「根来寺伽藍古絵図」からもその存続を確認することができる。したがって、通説とされた根来寺の成立根拠は検討を余儀なくされると同時に、大伝法院の組織は、十四世紀後半まで高野山上と大伝法院荘園内の建立された本・末寺の合力によって運営がおこなわれ、十五世紀はじめに高野山から末寺根来寺へ法灯が相承されることによって法人格が一本化されているという認識をもって根来寺史を再検討する必要があると考える。[8]

さて、高野山大伝法院はこのような宗教基盤を形成して活動を持続していた末寺根来寺境内に新たな平地を開削し、十五世紀初頭から十六世紀半ばにかけて「根来寺伽藍古絵図」に「大伝法院七堂伽藍所」と記述する金堂・不動堂・大塔・中門・座主坊（密厳院か）等々の堂塔を再興造立した。これによって覚鑁樹立の大伝法院の法灯が末寺へと継承されたことを古絵図上に確認されるわけであるが、この大伝法院再興伽藍が今日の根来寺本尊像および大師堂・大塔として現存し、新義真言宗総本山の中心伽藍として存続している。「根来寺伽藍古絵図」にみる末寺根来寺境内は、このような展開にともなって先ず覚鑁が豊福寺境内に建立した円明寺を中心に開発され、次いで円明寺の西に隣接する場所に頼瑜や良殿が中性院・五智坊を建立、十四世紀半ば頃から大谷川の谷の北側の山裾を大きく開削して右記の大伝法院伽藍の再興造立や院家の建立がおこなわれた。「根来寺伽藍古絵図」の原図制作期とする安土桃山時代には画面にみる範囲を結界した境内[9]

が形成されたと考えることができよう。

このように、高野山大伝法院は次第に拡大した根来寺境内において再興したわけであるが、その再興造立期にあたる中世後期には、加速度的に多数の院家が建立したことを埋蔵文化財調査から確認できる。院家数は、約三百とも推定され、おそらく地方談林や修験組織を介して多数の人口が根来寺に流入した。人口の流入は大伝法院根来寺が在家との信心を深めるなかで教線を拡張し、院家を媒体として全国に末寺を形成し、やがて新義教団の構築をすすめていく過程と呼応したことが想像される。しかし、個々の院家活動と地方談林を結んで拡大する内実を裏付ける史料は未だ蓄積の途次にある。またこの地方の動向と根来寺寺家の連帯を示す史料も詳解には至っていない現状である。(10)

2 問題の所在

本稿では以上のような根来寺史の現状や旧著を踏まえて整理した結果、改めて大伝法院と末寺根来寺両寺の併立の確認と、十四世紀後半以後におこなわれた根来寺における高野山大伝法院の移転理由の再検討の必要性を感じた。そこで第一節「高野山大伝法院と末寺根来寺の成立」では、院政期に覚鑁が創建した高野山大伝法院と末寺根来寺の関係を、両寺の開山時期と互いの役割およびその持続的な展開過程から確認したい。次いで第二節「高野山大伝法院の自立と末寺根来寺への法灯相承にむけて」では、創建期以降の高野山大伝法院の展開と、同時期に末寺根来寺でおこなわれていた持続的な活動および院家の設立を、頼瑜や良殿の法流伝受や修学活動を通じて追った。南北朝期に入ると末寺根来寺において高野山大伝法院の再興造立が実働するわけであるが、第三節「根来寺における高野山大伝法院の再構築」では、高野山大伝法院が末寺へ法灯を移転するにあたり、大伝法院が直面した当時の寺院社会環境を仏教施策の変化に着目して、移転を導いた事由を考察したい。また移転にあたっては大伝法院は、本尊堂塔そのものを末寺根来寺へ移しその再構築を計っている。そのことについて寺家の信心を支えた観念の拠所を仏宝に求めてたずねてみたい。

さてこのような本稿の視点を導いた問題の所在は、これまでおこなわれてきた高野山大伝法院「移転」の扱いに対する疑問にある。「移転」については多くの論考がなされてきたが、移転時期の検討にとどまることが多かった。(11) しかし旧著で明らかにしたように、高野山大伝法院の「移転」は、信心の核心を担う仏宝（本尊堂塔伽藍）そのものを末寺根来寺境内において再興造立するという物理的な作業をともなう行為であった。また移転時期についても、一山を統括する法会の中核となる大伝法院本尊像の再興開眼は、応永十一・十二年におこなわれており、これまで議論された弘安年間の「移転」通説は実態と異なる。また「移転」に係る作業年数は、根来寺本尊調査や大塔の解体修理によって明らかなように、本尊の再興作業が嘉慶年間（一三八七～八九）に着工し、大塔が天文十六年（一六五七）頃に完成しているところから、「移転」は約百六十年の長期期間に渉っておこなわれたことになる。したがってこれまでにおこなわれてきた「移転」の概念は、根本から再考される必要があると考えるに至ったのである。

さて、大伝法院という法人格にとって宗祖覚鑁が創成した高野山大伝法院を末寺根来寺へ「移転」するということは、一宗における「法灯」を末寺へ相承する大事であった。(12) しかしながら、これまでは大伝法院の「移転」を物理的な移動として捉え、法灯相承という観点から捉える機会がなかった。また、このように長期にわたる移転作業を担った寺家がおこなった寺務や作務や法務上の対応を語る史料についても一部をのぞいて着目される機会はなかった。本稿においてもこれらの高野山大伝法院「移転」の全容を示す準備は持ち合わせていない。そこで本稿では根来寺における大伝法院の再構築の全容解明に先だって、まず法灯の要になった仏宝(本堂・堂塔)に籠められたであろう仏教的な「観念」を検討し、根来寺における高野山大伝法院再構築にあたった中世の精神的基盤を求めてみたい。

ところで「寺院」とは法灯を樹立し、これをもって壇越に信心の法施をおこなうことをもって本願とする社会である。密教寺院である根来寺にとっても、御願寺大伝法院の法灯を「移転」することは、寺院の存立を担う大事で、場所を移し長期に渉り世代を超えた作務をともなう事業の敢行には寺家の信心の結束を固め自他を牽引する「観念」が存在したことが想起される。また、大伝法院移転においては、名籍を末寺に継承するのみならず、「仏宝」である本尊堂塔そのものを末寺境内において再興造立をおこなっている。これは末寺へ法灯を相承し、「移転」後の持続的な大伝法院の寺院活動に欠くことができない「観念」(教義)を、「仏宝」そのものが宿していたことを意味するからであろう。

さて、この密教における教義と「仏宝」本尊である「仏像」の関係については、空海が言及している。入唐した空海は師恵果から経典経疏とともに仏像として大毘盧遮那大悲胎蔵曼荼羅一鋪をはじめとする仏菩薩を受領して請来した。このことについて空海は『御請求目録』に「法本無言、非言不顕。眞如絶色、待色乃悟。雖迷月指、提撕無極。不貴驚目之聞奇観、誠乃鎮国利人之宝也。加以、密蔵深玄、翰墨難載。更仮図画開示不悟。種種威儀、種種印契、出自大非一覩成仏。経疏秘略、載之図像。密蔵之要、実繫乎茲。伝法受法、棄此而誰矣。海会根源、斯乃当之也。」(大正蔵五十五巻一〇六四頁)と述べ、密教の教義は深玄であり文字で表すことは難しい、そこで図画(仏像)を借りて悟りに至る筋道を示すと述べ、密教の教義は経疏と図像をもって説かれ、これをもって伝法受法の根源が会得されると説いている。

すなわち、空海の考えに拠れば、覚鑁が創建大伝法院に安置した「仏宝」本尊には、密教の教義を学んだ覚鑁の教学そのものが象徴化され、顕現していることを理解することができるわけである。覚鑁は高野山大伝法院創建の本願として伝法会の執行を掲げ、その道場とした本堂に大日如来像を本尊とする「仏宝」を安置することをもって法灯を掲げた。したがって大伝法院法灯の移転相承にあたっては、覚鑁の教義を顕現した「仏宝」そのものの移転をなすために、末寺根来寺において再興造像をおこなうことが必須であった。大伝法院の「移転」は、このような密教寺院特有の図像観や道場観によっておこなわれた。(13) 本稿ではこうした密教に通有する道場観を前提にして、さらに大伝法院の創建を担った固有の観念が「仏宝」に籠められたか否かについても検討をおこない、大伝法院固有の「観念」があるとすれば、その「観念」が中世後期根来寺史の展開においてどのように位置付けられたのかも問いかけてみたい。

本稿では以上のような観点から、根来寺において高野山大伝法院の再構築がおこなわれる基盤の考察を試みたい。

一　高野山大伝法院と末寺根来寺の成立

1　御願寺　大伝法院の成立

長承元年（一一三二）、覚鑁（一〇九五～一一四三）は、鳥羽上皇の御願寺として高野山大伝法院を創建した。(14) 創建にあたって、覚鑁は空海が提唱し高野山上で中断していた伝法会の再興を本願とした。伝法会は密教経論を研鑽する法会であるから、これによって覚鑁は大伝法院開山の理念すなわち、僧の修学を法灯の根幹においたことがわかる。覚鑁が大伝法院を創建した院政期は、院が仏教興隆政策を挙げた時代であった。院は六勝寺や権門寺院でおこなう仏事法会の場で王権による寺社統合の主導を計った。(15) こうした仏教施策のなかで、事相・教相を中心とする真言教学に新風を吹き込んだのが、仁和寺に拠点をおいた済暹（一〇二五〜一一一五）や覚鑁（一〇九五〜一一四三）であった。(16) 覚鑁は十三歳の時、当時の仏教界の最高峯であった仁和寺の寛助（一〇五七〜一一二五）のもとへ入寺した（『根来要書』八一、以下『要書』）。仁和寺は宇多天皇が出家して法皇として入寺されて以来、歴代を法親王が門主を任じ、第四代高野御室は白河天皇第四皇子、第五代紫金臺寺御室は鳥羽天皇第五皇子であった。後に覚鑁の大きな支援者となる院（鳥羽上皇）とのゆかりも肯首できる。当時の仁和寺では南都東大寺僧等の学侶も参加する経論の論議が盛んにおこなわれ、密教教学を研鑽する幅広い学識や法会の興隆がおこなわれる土壌が培われていた。覚鑁は自らも三会がおこなわれた興福寺に暫く止住し法相を兼学している（『要書』八一）。覚鑁が伝法会の再興を本願として大伝法院を創建した背景には、このような院の仏教政策や仁和寺・興福寺における論義の修学から大きな影響を受けたと思われる。

こうした仏教界の土壌の中で育まれた覚鑁が、仁和寺僧であるにも関わらず、高野山において大伝法院を創建した理由の一つは、仁和寺で研鑽した伝法会を、空海が入定しその教えが生きる「高野山」において復興したいという思念を強く働かせたことにあろう。そのことについて覚鑁は、「高祖大師早勧来我山、入山之志自鄭住之土、大師明神冥告相頻、仍自生年立、」（『要書』八一）と述べ、高祖空海の勧めによって初めて高野山に登山し、また自らも「大伝法院供養願文」（『要書』一六）に「夫紀州高野山之霊窟者、秘教相応之勝地也、（中略）抑伝法之大会者、真乗之芳軌也、上承大師之素意、下専末学之精研」と述べ、高野山は大師が開山した神秘の場所であり、密教を修するにはもっとも相応しい場であるとして、その地で行う伝法会において、大師の願いを承り、弟子の修学によって真の教えを研鑽することの大切さを示している。

しかし覚鑁は、長承元年に大伝法院を創建するまでに、なかなかの難渋を重ねている。まず御願寺大伝法院創建に先立ち、大治元年（一一二六）に平為里の寄進により伝法会供料として（『要書』二）石手庄設立に着手した。[17] そして、次に示す大治五年（一一三〇）四月八日「伝法院供養願文」[18]に

敬白

奉修種々善根事

一、奉建立宝形造一間四面伝法堂一宇

一、奉造立丈六金色尊勝仏頂像一躰

一、奉図絵金剛界大曼荼羅一舗

一、奉図絵胎蔵界大曼荼羅一舗

一、奉書写梵字両界真言並尊勝大仏頂随求等陀羅尼各一巻

一、奉書写大日経七巻、教王経三巻瑜祇理趣等諸真言経並九巻、龍猛菩提心論一巻、大日経疏二〇巻、十住心論等□作法門並十巻

一、奉勤修長日両部行法各一時尊勝供養法一時

一、奉始修毎年二季秘密曼荼羅伝法会

右八箇善根、一奉為　禅定聖霊仏果円満、一奉為　太上天皇宝算延長也

一、奉始修長日愛染王法一時

一、奉念当日内尊勝陀羅尼二萬遍

右二箇善根、一向奉為　太上天皇御息災安穏増長宝寿也

以前善根、甄録如右　〈覚鑁〉

（中略）

大治五年四月八日

沙門〈覚鑁〉敬白

とあって覚鑁は自ら願主となって、伝法院を建立した。「東寺長者並高野検校等次第」第三十七長者大僧正定海条の裏書には伝法院供養について「大治二年。一間四面伝法堂造立初也。本仏尊勝。同五年供養。導師遍智院琳覚律師」とある。願文では院の宝算を祈願しているが、開眼供養会に天皇の光臨はなかった。また、その供料である石手庄は大治四年十一月三日に国免庄として立券したが、伝法会料は十分とは言い難かった。そのためか建立されたのは一間四面の小さな堂宇で、弟子とともに伝法会を修するための十分な施設ではなかった。(19)

覚鑁はこの小規模な伝法院の設立から二年四ヶ月後、長承元年に鳥羽上皇を願主とする大伝法院を創建した。上皇の側近であった藤原宗忠はその様子を『中右記』長承元年十月廿日条に次のように記している。

去十七日参御高野御所御経供養（略）

次供養新立御堂、信勝法橋為御導師、是一長者也、御共上達殿上人束帯、大殿独御直衣、次聖人建立八角堂供養云々、

この時、鳥羽上皇は高野山御所の経供養等のために参御し、同十七日に自ら御堂を新立した。新堂落慶の供養導師は東寺一長者・信勝法橋が勤めた。[20]「東寺長者並高野山検校次第」によれば、信勝は第三十六代東寺長者権大僧都信勝（または証）で、同書第三十八長者権大僧都寛信の裏書に「長承元年、大転（伝）法院造立供養、導師法浄院僧正信証。（略）鳥羽院御幸。」とあり、鳥羽上皇がこの時新立した御堂は大伝法院であったことがわかる。

鳥羽上皇が自身で建立した新立御堂（大伝法院）の供養には、大殿・前関白藤原忠実や関白藤原忠通らが陪席し、勅会の格式をもって催された。鳥羽上皇は同日、聖人（覚鑁）が建立した八角堂（密厳院）の供養にも参じている。本稿ではこの新立御堂と大治五年に法要が営まれた伝法院を区別するために、前者を小伝法院、後者を「東寺長者並高野検校次第」の記述にしたがって大伝法院と呼称する。また、右記したように、大伝法院が長承元年十月十七日に鳥羽上皇の御願寺として成立したことを確認しておきたい。

小伝法院と御願寺大伝法院の相違は願主のみではなかった。まず、本尊像は、小伝法院では丈六尊勝仏頂像、大伝法院では「大伝法院幷墎内堂塔本尊仏具等事」（第三節参照）に拠れば、大日如来像・金剛薩埵像・尊勝仏頂像三尊像が安置された。また、堂内の荘厳も小伝法院では両界曼荼羅と経典、大伝法院ではこれらに加えて曼荼羅壁が設置され、壁裏には密教伝来図や釈迦成道図を布置し、本尊像後壁に三輪身を表す五仏・五菩薩・五大明王を図像し、堂内柱には密教諸尊像（印形）を描き、東西庇間後壁には等身十六祖師像を安置するなど大伝法院の礼拝空間の飛躍的な充実が伺える（後述）。このように小伝法院と比べて、大伝法院本堂内には、御願寺として執行される法会を想定した多彩な仏像・仏画が奉安された。こうした大伝法院の仏宝に籠められた観念は、鳥羽上皇の御願寺として宗教活動をおこなう根幹に関わる事柄であるので、第三節「5　仏法に籠められた御願寺大伝法院の正統」でふれることにしたい。

さて鳥羽上皇は御願寺大伝法院を創建した同年の十二月九日、大伝法院領として五箇庄園と末寺一処豊福寺（のち根来寺と寺号、次項参照）および聖人建立の密厳院庄園を門跡相伝として下賜した。そのことについて「鳥羽上皇院宣案」（『要書』二六）に、

長承元年　院宣〈五箇庄末寺事〉

下賜御願寺庄園末寺文書事

伝法院庄五箇所末寺文書事

一処〈石手〉　一処〈山崎〉　一処〈岡田〉　一処〈山東〉　一処〈弘田〉

末寺一処豊福寺

密厳院庄一ヶ処〈相賀〉

右、件庄園末寺等、門跡相伝可令沙汰者、依　院宣

執達如件、

長承元年十二月九日　　参議顕頼（藤原）〈奉〉

奉、　正覚房（覚鑁）聖人御房

とある。これらの大伝法院五箇庄園は、下賜に先立って覚鑁が立券申請をおこなっていたもので、「紀伊国司庁宣案」（『要書』五）大治元年六月十日に、覚鑁が小伝法院建立のために「聖朝万歳之宝祚」を祈願し、

紀伊国石手庄の「荒地」の「開発」を申し出たことにはじまる。

しかし石手庄の開発は覚鑁の思惑通りに進捗せず、「覚鑁申状案」(『要書』八)では、大治四年八月に石手庄を勅免荘園として再申請を訴えたが聞き入れられないまま白河法皇が同年七月七日に崩御したことを憂えている。その後鳥羽上皇が同年十一月に院庁を開設し、同月三日付「鳥羽院庁牒案」(『要書』一〇)において石手庄立券と官物雑事が免除された。このように石手庄は申請から立券までに約五年の歳月を要した。大治五年四月八日に建立された小伝法院が上皇・天皇の宝算を祈願しながらも小規模で覚鑁の私的な堂宇であった背景には充実した、供料の確保が及ばなかったことがあった。石手庄以外の四庄園は順次鳥羽上皇の下賜を得て、右記のように長承元年十二月九日には御願寺大伝法院の寺院活動を支える運営基盤を確保することとなった。(21)

2　末寺豊福寺(根来寺)の成立

次ぎに根来寺の成立を確認しておきたい。「はじめに」で述べたように、根来寺は大伝法院が十三世紀後期に頼瑜によって移転して成立した、とすることが通説として定着していた。しかしながら先項の「鳥羽上皇院宣案」(『要書』二六)によれば、覚鑁は長承元年十二月九日に大伝法院五箇所庄園とともに末寺一処豊福寺を下賜している。この末寺豊福寺は、その地名に由来して後年根来寺と呼称される(次項)。したがって、末寺豊福寺すなわち根来寺は、下賜された長承元年十二月七日をもって成立したとみなすことができる。これまで、大伝法院領は一円支配庄園として早くから着目される機会があったが、(22)同時に下賜された末寺が検討される機会は少なかったように思う。

さて末寺豊福寺の所在は、『諸山縁起』（宮内庁書陵部蔵）に記載がある。(23)『諸山縁起』は日本の山岳信仰の要であった大峯・葛城・笠置等の縁起を説いた書物であるが、成立年次を確定することは難しいとされ、文中に建久三年（一一九二）の年紀や熊野別当湛快（一一七四没）や湛増（寿永頃）が確認できることから鎌倉初期の編纂になり、平安時代後期の山岳信仰を投影していると考えられる。豊福寺は本書の「葛城縁起」に所載し、葛城を「転法輪山〈字は葛木の峯なり〉宿の次第〈行者の歩み歩みたまう云々〉」として、山系を役行者(24)が開山したとする。葛城山系は紀伊友ヵ島を西の起点にして紀ノ川に併走して東進し、現在の橋本市付近から北方へ山系を曲げ、河内国と大和国の国境を北上して二上山を北端とする全長七〇㎞を連ねる。所載のように山系は平安時代から山岳修行の信仰がおこなわれ、山中を法華経二十八品にみたてた行場には宿所や経塚を設けた。豊福寺はその三十四番目の宿にあたる。近隣には三十六宿杉仏寺や四十三宿粉河寺の記載もあり、豊福寺は葛城山系分水嶺を北結界とする大伝法院領弘田庄に所在（現根来寺）したことを確認することができる。(25)(26)

そこで本論では以降の豊福寺を末寺豊福寺（根来寺）または末寺根来寺と記載してすすめたい。

3　末寺豊福寺（根来寺）の拡充とその活動

覚鑁は、長承元年十二月に末寺豊福寺（根来寺）を鳥羽上皇から賜ってから約十年を経た康治二年（一一四三）に、豊福寺（根来寺）境内に円明寺と神宮寺を建立して大伝法院末寺の拡充をおこなった。「豊福寺内神宮寺・円明寺供養願文目録」（『要書』一〇三）に

注進
奉修善根等目録事
一奉建立三間四面堂一宇
一奉建立七間四面堂一宇
一奉造立等身皆金色大日如来像一躰　一奉縫等身大日如来像一鋪　一奉書写大日経一部七巻　一奉書写大教王経一部三巻　一奉書写瑜祇経一巻　一奉書写般若理趣経一巻
右、以私堂舎仏像等、永為　禅定法皇御願、殊奉為御息災安穏増長、宝寿無辺、御願決定成就、所奉営修也、仍大略注進如件、
康治二年　二月　日

とあり、新造された二寺の規模は、各々三間四面堂、七間四面であり、大治五年に覚鑁が高野山上に建立した小伝法院（一間四面）より大規模であった。堂宇の規模から推すと、覚鑁は康治二年以前から高野山大伝法院と末寺の間を往還し神宮寺・円明寺の新造を計画して末寺活動の充実を計ったのであろう。十六世紀中期頃に原画が制作された「根来寺伽藍古絵図」には円明寺が描かれており、当該堂宇付近から院政期の瓦器が検出されている。このことから御願寺大伝法院の末寺豊福寺（根来寺）境内にあった神宮寺・円明寺（再建堂現存）は、現在に至るまで所在地を変更することなく根来寺内における寺院活動を継続してきたことがわかる。(27)

また「大円明寺建立供養等日記」（『要書』一〇二）によれば、円明寺の建立供養は、

大円明寺建立供養等事
天承・長承年中、密厳上人建立、是御房也、
康治二年〈癸亥〉二月十七日、自高野山奉迎大日、同閏二月八日〈乙未〉、大円明寺並大神宮寺供養、
鳥羽院御熊野詣上道之次、以御先達御室戸僧正覚宗、為御導師、両堂同日供養了、（中略）

とあり、円明寺の本尊として高野山から大日如来像（天正十三年に堂とともに焼失か）を迎え、熊野詣の途次にあった鳥羽上皇がその先達を務めた御室戸の僧正覚宗をともなって臨幸して、同僧正が供養導師を勤めた。覚宗は保延五年（一一三九）に第二十九代園城寺長吏（「園城寺長吏次第」）を補任し、また増誉、行尊に嗣いで第三代熊野検校を務めた。また、同文書には円明寺でおこなわれた法会行事について、

同三月廿八日、行花供、曼荼羅供、大阿闍梨大智房、納衆十人、甲衆十人、四月一日大会始行之、六月十日、鎮守講行之、十三ヶ日、〈已上〉、仁平三年円明寺仏聖被始之、保元々年春円明寺修理之、

とし、円明寺において花供、曼荼羅供、伝法大会、鎮守講が執行された。また同史料はその後の円明寺の持続的な寺院活動についても

（中略）
円明寺者、聖霊御在之道場、御入滅者、康治二年十二月十二日、於西庇、帰円寂御、〈御年四十九〉、御

臨終瑞相、密印秘明、具在別伝、代々貫首、於此道場、被遂伝法灌頂砌也、最初者、釈迦院大夫法印御房〈隆海〉、以浄法房院主御房（兼海）為師主、入壇灌頂、久安二年〈丙寅〉又承安三年八月一日、池上僧都御房〈覚尋〉、随釈迦院、被遂伝法灌頂、（中略）、遂灌頂之人其数多之、其後普賢王院大納言律師御房〈定尋〉、奉随池上御房伝法灌頂、建久八年九月七日、被遂之、色衆二十人云々、

と記している。このように円明寺は覚鑁が入滅した格別の道場として、大伝法院座主となった第四代隆海、同第七覚尋、第八代定尋等が座主入壇の灌頂をおこなった。本文書は年紀を欠いているが、文書中に久安二年（一一四六）、承安三年（一一七三）、建久八年（一一九七）とあるので、円明寺は康治二年に建立以降も覚鑁円寂の聖地として末寺根来寺における拠点として、持続的な寺院活動を継続したことを確認することができる。

次いで、末寺豊福寺は元久二年（一二〇五）「宗叡免状案」（『要書』一七〇）に「根来寺」の名称を初見することができる。

根来寺菩提院毎月舎利講並十二月御忌日
尊勝陀羅尼等雑事役免除事　合伍町玖段
円明寺修理雑事役　合壱町七段之内、〈三段者例時之給免、〉
不動堂掃除雑役免除　合壱町（中略）
沙汰之状如件、
元久二年　二月　日

本史料によれば「根来寺」菩提院において覚鑁御忌日（十二月十二日）の舎利講が営まれたとある。根来は、元来大伝法院弘田荘豊福寺が所在した地名であり、その地名を用いて大伝法院末寺を根来寺と呼称するに至ったと考えることができる。根来寺の呼称は、豊福寺の名称との併用期間を経過しながら、次第に根来寺と通称されるようになる。(28)

右記史料には覚鑁の荼毘所である菩提院や不動堂も根来寺境内に確認され、元久二年頃の末寺根来寺では活動に一層拡充がみられる。

さらに、十三世紀以降の末寺豊福寺（根来寺）境内の寺院活動を示す史料としては、「豊福寺鎮守遷宮祭文」を掲げたい。この祭文は紹介される機会が少ないが、先に掲げた「大伝法院幷墎内堂塔本尊仏具等事」（醍醐寺文書一〇四函二十一号）に一括される文書である。

謹請再拝々々
維当年〈建長二（ママ）、歳次庚戌〉六月十一日、天地和合陰陽相応吉日良辰選定、大日本国従王城南、紀伊国那賀郡葛木山麓役行者建立道場、虚空蔵菩薩霊場勝地、為豊福寺鎮守被崇冉　御掛幕恭御名中恐御、九所大明神（中略）当寺興隆仏法偏依鎮守権現之威力、（以下略）

とあり、本史料は建長二年（一二五〇）六月二十一日に末寺豊福寺（根来寺）鎮守社として九所大明神が遷宮された時の祭文で、奥書によれば暦応三年（一三四〇）四月六日に経厳が書写し、文明十一年（一四七九）に空厳がこれを転写したものが根来寺妙音院に伝わり、同院主定厳房頼誉が伝領し、これを天文十一年（一五四二）五月に根来寺中性院道澄が書写した。遷宮された九所大明神社には、丹生・高野・伊太祈曽・御船三所・金折六所・金峯山金剛蔵王・熊野三所・白山妙理・牛頭天王八王子（同祭文）が奉安された。これらの諸神は葛城山麓の霊場の宿を起源とする豊福寺鎮守社にふさわしい山岳信仰の神々を御坐されたわけで、覚鑁の根来寺開山に由来する山岳信仰が十三世紀半ばから本文奥付にある天文十一年まで継承していることを示している。なお、九所明神社は今日も根来寺境内に存続している。

さらに、豊福寺鎮守社の信仰に着目すると、弘長二年（一二六二）に頼瑜（一二二六～一三〇四　第三十四代大伝法院学頭）が同社において鎮守講を開講している。本史料は頼瑜が根来寺において活動を定着するとされる弘安年中（一二七八～八八）以前の記録としても注目したい。頼瑜は「釈論第十愚草」（金剛寺蔵）に、

書本云、弘長二年十一月根来寺鎮守講談義之次記之畢

とし、その編述を記録している。

このように、末寺根来寺では覚鑁が創成した信仰や密教経論研鑽が次世代へと継承された。頼瑜が論議の講題として編纂した「釈論（釈摩訶衍論）愚草」は、大乗仏教をといた「大乗起信論」の注釈書である。このように法会の後段で論議をおこなうことは、宮中御斎会や南都の維摩会・最勝会でもおこなわれてきた。

このような頼瑜の事績（第二節参照）は醍醐寺等に所蔵される聖教から多数確認され（註3参照）、頼瑜がおこなった事相・教相の修学は、結果として中世真言教学の体系化をすすめることへと展開した。末寺根来寺でおこなわれた鎮守講論議法要は、やがて中世後期に大きく発展する学山根来寺の活動、ひいては新義真言

宗の発展の基盤を導いた。弘長二年に根来寺でおこなわれた鎮守講談義は、中世後期における末寺根来寺の進展の先駆けとして見過ごすことができない活動であろう。

4　覚鑁以降の高野山大伝法院伽藍と法会

前項までに示したように、覚鑁は長承元年に高野山大伝法院と末寺根来寺を創建し、康治二年（一一四三）閏二月には末寺豊福寺（根来寺）境内に神宮寺と円明寺を新造し、大伝法院領の拠点を堅固した。

さて、康治二年十二月十二日に覚鑁が示寂した後も高野山大伝法院伽藍では拡充がおこなわれた。以下にその動向を確認しておきたい。

「大伝法院幷墎内堂塔本尊仏具等事」によれば、建久二年（一一九一）頃までに以下に掲げる十三堂塔が完成したとしている。

合

本堂一宇　（略　本稿四四頁参照）

宝塔一基　〈高十丈三間四面、内陣八角　中間一丈三尺、脇間一丈、廂九尺〉

奉安置胎蔵大日如来〈半丈六〉仏壇〈八角黒漆〉母屋柱四本、庇柱八本〈三十七尊字印形等図之〉仏前高机一脚、灯台二本　中壇一脚、行法具等如常

不動堂一宇　二階〈三面（ママ）中間一丈八尺、脇間九尺〉奉安置丈六不動尊〈並〉丈六二天像〈康助作〉但二天者中門之新雌造之其功不終故暫安置此御堂、大壇一脚〈仏具如常〉中壇一脚〈行法具

等常如〉
御社宝殿　七尺三間一面瑠璔金物等在之、奉安置金銅御正体三面〈鏡径一尺五寸、此外金銅御正体数
十面在之〉師子鹿犬〈長三尺〉、灯炉言〈夜灯料〉
拝殿一宇　七間四面〈中間九尺脇間八尺〉安置八供養花形壇〈中心奉金銅舎利塔八供養具等常如〉幡
五十流、花鬘廿五枚、四季花画之、朱漆経机十前、大般若経一部、仁王経首部、理趣経百
余部
聖霊堂一宇　方丈四面　皆有檻欄（矣）
拝殿一宇　三間三面〈中間九尺脇八尺〉安置等身大師御影〈机一脚　礼盤八供具等常如　幡三十流〉
宝蔵一宇　大師御作也〈本者被造立大安寺　三間　別六尺三寸〉
納物目録在別
経蔵二宇　各三間　納物目録在別
鐘楼一宇　三間〈中間九尺　脇八尺〉洪鐘一口〈長八尺三寸　具龍頭定〉
護摩堂一宇　三間一面　安置阿弥陀護摩一壇　不動護摩二壇　護摩行法等器物三壇同如常
温室一宇　七間四面〈丈間二間八尺五間〉大釜二口

右記の高野山大伝法院伽藍諸堂のうち本堂・宝塔の考察は第三節でふれたいと思うので、ここでは不動堂と大伝法院伽藍の規模について確認しておきたい。まず、不動堂には「丈六不動尊、並丈六二天　康助作」を安置した。本尊像を製作した仏師康助は平等院鳳凰堂丈六阿弥陀如来坐像を造像した定朝から数えて四代

目の仏師で、この系図からは南都復興に尽力した運慶・快慶を輩出している。御願寺高野山大伝法院を建立した鳥羽上皇は、白河上皇の事績を継いで京都鳥羽に成菩提院（天承元年〈一一三一〉）・勝光明院（保延二年〈一一三六〉）・安楽寿院（保延三年〈一一三七〉）・金剛心院（久寿元年〈一一五四〉頃）の離宮を建立したが、そのうち安楽寿院不動堂に安置される不動尊像は、高野山大伝法院の不動尊と同様に仏師康助が作仏している。康助は大伝法院本尊開眼供養に陪席した元関白・藤原忠実に関わる造仏を多く手がけており、鳥羽上皇を囲む貴族社会で活躍していた。安楽寿院の不動尊像は俗に北向不動尊とよばれ現存しており[29]、鳥羽上皇を囲む公家と御願寺大伝法院との深い交流についても窺い知ることができる。このような康助の活躍を考慮すると、大伝法院不動堂は久寿年間頃までには完成したことが考えられよう。また、宝塔（大塔）は、第七代大伝法院座主覚尋僧都が承安年間（一一七一〜七五）に完成した[30]。これ以外の大伝法院伽藍も、建久二年（一一九一）頃には十三堂宇の建立が完成したとみられる[31][32]。

このように建立された御願寺大伝法院伽藍の規模を同時期の御願寺と比較してみると、鳥羽上皇は大伝法院の建立以前に京都・岡崎法勝寺に隣接して最勝寺を建立している。上皇は元永二年（一一一九）正月の最勝寺修正会に御幸しており、大伝法院に先立ちこの年には金堂が完成していたと考えられる（『中右記』）。同寺には塔、薬師堂、灌頂堂、五大堂が建立された。これより先、六勝寺随一の法勝寺は承保二年（一〇七五）に白河上皇が金堂造営に着手し、承暦元年（一〇七七）十二月には同寺の本尊として三丈二尺の毘盧遮那仏像を安置、そのほか講堂（釈迦如来像二丈）、阿弥陀堂（九体阿弥陀像）、五大堂、法華堂が建設された。法勝寺にはこのほか八角九重大塔（永保三年〈一〇八三〉）、常行堂（応徳二年〈一〇八五〉）、小塔院（保安三年〈一一二二〉）、不動堂（仁安二年〈一一六七〉）なども建立されて壮大な伽藍を構えた[33]。高野山大伝法院は、法勝寺には及ばないまでも最勝寺と並ぶ規模の御願寺であったといえよう。

ところで、大伝法院本堂（御堂）ではどのような法会が営まれたのであろう。「大伝法院幷堺内堂塔本尊仏具等事」御堂内仏壇幷仏具等事の法会に係る箇所（括弧は筆者）には、

一　二季百箇日伝法会談義時所用也、朱漆経机一百八前、二季伝法会料、

一（涅槃会）　涅槃像一鋪

一（仏生会）　浴像一躰金銅、水瓶一口、七舛納、〈小口龍頭、仏生会料〉

一（御御影供）　大師御影一鋪三幅　三月廿一日〈御影供之時料〉

一（仁王会）　大般若経一部　御堂内安置　仁王経百部〈毎年仁王会料〉

一（御国忌）　御堂供養時曼荼羅供道具事〈後々者毎年御国忌　曼荼羅供同用之〉玉幡二流、庭幡十六流、已上加龍頭、持幡童装束二具、鐃鉢二具、法螺二口、花筥三十枚〈伏輪幷上在之〉、同覆打敷、机三脚、蓋輿、坐具二駕輿丁装束四具　大幕六帖

とあり、本堂では覚鑁が空海の志を再興した伝法会をはじめとして、釈迦の遺徳を偲ぶ涅槃会や仏生会や大師御影供などの月例法要が営まれた。また御願寺を特色づける法会としては鎮護国家を祈願する仁王会や御国忌が執行された。右記にみるように多彩な仏具の設えから推して、大伝法院で催された盛大な法会の様子を窺うことができる。末寺根来寺はこれらの中心となる法会を支える五箇所大伝法院領の拠点となり、高野山上と山下が一体となって大伝法院の寺院社会を運営していた。

一方、大伝法院伽藍建立当時の高野山上の様子を確認すると、金剛峯寺では東寺一長者が座主職を兼任した。[34]金剛峯寺本堂には、空海存命頃から造像された薬師如来像（尊容・阿閦仏）、金剛薩埵像、不動明王像、普賢延命菩薩像、金剛王像、降三世明王像、虚空蔵菩薩像が奉安された。[35]また、当時おこわれた貴顕の高野山参詣は、『御室御所高野山御参籠日記』[36]に詳しい。同書は仁和寺第四代門跡覚法法親王（一〇九一〜一一五三　白河上皇第四皇子）と、同寺第五代門跡覚性入道親王（一一二九〜六九　鳥羽上皇第五皇子）の高野山参籠日記で、覚法法親王は久安三年から同六年、覚性入道親王は久安四・五年にかけて参籠していた。同期の金剛峯寺座主では久安五年五月から寛信が真言長者、行恵が検校を勤めた。行恵は保延三年から四年にかけて大伝法院第三代座主に補任された僧であった。また、大伝法院では第四世座主隆海が在任中で、同学頭には第四世兼海が任じられ大伝法院伽藍の拡張に努めていた（大伝法院座主補任次第）。

参籠中の両親王は、奥の院・御影堂・塔等において金剛峯寺検校を導師とする供養に詣で、丹生高野明神に奉幣することを恒例とした。同『日記』によれば、久安五年五月十一日申刻に金剛峯寺大塔へ落雷した。この時に金堂・灌頂堂も焼失したが、御影堂は難を除けたという。惨事は七月七日の白河上皇の御忌日を待って九日に大塔事始めが行われ、平忠盛の成功造営となった。その後も金剛峯寺では金堂、護摩堂を新造する沙汰があり、また大伝法院でも仁平二年（一一五二）に兼海が別院覚皇院を建立（『要書』一一二・一一四）、保元三年（一一五八）には美福門院御願の菩提心院（『要書』一一六）、承安二年（一一七二）には第七代座主覚尋が高十丈の大塔を建立するなど、高野山上の信仰は院や武家の助力によって都と肩を並べるばかりの高揚であった。

5　仁治災禍と山上における大伝法院の再建

こうした高野山上寺院活動は、十三世紀から十四世紀にむけて武家台頭による社会体制の変革によって大きな変化を生じてくる。その変化は金剛峯寺と大伝法院両寺の寺院関係にも微妙な変化をもたらした。ここではその前兆というべき出来事をまず記しておきたい。

仁治三年（一二四三）、「大伝法院并埸内堂塔本尊仏具等事」に一括される「奏状再興事」副進「諸道工等支度用途勘文」に、

右当院者　鳥羽法皇凝　叡慮建二階之伽藍　覚鑁上人奉　院宣崇三躰尊容廻　仙蹕幸八葉之禅洞挑仏閣刷四曼之恵場、自尓以降寺院並軒而勤金輪不退之御願　人法繁昌而興春秋修練之二会、而去仁治年中不慮喧嘩出来、仏堂・経典・堂塔・房舎、皆成灰燼、纔残礎石、（以下略）

とあって、仁治年中（一二四〇～四三）に大伝法院の堂塔伽藍が不慮の出来事によって灰燼に帰し、仏堂・経典・房舎の仏宝を悉く焼失し、纔に礎石をのこすのみであったという。しかし、右記の同文が大伝法院の再興奏状としているように、建長六年、焼失した大伝法院は後嵯峨院が再建の成功を鎌倉幕府に命じている。

右記同文は続けて、

（中略）所焼失堂舎既以数十宇也、所謂二階本堂、十丈宝塔、鐘楼一宇、経蔵二宇三間二面、神殿七間四面、拝殿三間三面、護摩堂一間四面、二階不動堂、大師御作宝蔵、中院僧正廟所五間四面、温室、三尊

丈六、金容七幅両界曼荼羅、七宝荘厳塔婆、八尺三寸洪鐘也、（中略）此内於神殿・廟所・本堂二階既以
葺畢、
建長八年七月　日

としており、建長八年（一二五六）に大伝法院は焼失から十三年を経て、神殿・廟所・本堂二階屋根葺きの再建を完了している。高野山水屏風（図1・京都国立博物館蔵　重要文化財）は再建した大伝法院を含む山上景観を描く屏風で、現在は寺外に在るが、元来は高野山金剛三昧院（建暦元年・北条政子創建）が旧蔵した。屏風は六曲一双の画面に大門・金剛峯寺伽藍・大伝法院伽藍・金剛三昧院・奥の院を中心した景観を四季の風情を織り交ぜて描いている。製作は大伝法院が根来寺に移転したとされてきた弘安八年（一二八五）頃から建武元年（一三三四）と考えられている。大伝法院は現在の高野山真言宗本山宗務所一帯に所在したと考えられ、本屏風は真景図ではないことを考慮する必要があろうが、画面上に大伝

図1　重要文化財　高野山水屏風（部分・右隻左二扇）大伝法院伽藍（京都国立博物館）

法院が布置される地割りなどは、現在の実景と重なる景観描写が認められる。(37)

このように、後嵯峨院の院宣によって再建が実施されたにも関わらず、高野山大伝法院は嘉慶年間から天文年間にかけて末寺根来寺において再建され、その法灯を移転することになる。どのような事由を生じて高野山にあった覚鑁の法灯を末寺へ移転する大事をおこなうことになったのであろう。法灯相承にむかう本寺と末寺の動向を第二節で考えたい。

二　高野山大伝法院の自立と末寺根来寺への法灯相承にむけて

1　再建高野山大伝法院の教学活動

まず高野山大伝法院の再建以後から法灯を移転する十四世紀末期までの教学活動を確認しておきたい。建長八年（一二五六）七月頃に神殿・廟所・洪鐘・本堂二階屋根瓦葺きの再建を終えた当時の高野山大伝法院の活動は、断片的ではあるが、残された頼瑜聖教を通じて知ることが出来る。右記にみた大伝法院が一部再建を終えた建長八年当時、頼瑜(38)は高野山禅定院で『釈摩訶衍論』（金剛寺蔵）を講じ、翌正嘉元年（一二五七）にも高野山上にて『十住心論愚草』（金剛寺蔵）を起草している。その後、頼瑜は文応元年（一二六〇）に山城国木幡観音院真空に師事し、翌弘長元年には醍醐寺で修学を重ねた後、先述したように弘長二年に末寺根来寺にて鎮守講談義を講じ、文永四年（一二六七）には高野山丈六堂で『大日経疏指心抄』（正智院蔵）を講本として伝法談義をおこない、高野山大伝法院と末寺根来寺を中心にして、自他の修学のための教学活動をおこなった。

頼瑜の聖教奥付が物語るように、こうした頼瑜の教学や法会を受講するために、十三世紀半ばの大伝法院僧徒は高野山大伝法院と末寺根来寺に常住、または山上・下を往還して教学活動をおこなったのであろう。次いで頼瑜は文永六年（一二六九）、文永九年、建治二年（一二七六）にも高野山にて『即身愚草』（金剛寺蔵）・『大日経疏指心抄』（正智院蔵）(39)を用いて伝法会談義を講じ旺盛な教学活動を行っている。

2　中性院流樹立

さて修学中の頼瑜は、弘安元年（一二七八）に高野山に滞在中であった醍醐寺実勝法印から妙鈔の指導を得、翌弘安二年七月に大事(40)の付法を印可され、これまでに修学した諸流を包括して中性院流と号した流派を樹立し、一家を成すことになった。これは約一ヶ年に渉る付法伝授の行法によるもので、頼瑜和尚五十三歳のことであった。このことについて「密教三国祖師血脈鈔」（『興教大師伝記史料全集』七三三頁中性院性）は、

> 弘安元年秋、〈五十三〉覚洞院実勝法印登高野山、和尚（頼瑜）受妙鈔等於実勝法印、同二年夏四月十七日、於野山中性院道場、随実勝法印受伝法灌頂、至後夜之時、蒙第二重印可、同年七月廿八日、於中性院灌頂道場、受三重許可秘印、而実勝一流之秘璽秘訣等、悉殫无餘一和尚雖包括諸流、以実勝自成一家、号中性院

とし、頼瑜は実勝法印から伝法灌頂、第二重印可、第三重許可秘印の大事を付法されたことを契機として中性院流を樹立したわけである。(41)この頼瑜の中性院法流の樹立は、中世後期の根来寺の寺院社会を再構築し、

飛躍的な展開へ導く基盤になっていった。

流派の樹立については、永村眞氏が諸寺院に伝存する厖大な事相・教相史料（総括して聖教）に着目し寺院社会の内側からこれを解明されている。それによれば真言宗における「流派」は、教義（教相）上の対立によるものではなく、現世利益の効験を目指す秘儀・秘法が勤修され、これらが再編・伝授されるなかで、諸流派が成立し併存したことを導かれた。例えば醍醐寺の場合は、勝覚（一〇五七～一一二九）の弟子である定海・賢覚・聖賢を流祖として醍醐三流とされる三宝院・理性院・金剛王院が樹立され、それぞれに寺内「院家」を拠点として法流を相承した。流派の存続は嗣子面授を原則とする「付法」という行為をともなっておこなわれ、「院家」を拠点として密教が系統的に伝承された。この意味で、密教付法にとって「流派」による院家の建立は寺院活動の拠点の役割をなしていたとしている[42]。

大伝法院においても、頼瑜が「流派」を樹立し、自らの「院家」を建立したことによって、継続的な付法の拠点を確保することになり、教学の振興とともに僧職の養成機関として寺家活動を展開へ導く契機とその基盤を構築することになった。

弘安二年に中性院流流祖となった頼瑜は、同九年（一二八六）に第四十三代大伝法院学頭になり、名実ともに大伝法院寺家組織における指導的役割を担った。

しかし、この鎌倉時代中期には承久の乱以降に生じてきた社会体制の動揺が徐々にひろがり、高野山大伝法院が山上で活動を存続する基盤に変化を生じはじめていた。例えば、弘安四年には天野社の神馬をめぐり、高野山検校と天野社が属する密厳院（覚鑁自坊）領相賀荘荘官・坂上氏の相論がおこった。同六年にはこの相論は大伝法院衆徒と坂上氏の結託によるという風聞が流れた。『高野山文書』によれば、当時この相論を山上側の有利にすすめようとする「本寺与伝法院相論」文書が編纂されている。このような動向は高野山における金剛峯寺と大伝法院の関係に不具合を生じたことは勿論であろう。両寺院は、社会の変化に応じて自立の歩みを次第にすすめてゆくことになる。この軋轢の深層については第三節で考えてみることとし、ここではまず学頭頼瑜がこうした山上の不安の中で末寺根来寺に築いた学山形成の基盤をみておきたい。頼瑜の行動は金剛峯寺との係わりに微妙な機微を感じとったことへの対応であったのかもしれない。

3　学山根来寺の基盤

さて、これまで頼瑜が大伝法院を移転して根来寺が成立したとする通説の根拠には、『十住心論愚草』奥書が掲げられてきた。ここでは本史料の意味を再検討することによって、中性院流を樹立した頼瑜が末寺根来寺に院家「中性院」を建立し、付法の拠点を開いた時期の検討しておきたい。件の『十住心論愚草』第六―一（真福寺像）跋文に、

本云、
弘安十一年四月廿一被、於根来寺神宮寺坊記畢、高野離山之間、於円明寺大会勤之、予居精義精読随日記之了、生年六十三歳

とある。しかし、頼瑜は前年の『釈論愚草』〈第三上〉（金剛寺蔵）跋文に、

御記云、
弘安十年六月三日、於根来寺、行大会談釈論之次、逐日馳筆畢、願以今生抄書記之因、必為当来作仏之縁而已、
金剛資頼瑜〈生年六十二〉

としている。弘安十一年の史料には根来寺神宮寺坊で記し、高野山を離れている間は円明寺で伝法会を行うと記している。これまではこの年に大伝法院が移転したとする考えが大方であった。(43) しかし、頼瑜はすでに弘長二年（一二六二）に末寺根来寺鎮守社で鎮守講をおこなっており、『十住心論愚』第六―一を大伝法院移転の根拠として掲げることはできないであろう。また、「高野離山之間　於円明寺大会勤之」の文言についても「離山」の文言が大伝法院移転として理解されてきたが、円明寺では末寺根来寺が創建されて以来、持続的に伝法会が行われていることはすでに「大円明寺建立供養等日記案（写）」に示した通りである。「離山」の文言は、通例では相論の判決に激しく抗議して行動する際に用いられた。例えば、大伝法院と金剛峯寺の相論において長承三年五月八日官符（『興教大師史料全集』下、六三七頁、『要書』四四）において大伝法院側に所司・定額僧をおくことが許可された。金剛峯寺側は大伝法院の組織整備のあり方に強く反発して院庁に訴えたが、院庁の裁断は大伝法院の勝訴となった（『要書』五三）。これに抗して金剛峯寺衆徒五百名が「離山」し、下政所すなわち慈尊院に滞在して協議を行い、落着後に山上へ帰山した（『要書』六五）例がある。頼瑜は離山の理由を記していないので金剛峯寺と大伝法院の間のどのような事柄を「離山之間」と記したのかは不明であるが、建長八年に山上における再建がすすんだ大伝法院の法灯の移転を、この時点で考えたか否かは疑問が残る。

続けて、頼瑜が弘安二年（一二七九）に中性院法流を樹立以降に末寺根来寺でおこなわれていた付法をみると、金剛寺（大阪府）蔵「烏瑟沙摩法」次第に

御本云　弘長二年八月廿三日於醍醐寺御自筆本書写了　同日奉伝受了　頼瑜
正応五年七月七日於根来寺五坊書之　同十四日奉伝受　良殿

とあって、法嗣良殿が、弘長二年八月廿三日に頼瑜が自筆した書写本を用いて正応五年（一二九二）七月七日に根来寺五坊においてこれを書写し、同十四日に伝受している。同様に根来寺五坊を伝受の拠所にして付法がおこなわれた次第の例には「本云、正応六年（一二九二）正月廿四申尅於根来寺五坊書之　良殿」（某事相次第・前欠）、「本云、文永八年十月中旬依或人勧進雖抄中巻勘註他事、無暇上下両巻末遂切仍送数年永仁三年、七月下旬上巻勘註又記之畢、金剛仏子頼瑜〈春秋七十〉、于時正和五年〈丙辰〉霜月晦日於紀州根来寺五坊、書写了偏為興法利人而已、金剛仏子禅恵〈生年三二才〉」（秘蔵宝鑰巻上勘注）などと記載された聖教が金剛寺に伝来している。したがって十三世紀末には、根来寺には五坊と称する住坊（院家）も存在したことが確認できる。五坊良殿は金剛寺中興禅恵の血脈に「高野中院血脈」（旧函二〇―一）に、「胎蔵　大日如来（中略）空海　真雅　源仁　益信　神□、寛空　元杲　仁海　成尊　明算　良禅　基禅　融源　澄印　澄盛　覚澄　良殿　禅恵」と伝えているところから、高野山本流とする中院流を伝領して五坊を立て、重ねて正応五年に中性院流を伝受したのであろう。

続けて根来寺で書写された聖教をみていくと、金剛寺に所蔵される「八文字文殊法次第」には、

本云　御本記云、弘安元年七月廿一以覚洞院法院御房御本書了　頼瑜
永仁三年四月廿二日於根来寺中性院書写之了　良殿

とあって、良殿は頼瑜が弘安元年に覚洞院（醍醐寺地蔵院親快）本を書写した御本によって、永仁三年（一二九五）に根来寺中性院において諸尊法を伝受している。頼瑜の書写本奥書には「以中性院書写了」や「於根来寺書写了、同廿二日奉　良殿」のように頼瑜本を「以中性院」と表記する場合や書写した場所を特定することができない表記も多いが、右記の場合は「於根来寺中性院」と明記されており、遅くとも永仁三年には末寺根来寺の境内に中性院の院家が建立されたことを確認することができる。五坊、中性院はともに天文年間頃の制作である「根来寺伽藍古絵図」にも円明寺の西側に所在を確認することが出来る。しかしながら、五坊や中性院の建立をもっても、従来判断されてきたように高野山大伝法院が、末寺根来寺に法灯を移転したと判断することは難しい。なぜなら先述したように高野山には建長八年（一二五六）再建の大伝法院堂舎が存続しているし、一方、末寺根来寺には未だ大伝法院を標榜する伝法会や修正会等の月例法要や御国忌等の御願寺の法灯を相承する法会を執行するための本堂が建立されていないからである。

またそれとともに、文明五年（一四七三）の『高野山諸院家帳』（高野山大学図書館蔵）では以下のように記述されており、十五世紀後期における大伝法院の存続を確認することができる。この『高野山諸院家帳』は高野山谷上多聞院の住持重義が高野山の院家を谷筋に十二区画とし、所在する堂塔や院家を記したものである。

中院道北

大伝法院〈正覚房覚鑁上人建立北寄進／鳥羽院御願〉覚皇院〈浄法房兼海上人建立／近衛院御願　山東澁田〉塔〈伝法院座主覚尋僧都寺務之時建立之／今無　岡田〉不動堂〈聖須房上人建立／今無〉同塔〈俊僧正御房　真然御廟〉護摩堂

西谷道南

菩提心院〈美福門院建立後安置／御骨堂阿弥陀堂〉経蔵〈隆海法印建立／事密厳院〉

東谷道南

密厳院〈道南正覚院建立／同塔法花房〉

本書では現存していない堂塔を「今無」と注記しており、その注記がない大伝法院堺内の本堂・覚皇院・護摩堂・菩提心院・経蔵・密厳院は、多聞院重義が本書を記した文明五年の時点では存続していたと考えることができるであろう。

同書が記録された文明五年頃の末寺根来寺の情況をみると、後述するように根来寺境内の北結界・葛城山系支尾根南麓に大伝法院伽藍移転用地を開削した用地に、すでに大師堂（明徳二年〈一三九一〉）を新立、また、大伝法院本尊三尊像の再興造像（応永十一・二年〈一四〇五〉）も完了し、丁度大塔の再建用材調達等に着手している時期に当たる。また、末寺根来寺境内には、覚鑁が建立した円明寺、神宮寺、元久二年「宗叡免状状」から確認された菩提院・不動堂に加え、弘安年間には五坊、永仁年間には中性院の建立が確認される。さらに、正平十五年（一三六〇）頃に根来寺でおこなわれた法会や灌頂を記録を編纂した「東草集」によれば、十四世紀中期には根来寺内に、五坊、中性院に加えて光明真言院、宝光院、蓮華院、清浄金剛院、弥勒院、花王院、西蓮華院、東南院、宝積院、無量光院十数の院家を確認することができる。比叡山延暦寺の場合も高野山大伝院と同様に山上伽藍から離れた山下の日吉大社周辺に院家が建立された例があり、根来寺領内の成り立ちは、今後埋蔵文化財の成果と総括して考える必要があろう。

三　根来寺における高野山大伝法院の再構築

1　後醍醐天皇の勅裁と金剛峯寺からの自立

十五世紀初頭を俟って、高野山大伝法院は末寺根来寺へ次第に仏宝（本尊堂塔伽藍）の移転再興をおこない、法灯を相承していく。第三節では十四世紀以後から、移転にむけて高野山金剛峯寺から次第に自立する大伝法院の状況と十五世紀初頭から実施された移転相承の要となった仏宝に籠められた大伝法院の創建時正統の観念と中世後期の人々の受容を表白を通して確認したい。

さて、弘安年間以前から大伝法院を悩ませていた荘園をめぐる高野山金剛峯寺との相論は、元弘三年（一三三三）に金剛峯寺が「御手印縁起」の四至範囲（東は金峯山、南は熊野山、西は応神山八幡領、北は吉野川（紀ノ川））を主張し、後醍醐天皇の勅裁をもって高野山領としたことで決着した。その結果大伝法院は紀ノ川南域の相賀荘・澁田荘を失った。そのことについて「東草集」第六「高野山旧領沙汰時奏状」によれば

高野山大伝法院衆徒等恐惶謹言

請特蒙天恩停止金剛峯寺衆徒等無理濫訴於当寺領志富田並相賀在河南一方被下安堵綸旨状副進一通

右謹考旧記伏案故実嵯峨天皇被崇重金剛峯寺、以来五百余歳彼寺全不領知此地。鳥羽上皇被建立大伝法院、以後二百余歳此庄更無他所違覧。然則代々院宣官符度々公役免除支証分明也。爰金剛峯寺衆徒等至欲余不恐冥慮於往代霊異之神筆加、僻安之料簡披先朝規模之記文添奸曲之意趣竊企謀訴。称四至之内濫妨処処庄園之間、上黷政道之厳下乱領地之定。猛悪之所行奸曲之謀案取喩無比類者歟。抑彼寺濫妨処処東限大日本国金峯嶺南限南海〈熊野山領〉西限応神山〈八幡領〉北限吉野河〈伝法院。粉河寺等領〉此外竹薗之御領槐門之家地既及数十一所。此等地或帯先皇之勅裁或守曩祖之譲与数百之間当知行無相違。依之先代国主庄園御寄付之時被召券契所被宣下也。勅裁豈背政理違法令矣。若有所違者何其時不信上子細及末代構謀計背先皇之叡慮違高祖之雅意致神社仏寺之煩。貽権門勢家之憤乎。（以下略）

元弘三年十一月日

とし、鳥羽上皇が建立された大伝法院領として分明である志富田並相賀の庄園四至を濫妨致すことは、先皇の叡慮高祖の雅意に背く事であると断じている。抑も相賀荘は長承元年に鳥羽上皇が覚鑁の自坊密教院領として下賜した荘園であり、紀ノ川両岸を跨ぐ八幡宮（東）、高峯並丹生川（南）、横峰（北）がその範囲であった。澁田荘は紀ノ川南北域（現在の紀ノ川市）にあり、覚鑁晩年に国庁が大伝法院領内に乱入し資材を大嘗祭料の名目で奪い取る事件が発生した。この件の訴訟で収奪品の代償として下されたのが澁田荘であった。金剛峯寺がこのような暴挙に及んだ背景には、金剛峯寺と大伝法院の確執を越え、元弘年間という時代が孕んだ社会環境の大きな変化が背景にあった。(44) 次項ではこのことを見ていきたい。

2　顕密体制の終焉と高野山大伝法院の移転を巡って

高野山大伝法院の移転が、通説とされてきた頼瑜代ではなく、南北朝期に入ってからおこなわれた背景には、重なり合う様々な事由が考えられるであろう。移転に当たって、高野山大伝法院の寺家が鳥羽上皇を開基とする御願寺本山の移転を決した事を公式に表明した文書はこれまでのところ確認されていない。したがって現段階では嘉慶年間以降に大伝法院の移転再興がはじまった理由については、情況から考察するほかない。

さて移転事由の一つとしては、金剛峯寺と大伝法院がかかわった軋轢があげられてきた。しかしここではむしろ両寺院を軋轢に導いた原因を生んだ南北朝期における寺院を巡る社会変化、殊に天皇の宗教施策の変化に着目してみたい。院政期の金剛峯寺と大伝法院は、六勝寺に準ずる権門寺院のひとつとして、院による荘園の下賜や造営の助成によってその寺院運営の基盤が大きく支えられてきた。しかし、大伝法院創建当時には盤石であった院権力は、承久の乱以降揺らぎはじめ、武家政権の発展を決定付ける結果となった。下って後醍醐天皇は正中の乱、元弘の乱をへて、天皇親政を打ち立てて前代からの慣習をくつがえす改革をおこなったものの、変革をささえる屋台は万全とは言い難く、その結果として王家は主導してきた寺社施策についての変更をおこなった。覚鑁創建の時代にはおそらく予想することがなかった高野山からの自立、そして末寺へ法灯の移転へと導いた最も大きな事由は、仏教施策の変化によって寺院運営基盤に変革が及んだことによる存立基盤の立ち直しが主因と考えられよう。

さて、南北朝期における寺院社会をめぐる国家の仏教施策の変化であるが、院政期から南北期までの仏教施策は、代々の為政者による指向性の強弱はあったが、概ね天皇・院が仏教界を主導する立場にあった。殊に院は叙任権をもって勅願の六勝寺や南都六宗・天台・真言宗の権力寺院において国家護持の法会を執行し、法会を介して国家の支配秩序を維持した。一方、権門諸寺院側の運営も、御願の法会料として施入された大規模の荘園によって支えられてきたわけである。[45]また、院は教学においても寺院の指導的立場をとっていた。すなわち、国家護持の法会として位置づけられた三会や仁王会・御七日御修法等を主催し、出仕する僧の僧階獲得の機会の場とした。したがって僧職は法会に選出されることを願い、法会執行のために修学に励んだ。結果としてこのことが諸寺院の教学や論議の振興をすすめることになった。僧の盛んな修学の様は、諸寺に現存する厖大な聖教史料によって知ることができる。[46]院政期から十四世紀中葉までは、このような国家の仏法興隆施策に諸権門寺院が呼応し存続することによって寺院社会は保全されてきた。

しかし南北朝期になると、度重なる政変によって王家は強力な支配を失い、国政と諸寺院が営んできた共生の体制が崩壊していく。それまで院に集中していた権力の弱体化やそれにともなう財力の低下が主な原因となって、天皇・院が六勝寺の運営や諸権門寺院へ下賜した荘園運営から手を引いた。またこれまで施主として主導してきた国家護持の法会も各寺院に主導権を委ねるようになった（上島享『日本中世社会の形成と王権』第二章、名古屋大学出版会、二〇一〇年）。この施策の変化によって、諸寺院は国家による宗教秩序の枠組みから放たれると同時に、自らの裁量によって寺院運営をおこなわなければならない状況に追い込まれていった。南北朝以降に権門寺院やこれに連なる多くの寺院が、新たな施主を求めて組織の再構築する情況に迫られていったのである。

この南北朝におこった寺院社会をめぐる体制の変化は、金剛峯寺や大伝法院にも及んだ。例えば、金剛峯寺の場合をみると、空海開山期以降に一旦衰えていた寺勢は、藤原道長の参詣を機に貴顕の信仰を集め、再び隆盛をはじめた。その後も永承三年（一〇四八）に頼通が政所の地を施入（官省符荘）、応徳年間（一〇四八〜八七）には大御室性信親王が阿波国篠原荘、寛治五年（一〇九一）には白河上皇による安芸国能美荘、文治二年（一一八六）に後白河上皇による大塔領備後国太田荘等と大規模荘園が次々と金剛峯寺に寄進され、高野山上には新立の堂塔が甍を並べ、山の正倉院と例えられる厖大な仏宝が法会の本尊として創成されて奉安された。しかし、やがて院や公家の弱体化にともなって、徐々に信仰の支え手が変化し、南北朝期には金剛峯寺の信仰を支えていた遠隔地の大荘園が失われ、その領地は戦国大名領へと移行していった。苦境にたった金剛峯寺は、膝下荘園を固めるべく奔走し、元弘三年（一三三三）には「御手印縁起」を盾に大伝法院領澁田荘・相賀荘の紀ノ川南岸を金剛峯寺領とした。この連鎖によって大伝法院領は減少した。また、大伝法院にむけられていた鳥羽院から受け継がれた支援も次第に減少し、後嵯峨院以降は運営のための助成は十分とは言えなかった。たとえば、開山期には十三堂宇で構成されていた大伝法院伽藍は、仁治三年の焼失後には後嵯峨院が命じた成功によって建長八年の再建がおこなわれたが、全面的な堂宇の再建には及ばず、後嵯峨院以降の成功も確認することができない（「建長八年奏状再興事」）。こうして大伝法院は高野山上における信仰を維持することが手詰まりとなり、末寺へ仏宝を移転することによって法灯を相承し、そのことによって寺院活動を持続する方策を見出したと考えることができる。

こうした観点から、これまでに確認されてきた根来寺史を再検討し、南北朝期の大伝法院と根来寺の動向を確認してみると、大伝法院は新しい活路を見出すための準備を次々に打ち出している。例えば大伝法院座主職は、院との関わりが深い仁和寺系寺院から迎えることが慣例であったが、元弘の勅裁の直後の建武三年（一三三六）には、機敏に動いた足利尊氏の護持僧である醍醐寺僧・賢俊を第三十二代座主として迎え、頼瑜以降も醍醐寺との交流を深めている（永村眞「頼瑜法印と醍醐寺」智山勧学院編『中世の仏教』所収）。大伝法院は翌年尊氏から四季大般若転読料として和泉国信達荘の寄進を受け、澁田荘と相賀荘の欠を補った（醍醐寺文書建武四年「足利尊氏寄進状」）。これ以降、信達荘が泉南の在地との関わりとの足がかりとなって、民衆の教化、在地寺院との関わりが深化していく。この在地信仰を深めるなかで、根来寺は草創時覚鑁以来の葛城信仰を源にした修験当山派との関わりも深め、当山派三十六先達二拠点としての活路を見出す。こうした在地へむけた法施は、僧侶の増員やその養成の機会を増加する要望につながったであろう。前段に述べた院家や地方談義所の増大が、時代の動向に呼応してすすめられたと考えられる。

金剛峯寺においても太田荘をはじめとする荘園運営にかわり、院家が武家と寺壇関係を結んだり、奥の院の墓地契約が増大した。金剛峯寺においての院家は教学拠点としてのみならず、寺壇関係者の参拝宿坊となるなど新しい運営母体を見出した記録が蓮華乗院などに多く伝えられている。このような寺院社会の変化は全国的な視野でもおこなわれ、戸隠や求菩提山などに爆発的に院家が増大し、寺勢の拡大が確認される。ここでは各々の検証は出来ないが、南北朝期の寺院社会の変化を動機として、寺院組織が再構築され、民衆とともに再生したかたちを大伝法院以外の諸々の寺院史の展開に見出すことができる。

南北朝期において覚鑁創成の本尊堂塔伽藍そのものを末寺根来寺へ移転し、法灯相承がおこなわれた事由は、述べてきたように寺院社会を囲む社会との繋がりのなかで社会の変化を受容し、新しい寺院活動を生成した対応として捉えることができる。

大伝法院では寺院社会の成立に不可欠な仏・法・僧宝の三宝のうち、鎌倉時代に頼瑜による僧職の組織（僧宝）を寺家が整備し、教学体制を整えた。南北朝期の再興は、こうして充実した僧宝の組織が密教寺院として法灯を維持する法会の執行を確実にし、本尊を中心とした密教寺院の正統を相承したことによって可能になったと考えることができる。このような寺院運営のなかで本尊像は応永十二年（一四〇四）に開眼供養がおこなわれた。その後、再興本尊は再び天正十三年（一五八五）に秀吉が本堂を破却し、本尊像三軀は京都へ帯出される法難に見舞われる。しかし、この時も近世の新義真言宗の僧侶は本尊像の根来寺への返還を求め、慶長十七年（一六一〇）本尊像は根来寺へ戻された。こうした出来事は、覚鑁がその思想を顕現した大日如来・金剛薩埵・尊勝仏頂三尊像の本尊像と堂塔伽藍を一宗の正統とし、法宝と仏宝を一体とする密教寺院の道場観（観相）を反映することの現れにほかならない。「正統」に籠められた観念が宗派を牽引したということができる。以下に、このことを具体相に見い出してみたい。

3　高野山大伝法院本尊堂塔の根来寺における再興

後醍醐天皇の元弘の勅裁以降、大伝法院は末寺根来寺へ法灯を移転相承する事を念頭にした動向が顕著になる。大伝法院が高野山からの自立を決した前提には、元来「一宗一門」とし、金剛峯寺と大伝法院は本来的に各々独立した寺格を有することが根底にあったとする考えがある。そのことについて、「後白河上皇院宣案」仁安三年（一一六八）八月九日（『要書』一四〇）に「高野山大伝法院者、故鳥羽法皇御願也、尊崇異他、官符重畳、而本寺凶徒乱入寺中、（中略）如此濫行、自今以降、永被停止、云金剛峯寺、云大伝法院、非他宗他門、是一宗一門也」(47)とあり、この考えが基層にあったことは首肯できる。しかし、大伝法院の末寺への移転の実施時期が十四世紀末～十五世紀初めを選んで着手されたことを考慮すれば、やはり後醍醐天皇の宗教施策以降に生じた寺院を囲む社会環境の変化から受けた影響が、大伝法院の寺院運営に根本的な変更をせまり、先述の「高野山旧領沙汰時奏状」の文言に込められているように、大伝法院が高野山から自立して本尊堂塔伽藍の末寺への相承を決することの大きな契機となったのであろう。

4 仏宝移転の時期

高野山大伝法院の法灯移転は、本尊像の再興造像から着手された。現在も根来寺本堂に安置されている尊像がそれにあたる。大伝法院の寺家組織では、その法灯を末寺根来寺へ移転する準備の体制を堅め、組織の内外に法灯を相承する情況の周知をすすめた。段階的な準備作業ついては旧稿にて述べたので[48]、ここでは大伝法院が仏宝の中核である本尊が末寺において移転再興造像した時を確認したい。

根来寺本堂に現存する大日如来坐像・金剛薩埵坐像・尊勝仏頂坐像（図2）のうち金剛薩埵像の面裏には次のような墨書銘文が確認されている。

> 此金薩者、大伝法院大日三尊之脇士左方之尊鎔也、爰去自嘉慶年中以来雖新造未及終彩色匠之処、梵寿監事禅師於当山到来、而去年自初春始奉此三尊開眼畢、自今以後彩色等之巧可有之者也、乃於当寺之内最尊院如令書終而已、応永拾二季己酉七開眼之功終

とあって、現存する金剛薩埵坐像は大伝法院の大日如来の脇士像として本尊左方に安置された尊鎔であることが確認され、尊像は嘉慶年中（一三八七〜八九）から新造を始め、応永十二年（一四〇五）年に開眼したとある[49]。すなわち、この年に大伝法院の法灯の中核が根来寺へ相承され、本堂において、伝法会・月例法要およ

図2　重要文化財　大日如来・金剛薩埵・尊勝仏頂坐像　三軀（根来寺蔵）

び伝法灌頂をおこなうことが可能になったと考えることができる。

さて、金剛薩埵坐像の墨書にある高野山大伝法院大日如来・金剛薩埵像の尊格について、高野山大伝法院の墎内堂塔の安置仏等を詳しい記述を有する「大伝法院幷墎内堂塔本尊仏具等事」（醍醐寺蔵）によって確認しておくと、

合

一本堂

一宇宝形作、二階三間四面〈宝形宝鐸八口已上、内外荘厳金物付皆金銀也〉正面中間一丈六尺脇間一丈六尺庇間一丈五尺　母屋柱十四本長三丈六尺口二尺八寸自余准之、

一大日如来像

二丈一尺、有天蓋、圓蓋也　蓋裏有

四箇飛天、頭光身光諸尊種子〈有之金銀〉、縁光三十七尊等、尊像最上縁光安宝塔矣、子細有口伝、
一金剛薩埵像
一躰、〈二丈脇士〉、左方頭光身光三十七尊金銀種子付之、縁光同十七尊形等付之、理趣経
一尊勝仏頂像
一躰、〈二丈脇士〉、左方頭光身光八大仏頂八大菩薩金銅種子付之、縁光八大仏頂八大菩薩付之、
已上三尊皆院覚作

とあり、高野山大伝法院の本堂安置仏と、根来寺本堂で嘉慶年間から新造された三尊像は、すべての尊格が一致する。

大伝法院本尊三尊像は、長承元年（一一三二）に覚鑁が創成し、仁治三年（一二四二）焼失したものの、建長八年（一二五六）に高野山上で再建がおこなわれ、さらに嘉慶年間から末寺根来寺において再造立がなされた。このように本尊三尊像は、大伝法院を担う仏宝として法会の中心にあって仏法を施し、法人格と命運をともにした尊像である。

本尊像が大伝法院の宗教活動をおこなううえで、大日如来像・金剛薩埵像・尊勝仏頂像が信心の要として欠くことができない存在であったことを意味する。すなわち、本尊像をはじめとする仏宝には、大伝法院の法灯の正統を護持する上で必須の観念が籠められていたことを意味している。最後にこの本尊像に籠められた正統の観念によって大伝法院三宝の拠所を求めてみたい。

5 仏宝に籠められた御願寺大伝法院の正統

(1) 伝法大会　真乗芳軌の道場

覚鑁は鳥羽上皇の御願になる大伝法院建立の地を高野山に定めたことについて「大伝法院供養願文」(『要書』一六)に、

大日遍照之光無処不臨、中道頓悟之理、無物不備、善逝之説教雖、真言之功能殊勝夫紀州高野之幽窟者、秘教相応之勝地也、(中略)抑伝法之大会者　真乗之芳軌也、上大師之素意、下専末学之精研、

として、伝法会を真乗の芳軌とし、伝法会において大師の教えを伝え、学侶の修学に努めることが大伝法院開山の大願であるとしている。覚鑁が密教勝地であると考えた高野山において、真乗芳軌(まことの教え)の道場とする伝法会を本核とする大伝法院建立が叶った背景には、鳥羽上皇が覚鑁の信仰に感応したことは勿論であろうが、貴顕の高野山信仰や仁和寺における密教教学の土壌、御願寺を通じた上皇の仏教施策が高野山大伝法院開山の後押しとなった。

また、覚鑁は「大伝法院供養願文」に先立ち大治四年(一一二九)「覚鑁申状」において自身の宗教信条について、

伝法二会者常秘密之法城、頓証菩提之妙道也、善根非一、弘法之功徳殊勝、経論惟多、真言之教理最上、是故高祖法身大日覚王、勅釈迦如来布演之、命金剛薩埵、流伝之、八大祖師、忘身弘身、累代聖衆〈主

か〉、稽首帰法、霊験遍于域中、此教甚深、弘必択処、〈其処脱か〉何在、当山是也

として、紀州大伝法院の毎年二季之伝法会の勤修は、真言密教における頓証菩提を得る最良の方法であり、そのために経論を学び、大日如来を安じ、釈迦が開いた仏道を広め、金剛薩埵から弟子へと流伝・修学に努めることが当山の是であるとしている。覚鑁はこの信条を籠めて、大日如来・金剛薩埵・尊勝仏頂三尊を大伝法院本堂の仏宝本尊として顕現し、伝法二会の法城において大日如来を安じ、金剛薩埵を通して法宝・仏宝を一体とする（『御請求目録』）密教教相を伝法したことを示している。また、尊勝仏頂は「仏頂尊勝陀羅尼経」（大正蔵十九）に天子を除災する功徳が説かれている。

末寺根来寺へ大伝法院本尊尊格と同一の三尊像を再興した第一の理由は、このように本尊三尊が宗祖の教えを籠めた三像だからである。

この覚鑁の密教教相は高野山大伝法院本尊三尊像を囲繞する堂内荘厳空間にも敷衍されており、次のように顕現された。「大伝法院幷堺内堂塔本尊仏具等事」によれば、

一金泥両界曼荼羅〈各七幅〉胎蔵後壁南天鉄塔龍猛開戸之作法、
金剛界後壁釈迦成道儀式図之已上定智筆也

一三尊後壁諸尊事
中尊後壁金剛界五仏
左方後壁五菩薩〈等身〉、右方後壁五大尊〈等身〉

一柱絵事
母屋柱内陣西柱金剛界五仏、並菩薩五大尊不動也、

同東柱胎蔵五仏、般若菩薩・四行菩薩・不動・烏瑟沙摩・倶利迦羅二童子等也、
自余十二本柱三十七尊字印形、並仏眼金輪外金剛二十天等也、
庇間後壁　東西二方等身十六祖師像安置之、

とあり、本尊前面には両界曼荼羅を懸用し、その背面に釈迦成道図（金剛界）・南天鉄塔龍猛開戸之作法図（胎蔵界）、本尊像の後壁には金剛界五仏五菩薩像五大明王像の十五体の尊像が描かれた。これらの十五尊像は密教の三輪身を顕し、空海が東寺講堂に安置した諸仏から学んだものである。また内陣柱には両界曼荼羅諸尊印形を配し、庇間には祖師を安置した。これは「覚鑁申状」に記しているように、仏教や密教を布演するさまを表出し、本堂内の仏宝荘厳を介して、伝法会の教義を視覚化することによって教義を伝授しようとしたのである（空海『御請求目録』）。同じく右の「覚鑁申状」において、春秋二会の伝法談義は頓証菩提之妙道であるとする覚鑁の密教頓証の教義は、晩年に著述した『五輪九字妙秘密釈』等に纏められている。このように、覚鑁は、御願寺大伝法院本堂を密教実践の道場として建立し、堂内には教えの実相を伝える本尊像や曼荼羅諸尊や祖師像を顕現することによって、仏・法・僧三宝一体となって伝法会や月例法要を修する場を実現し、一宗の事相修学・教理研鑽や法施の基盤とした。

覚鑁のこの考えは、本堂の荘厳のみならず大伝法院の伽藍を構成するすべての堂塔において実現された。密教の形而上的な教えは、仏宝の顕現によって具象化され法会の場において衆生に届けられたのである。また、密教では建物それ自体が密教教義の観念を表象している場合もあった。例えば、宝塔（大塔）[50][51]は、金剛

界曼荼羅三昧耶界に描かれているように、密教主・大日如来の三昧耶形[52]であり、高十丈の大塔そのものが大日如来の形象として境内に顕現していることを現わした。覚鑁は、教義と図像が互いに密教の理解を深めるものと位置付け、伽藍を羯磨曼荼羅とすることで大伝法院の仏宝を表したのであった。大伝法院大塔は、天文十六年（一五四七）頃には根来寺境内の本堂西側に山上と同じ高十丈の規模で再興建立され、本尊像と同様に天正兵火を逃れて現存している。

さて、第一節で述べたように覚鑁は長承元年に御願寺大伝法院堂塔伽藍を建立するに先立ち、大治五年（一一三〇）に尊勝仏頂像を本尊像として小伝法院を建立しており、その際に、本尊像を小伝法院の尊勝仏頂像から大日如来像へ変更している。次ぎに変更の意味と大日如来に籠められた中世の観念を確認しておきたい。

（2）御願寺本尊大日如来像

覚鑁は小伝法院建立から二年を経た長承元年、鳥羽上皇の御願を得て改めて大伝法院を創建したのであったが、この事について覚鑁は「覚鑁申状写」（『要所』十七）に

（前欠）

但所嘆者、道場最少之、法筵極狭、尊像不足、経蔵亦欠、伏聞　太上天皇考風扇、一天草靡、慈雨普灑、四海波従、施徳耀以増仏日之明、湛恩沢以添法水之潤、方今、鎮護　宝躰、為伝　皇徳於万代、敬立金場、欲弘仏教遐劫、遍尋攘災招福法、長生不老術、只在建秘密道場、続仏法寿命（マヽ）、望請　鴻慈、早被建立三間四面伝法堂、加安丈六大日如来・金剛薩埵像、並建鐘楼経蔵、安置鐃鋒、然則御願仏会、超日月

而長栄、上皇聖躬、与天地而久楽、不堪悃款之至、覚鑁恐惶、誠恐謹言、

と記している。本史料は年紀を欠いているが、記述の内容からみれば、大伝法院の創建時のものと考えられる。覚鑁は改めて御願寺として大伝法院を新立する理由として、道場最少、法筵極狭、尊像不足、経蔵亦欠をあげ、開基鳥羽上皇の宝牀鎮護・皇徳の万代、除災招福、不老長生を祈願のために、既に安置の尊勝仏頂像に大日如来・金剛薩埵像を加えてさらに前項に掲げた諸仏諸菩薩と堂塔を構えて奉安したのである。このことから覚鑁は、私的な小伝法院から大伝法院を再構築するにあたり、鳥羽上皇の御願寺としての法会を執行するために、また自身の密教理念を実現するためにも、広い道場と、教義に応じた尊像と経疏を充実することが必須であることを観念していたことが理解できる。

（3）宝牀と大日如来を結ぶ観念

この考えに基づいて御願寺大伝法院本尊には宝牀鎮護の尊像として大日如来像、および金剛薩埵像（大日如来の法嗣第一）を加えて安置された。すなわち、御願寺の祈願を籠めた正統を担う尊像として密教主大日如来像が奉安された。大伝法院が末寺根来寺へ法灯を移転するにあたって、本尊堂塔そのものを移転した理由には本尊堂塔そのものが前項で述べたように密教の図像に対する考えと覚鑁の教義が顕現された存在であったからであるが、さらに、以下に述べる御願寺としての正統が籠められていたからであろう。

中世の人々にとって、大日如来像に籠められた正統とは、どのように理解されていたのであろうか。このことは大伝法院が御願寺として機能したことの解明の手がかりにもなるであろう。

さて、御願寺についての先行研究[53]に拠ると、大伝法院が創建された院政期の国家では仏教法会や神道の祭祀を通じて国家秩序を保った。これを支えた観念として、王権と仏格・神格の位置付けがなされている。それらに拠れば、仏教は十世紀以降、十二世紀にかけて王権の護持のための法会が盛行し、王権は法会（仏）を介して社会秩序の保持に導いた。このことを実現するために僧は天子の身体（宝躰）を護持する役割を担い、天子に近侍する護持僧がおかれた。

護持僧が修法をおこなう際に奉じた観念に関しては、勝覚筆「護持僧作法[54]」に王権と神・仏に関わる観念次第が示されている。勝覚（一〇五八～一一二九）は、右大臣源師房の長男である俊房（一〇三五～一一二一、左大臣）の子であり、醍醐寺三院のひとつ三宝院を創建した僧侶で、白河上皇の戒師を勤め、白河・鳥羽上皇に近侍した。この「護持僧作法」（随心院聖教　第十七箱二号、上島享『日本中世社会の形成と王権』四〇九・四一〇頁引用）に所載される「禁中加持作法」によれば、

禁中加持作法〈又云殿内加持、後僧正伝〉

先自加持〈護身也〉

次結如来拳印、観禁裏〈或宮中或殿内〉有本不生不可得妙〈ア〉字、成浄白円明月殿〈或宮〉殿内有〈キリーク〉字、成千葉宝蓮、宝蓮上有自性本有〈バン〉字、々変成常住五輪円塔、塔変成金剛界九会曼荼羅主法界体性智遍照如来、此尊則威光普照日天子也、此則大日本国本主宮中鎮護霊鏡内侍所此也、当代国主金輪正王也、聖王即日天子御胤子、彼是一躰無二、而更無差異、故国主玉躰御心中有万法能生〈ア〉字、変成威光遍照日輪、々々反成大摩尼宝珠、故普天下雨如意珠、利率土人民、随一々

所求与各々悉地〈加持等如常〉
次七福即生印言。
次転過為福印明（以下略）

とある。先ず、護持僧は天子が常住する宮中に仏を観じ、殿中の千葉宝蓮上に大日如来を観ずる。大日如来は五輪円塔（大塔）に常住し、然るに、すなわち金剛界曼荼羅主遍照如来（大日如来）、即威光普照天子（太陽）であると観念する。またこれがすなわち大日本本主に鎮まる霊鏡であるとする。霊鏡は伊勢神宮と宮中三殿の賢所に奉安される御神体であるアマテラスオオミカミを表す。すなわち、院政期には密教教主大日如来と太陽（天子）と大日本国主アマテラスの天子・仏・カミを同体として観念することによって、国家の秩序を保持したことが示されている。

この天子と大日が同体であるという観念に基づいて、覚鑁は私的な小伝法院から天子が御願する御願寺大伝法院を創建するに当たって、開基である天子（鳥羽上皇）の尊格と本尊大日如来の仏格を同体と観念して奉安し、その宝祚を祈念したことが考えられる。

さてこの大伝法院の正統の観念は、御願寺としての大伝法院の寺院運営に重心を与え、衆団の結束を深めた。大伝法院は創建以降、たび重なる法難に直面した際にも、この正統に立ち戻って寺運の維持に勤めている。その上でも末寺へ法灯を移転するに際して、正統を担う観念が籠められた本尊堂塔伽藍そのものを末寺根来寺において再興造像することは、移転後の組織運営や法灯護持相承の拠り所を与えることを意味した。覚鑁自身もこの天子・本尊・アマテラスの同体とする正統観念に言及している。長承二年（一一三三）「覚

鑁中状」（『要書』四十）には覚鑁の自坊である密厳院領相賀庄の相論において、

相賀庄奏状

八幡大菩薩者為応神天皇之時、以家地万許町奉寄

（中略）

高野山王、此大明神者大日如来化現天照大神之妹也

とし、高野山王の大明神は大日如来化現天照大神之妹であるとして、間接的にではあるが、大日如来が天照大神の化現であるとする同体観念を示している。また、元弘三年に元弘勅裁において、大伝法院領を割譲することを余儀なくされた際にも大伝法院は鳥羽上皇建立寺院であることを明言し、勅裁は先皇の叡慮に背く謀計であるとして、このことを「高野山旧領沙汰時奏上」「東草集」にかかげた。鳥羽上皇に籠められた正統観念を格別に示す意味合いで用いられたのであろう。

6　鳥羽上皇御影の再興

根来寺では嘉慶年間（一三八七〜八九）から着手された本尊再興造像に先立ち、法灯移転にともなう準備がすすめられた。その一つに開基・鳥羽上皇御影図（図3・重要文化財。指定名称は「鳥羽天皇像」）の再興造像が行われた。造営は貞和三年（一三四七）に着手し、大日・天子（アマテラス）同体とする大伝法院の正統相承を形成する観念の顕現として、寺内外の認識を喚起する事業があったであろう。根来寺に現存する鳥羽上皇像

図3　鳥羽上皇像（重要文化財、絹本著色、根来寺蔵）

は画面の背面に次の修理銘がある。

　奉修鋪　鳥羽上皇御真影一鋪
　開眼導師　大僧都法印恵雅　於遍照院
〈仁〉勢算法印大宿勤仕砌令調之畢
　于時天文十二年〈癸卯〉六月〈柳宿金曜〉

鳥羽上皇像には右記の修理銘があるだけで製作に関わる記録は見当たらない。しかし先に貞和三年頃の製作としたのは、鳥羽上皇像にほぼ図様の等しい作品が和歌山・満願寺（以下、満願寺像）にも所蔵するからである。満願寺像（重要文化財）と根来寺像は、両者の祖本を模写したとする考察がある。[55] 満願寺は紀伊岡崎（現和歌山市）に所在し、天正十三年の豊臣秀吉の紀州攻め以前は大きな寺領をかまえ、院政期には熊野御幸の往来によって繁栄した。玉体像が製作された南北朝における満願寺と根来寺との交流を記述する「東草集」巻一「紀州岡崎庄満願寺供養願文」[56] によれば、満願寺では、貞和三年（一三四五）堂舎一宇・二重一層宝塔・三間大門・十一面観像・法華経が新造され、根来寺がこの開眼法要に関与している。且つ鳥羽上皇像の絵画技法が十四世紀半ば頃と考えられる絵画の様式が近似していることから、貞和年間が製作における一つの指標とされるわけである。また、先行研究によれば、[57] 応永二十年（一四一三）「僧景範真言祖師影銘文注文」（醍醐寺文書）には何らかの指示により景範が真言僧三十五幅の銘文等を書き上げており、これに鳥羽院画像も含まれている。この画像が現存する根来寺像であるという確証はないが、応永二十年といえば、根来寺で再興造像された本尊像の開眼供養が応永十一・十二年に行われた直後であることを勘案すれば、大伝法院の正統を観念する開基・鳥羽上皇像の関心が集まった情況を想定することができる。

また、根来寺蔵・鳥羽上皇像の修理銘にある天文十二年については、天文十一年が覚鑁四百回忌にあたり、これにともなう修復がおこなわれたのであろう。丁度、この頃大伝法院宝塔（大塔　註47）も完成している。大伝法院の法灯の根幹を担う正統である鳥羽上皇と大日如来の観念の顕現によって、覚鑁創成の高野山大伝法院の正統を根来寺において再興相承する大事はこのような気運のなかですすめられた。

7　根来寺伽藍に顕現した大伝法院正統の観念

このように大日如来像には普遍的な密教教義と院政期の日本において形成された天子・大日如来・アマテラスを同体とする正統の観念が籠められた。この本尊像は、再興造像がおこなわれた十四世紀頃の寺家に、どのように受容されていたのかを最後に確認しておきたい。当時、根来寺でおこなわれた修正会表白には、寺家が抱いていた観念が伝えられている。正平十五年（一三六〇）頃に編纂された「東草集」巻三　修正会表白に

夫以孟春上陽之密行国家鎮護之精勤。嘉辰冷月秘法寺門安然之勝計。是故開秘密瑜伽道場。修息災安鎮之白法。添輪円具足荘厳凝増益福祐之丹誠。観夫八葉白蓮装荘厳栄花於萬春之風。十字圓鏡飾道場契来

葉於千秋之月。加之燈燭赫赫星宿並光政途無陰。香水湛湛風雨順時率土有楽。法会既甚深感応豈等閑。若爾禅定聖霊安玉躰於胎蔵之蓮座、密厳先徳円鏡智於金界之月輪。重乞帝闕運長翫白椿再改之葉。仙洞地静愛青松十廻之花。護持官長法躰堅固。護持諸徳恵命長遠。伽藍安穏人法繁昌。庄園泰平稼穡豊饒。凡厥天下歌有道現世安穏之声満耳。海内楽無為慶運寿星之色遮眼。乃至法界利益。敬白。

としている。すなわち、鎮護国家を祈願する修正会において、「安玉躰胎蔵之蓮華　密厳先徳円鏡地於金界之月輪」と観念された。「安玉躰胎蔵之蓮華」とは、天子（鳥羽上皇）と胎蔵大日如来を同体とし、「密厳先徳円鏡地於金界之月輪」とは、先徳（覚鑁）が金剛界大日如来と同じ境地にあることを意味し、大伝法院の正統が金胎両部の密教世界に顕現するとの観念の位置付けをしている。

また、同じ「東草集」巻三「曼荼羅供」表白に

夫以通三明一徳非不貴対法帝覚皇不足為喩。（中略）観夫宝蓋彩幡映日模金剛法界宮之荘厳。珠鬘瓔珞揺風装摩尼光明殿之儀式。加之七宝塔婆安置檀上弁備六種之妙供三会舎利奉請塔中盛調百種之珍物。真俗荘厳驚耳目事理供養染肝胆者歟。若寺禅定聖霊登霞玉躰人王昔七十五代之宝祚事旧。満月金容法帝今八萬四千之装相好惟新。而又帝闕天長聖日之光普照仙洞久仁風之恵遠施。護持上綱法躰堅固茅洞之石無動。護持諸徳福寿長遠草湖之水無涸。乃至法界平等利益。

とある。曼荼羅供は高野山大伝法院本堂においても鳥羽上皇の御忌に執行された法会で、表白では「満月金

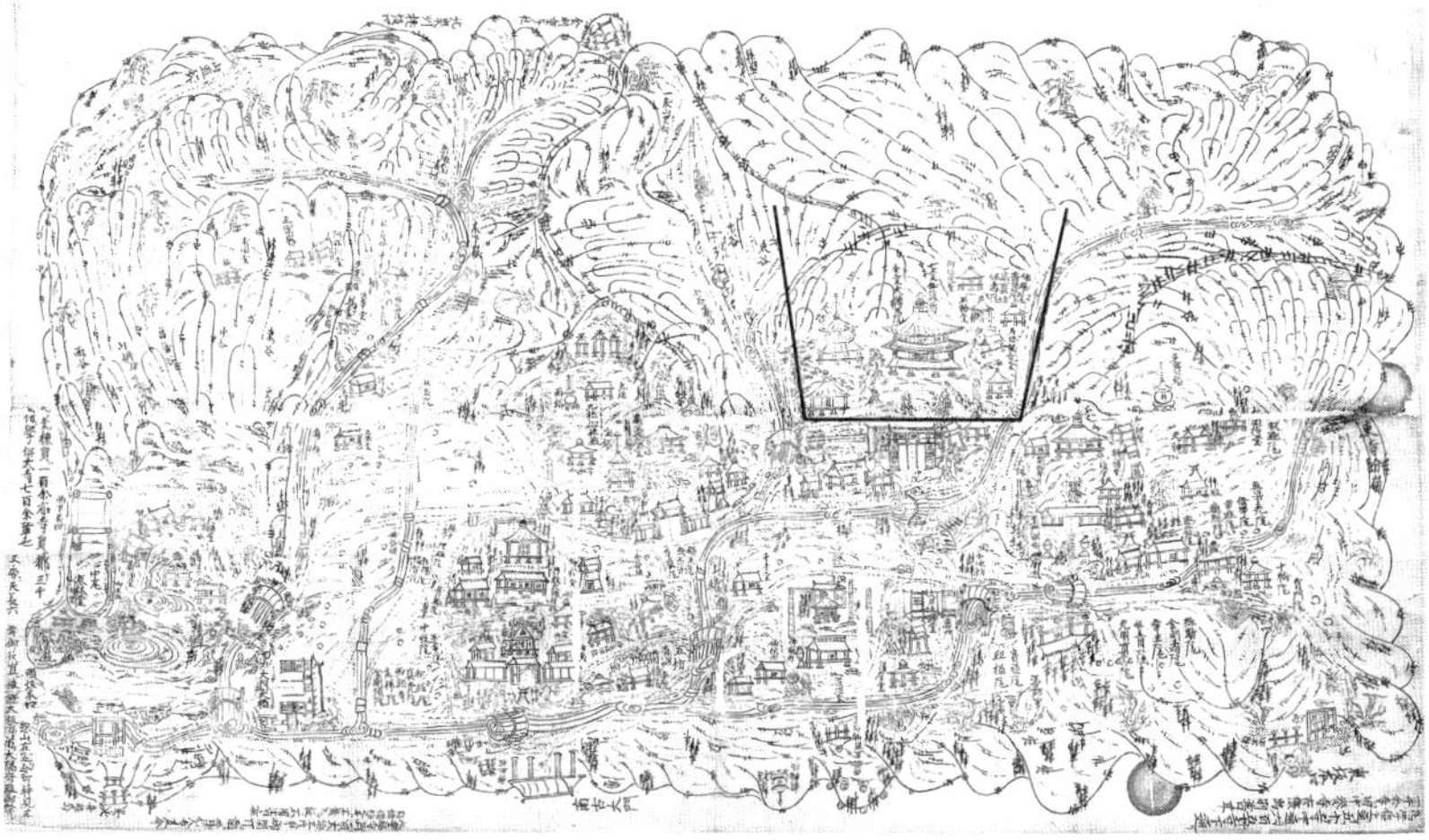

図4　根来寺伽藍古絵図（再興伽藍部分）根来寺境内に入籠された大伝法院伽藍。

容法帝八萬四千之相好惟新」とし、金剛界大日如来が相好をあらわし、帝闕天長をあまねく照らすとして、開基・鳥羽上皇に対する報恩を明らかにしている。このように十四世紀頃の大伝法院では御国忌に曼荼羅供を奉り、本尊大日如来像と同体とする天子に報恩を捧げ、中世後期における寺家の正統を顕彰した。

高野山大伝法院法灯を相承した末寺根来寺伽藍では、「修正会」（五五頁）に表白されたように本堂安置の金剛界大日如来と覚鑁を同体とし、また大塔安置の胎蔵界大日如来と鳥羽上皇を同体として観念して金胎不二の密教世界を境内に顕現した。

こうして中世に形成された正統観念[58]を中核にして高野山大伝法院の法灯は、根来寺へ護持相承された。再興伽藍となった寺域は、末寺根来寺境内域の北を結界する葛城山系の支尾根南陵を開削し、高野山大伝法院仏宝本尊堂塔の再興用地とした[59]（図4囲い線内側部分）。開削された領域には、先ず明徳年間に高祖弘法大師を奉安する大師堂（現存　重要文化財）が建立され、次いで嘉慶年間から大伝法院本尊像の造像を着手し、応永十一・十二年に開眼した。そして、天文十六年（一五四七）に大塔（大日如来の三昧耶形）が完成し、伽藍全体の再興事業が完成した。大伝法院正統を担う仏宝の移転相承が成就し、仏・宝・僧三宝が具備した大伝法院は、全国を視野に入れた組織の再構築にむけた歩みをはじめる。

高野山大伝法院から法灯相承がおこなわれた十五世紀初頭から十六世紀半ばの根来寺は、寺勢が極盛に達した時期と思われ、以上のような造寺造塔事業に加えて、根来寺境内埋蔵文化財調査報告では約三〇〇に及ぶ院家遺構を確認している。院家には学山根来寺の法縁法資が結集した。

大伝法院末寺として開山された根来寺は、法灯の相承によって本山機能を有する中世後期寺院としての再構築を成していく。この直後、根来寺は天正兵火を蒙るが幸いにも正統を担う本尊・宝塔は火難をのがれ、江戸時代には新義真言宗本山として法灯を維持した。こうして根来寺の境内には、高野山大伝法院から相承された覚鑁創建の密教を顕現する本尊・堂塔を、今日もみることができるのである。

おわりに

本稿では密教寺院として成立した高野山大伝法院と末寺根来寺の歴史的展開と宗教的特質の解明に努めてきた。両寺院の展開において注目すべきことは、宗祖覚鑁が創建した高野山大伝法院が南北朝期になって末寺へ移転したこと。また、移転にあたった大伝法院の寺家は仏宝である本尊堂塔伽藍そのものを、末寺根来寺境内に再興造立をおこなったであろう。

「移転」は創建当初の寺家にとって想定されたことではなかった。したがって、「移転」がおこなわれる以前の両寺院、すなわち南北朝期以前の両寺院は、各々根本伽藍を奉る本寺と本寺の運営を支える荘園内の末寺としての役割をもって粛々と寺院活動を営んできたはずである。

そこで本稿では第一節・第二節において高野山大伝法院と末寺根来寺の創建及び、両寺院の持続的な寺院活動を確認した。これは、先行研究で大伝法院の「移転」が根来寺の創建として扱われる場合があったので、改めて両寺院が高野山上と大伝法院領において平行して活動をおこなったことを確認したいと思ったからである。この両寺院における院政期・鎌倉時代の活動を踏まえたうえで、第三節では高野山大伝法院の「移転」をめぐる実像と作業に籠められた観念を考察した。「移転」は持続的存続を命題とする仏教寺院社会にとって法灯相承を意味する大事である。そこで、御願寺として創建された高野山大伝法院が末寺根来寺への「移転」を巡る当時の社会変化、また、移転が大伝法院の名籍のみならず「仏宝」である本尊堂塔そのものをともなったことの仏教的な意味、またその仏宝（表象）に籠められた大伝法院固有の観念を法会表白を通して検討した。これによって法灯の移転相承を通じて顕現した中世密教寺院根来寺の宗教的特色を垣間見ることができたように思う。

すなわち本稿での検討によって、南北朝期以降の根来寺寺家が覚鑁が構築した教義とその表象である仏宝に籠められた正統の「観念」に感応し、根来寺において高野山大伝法院の再構築を実施したことが明らかになった。また、創建以来の高野山大伝法院と末寺根来寺が相互に併存して行った活動が、中世後期の根来寺の再構築の基盤形成に繋がることも知ることができた。これまでともすれば等閑視にされがちであった「移転」に託された意味も、密教寺院の表象である大日如来を中心とする法灯相承の展開のなかに、御願寺大伝法院の「仏宝」が開基鳥羽上皇（天子）と大日如来を同体とし、さらに大日如来の三昧耶形である大塔を加えて、金胎両部の密教の理想世界を籠める「観念」を宿し、この「仏宝」を移転相承することによって、末寺根来寺においても理想（正統）の密教世界を顕現するという移転相承の意味が理解できたように思う。

しかしながら本稿は「移転」を通史的に再検討することを主眼としたこともあって、詳細な検討の多くを積み残した。密教寺院として高野山大伝法院・末寺根来寺がおこなった寺院活動の細部の検討は史料の制約によって未解明な事柄が多い。殊に高野山大伝法院の活動は史料調査が進捗していない。たとえば、「高野山諸院家帳」の記述によって大伝法院は文明年間まで存続したことが確認されているが、この間の活動を示す史料調査はおこなわれていない。また、「高野山水屛風」に描かれた山上における再建大伝法院の記録も同画面上に描かれた金剛峯寺や金剛三昧院との交流（平雅行「定豪と鎌倉時代」）の詳細は不明である。鎌倉幕府との関わりが深い金剛三昧院は上記の屛風を旧蔵しており、大伝法院ではこの頃以降に頼瑜の法脈が関東へ流布しているので両者の関係を掘り下げる必要があろう。また山上には現在も密厳院が存続していることも含め、高野山に伝承している多量の史料の解析が待たれる。また、頼瑜期以降におこなわれた根来寺の院家建立についても、頼瑜が諸流を統合して中性院を樹立したとされるが、同時期に五坊が根来寺において活発な法流伝受をおこなっている。また、十四世紀には「東草集」に多くの院家の活動を確認できるが、個々の院家の法流と地方談林との関わりも今後のテーマとなろう。中世後期の根来寺は、本尊堂塔の再興造立による法灯の移転相承によって末寺から本山機能をもつ寺院となったわけであるが、江戸時代に新義真言宗本山としての再構築してゆく衆団の形成過程展開の解析も残されたおおきな課題といえる。本稿の検討によって知り得た仏宝に籠められた「観念」が、近世根来寺の形成に与えた影響についても別稿にて論じる機会をもちたいと思う。

末文ではあるが、貴重なご所蔵文書の調査・閲覧をお許しいただいた金剛寺・智積院・醍醐寺・正智院各位と格別のご指導の労をいただいた山岸常人先生に心から感謝を捧げたい。

註

（1）高野山大伝法院・根来寺の研究は、祖師興教大師覚鑁の教学的研究から始まった。第二次大戦前には昭和十年（一九三五）中野達慧氏の『興教大師全集』上下、昭和十七年に興教大師遠忌事業として三浦章史氏の『興教大師伝記史料全集』が刊行。そして、昭和五十年（一九七五）『覚鑁の研究』が刊行された。この流れは平成四年興教大師八百五十御遠忌『興教大師覚鑁研究』、平成十四年頼瑜僧正七百年御遠忌『新義真言教学の研究』に継承され今日に至っている。歴史学の立場からは昭和三十七年赤松俊秀氏の『覚鑁とその時代』を先駆とし、昭和五十年に和歌山県農政部が計画した「広域営農地農道」が根来寺境内を通過することから境内遺構の保存を牽引するかたちで研究が高まり、地元出身の熱田公氏の「根来寺に関する総合的研究」（科研B）や小山靖憲氏の『中世寺院と荘園』の成果が報告されている、またその動向は現在も大阪歴史学会の活動に受け継がれている。また、平成十九・二十一年の国史跡根来寺境内指定後は海津一朗氏編の『中世都市根来寺と紀州惣国』など地域史としても論究がなされ、根来寺史に多角的な視野を提供している。
一方、寺院史としての根来寺研究は、昭和五十五年に実施された大伝法堂（本堂）安置三尊像調査を契機に設立された根来寺文化研究所が関係史料や寺内文化財調査を進め、その成果として『根来寺史』史料編一・二、「根嶺学報」三巻、『根来寺の歴史と文化財』、「根来寺文化研究所紀要」六巻、『根来寺蔵紀州徳川家寄進能面』等を刊行し、これらの調査成果として新たに本尊大日如来等三尊像・鳥羽天皇像が国重要文化財、大師堂弘法大師坐像・紀州徳川家寄進能面・根来寺伽藍古絵図が和歌山県指定文化財、境内は国史跡となった。また、平成四年から五年間継続して根来寺再発見シリーズ・シンポジウムを開催し、これを契機に寺院史研究は根来寺の個別研究から新義真言宗総本山根来寺史として研究の深化し視野を広げた。この動向は、『根来寺史』通史編編纂委員会として根来寺寺内・外の史料、寺内の建造物・史料・美術の悉皆調査を実施する研究が継続して進められている。

（2）根来寺寺内・外に所蔵される関係史・資料の悉皆調査は、総本山根来寺内の根来寺文化研究所『根来寺史』通史編編纂委員会と山岸常人氏が代表する日本学術振興会基盤研究（B）が合同して、「根来寺史の総合的研究に基づく中世後期寺院社会像の再構築」（二〇一二～二〇一六）、同「建築・聖教・美術から見た新義・古義を包括的に捉える日本密教史の再構築」（二〇一七～二〇二〇）を実施中である。

（3）根来寺の活動に関係する寺外文書・聖教は、『醍醐寺文書聖教目録』（醍醐寺編）・『願成寺文書』（人吉市教育委員会）・『高野山正智院聖教目録』（吉川弘文館）・『金剛寺聖教目録』（後藤昭雄編）・『高幡山金剛寺典籍・聖教目録』日野市教育委員会刊・『智山書庫所蔵目録』・『運敞蔵所蔵目録』（真言宗智山派宗務庁刊行等に収録されている。本稿においては、前掲註2に掲げた調査において金剛寺・智積院ご所蔵聖教調査に参加させていただいている。また、醍醐寺および正智院ご所蔵写本についても閲覧の機会をいただいた。執筆にあたっては、上記の聖教目録をその都度参照させてていただいた。謝して御礼を申し上げたい。

（4）岩出市教育委員会「史跡根来寺境内保存管理計画書」（平成二十六年三月）。

（5）永村眞氏は『中世寺院史料論』（吉川弘文館、二〇〇〇年）序章において、寺院社会を「寺院（寺院群）という空間に拠りながら成立・存続した寺僧集団の社会的組織」としている。本稿はこの定義にしたがった。また、同氏は寺院社会の成立に不可欠な要素について、同書第一節二「寺院社会の存続原理」に、「日本における中世仏教寺院社会の骨格と内実を各々寺院組織と僧団と捉え、また寺院社会の成立に不可欠な仏・法・僧という三要素が一体として表出される場こそ法会であると理解した」とある。本稿では永村氏論に拠る寺院社会の成立に不可欠な要素である三宝によって法会の場を定める要素と規定する「仏宝」、すなわち本尊・堂塔伽藍に視座をおき、その展開から根来寺における高野山大伝法院に再構築を検討をおこなった。

（6）中川委紀子『根来寺を解く』（朝日新聞出版、二〇一四年）朝日選書九一五。

（7）「根来寺」の呼称は、大伝法院末寺が所在した「根来」の地名に由来する通称名である。法人の正式名称は覚鑁が創建した「大伝法院」を用い、中世に於いても御教書等の文書に大伝法院が用いられている。三好英樹氏が「根来寺伽藍の成立」（海津一朗編『中世都市根来寺と紀州惣国』）に述べる離山意識による呼称の使い分けについては今後の検討の余地がある。大伝法院の名称は通称する「根来寺」名と混用されながらも、昭和四十八年の宗教法人登録以前は概ね公文書には「大伝法院」が用いられている。なお、同年、大伝法院は法人登録変更をおこない現在は「新義真言宗総本山　根来寺」に改称している。

（8）　頼瑜は弘安二年（一二七九）四月十七日高野山中性院において実勝法印から伝法灌頂を受け、同夜第二重印可、同年七月廿八日第三重許可秘印を受領した。これをうけて頼瑜は諸流を包括し中性院流の一家を樹立した。自家の流派樹立を契機に頼瑜は高野山を離山し、根来寺境内に中性院の院家を建立したと考えられる。弘安年間は建長八年（一二五六）頃に高野山上で再建された大伝法院が存在しているが、頼瑜が高野山ではなく末寺根来寺に中性院を建立した理由を特定することは難しい。理由の一つには高野山上にはすでに頼瑜自身が伝法灌頂・許可灌頂を受領した中性院と称する院家がすでに存在してこともあげられよう。本稿第二節参照。

（9）　根来寺蔵「根来寺伽藍古絵図」（紙本墨画淡彩、縦七六・五×一三六センチ）に所載。『日本荘園絵図聚影』五下　西日本二・補遺（東大出版会、平成十四年二月）に所収し、制作は安土・桃山時代（一五六八・九～一六〇三・一）としている。「根来寺伽藍古絵図」は、制作時点における根来寺境内の範囲を描いてものと考えられるが、画面には時系列をおって拡大した範囲が投影されている。すなわち、境内の範囲は十二世紀前期・長承元年に大伝法院末寺（豊福寺）として下賜された小規模の末寺境内（現在の円明寺周辺）から次第に拡大し、十三世紀後半には中性院（頼瑜）や五智坊（良殿）が院家を建立した円明寺に近接する外縁部に拡大し、また外縁地域から南側菩提谷（現在の農道を挟む）の覚鑁荼毘所（菩提院）においても末寺法務の中心堂宇であった円明寺とともに法会がおこなわれた。十四世紀にはいると大谷川の谷以北に高野山大伝法院伽藍再興のための新たに土地開削がはじまり、十四世紀半ば以降の聖憲代に現存する大師堂・本堂（秀吉により破却・現大伝法堂の前進堂にあたる）を建立し、現存する本尊丈六三軀の造像開眼等法灯移転の再興事業が執行された。同時に既開発部の外縁部や背後山林の谷筋に多数の堂や院家の建立が展開し、大塔が完成した天文十六年頃には結界をもつ「根来寺伽藍古絵図」の範囲の境内が形成されたのであろう。武内雅人「根来寺境内の景観と構造」・三好英樹「根来寺伽藍の成立」に根来寺境内の成立展開が論じられている。高野山大伝法院の消長と末寺根来寺の寺院活動の関係性を示す史料の検出は十全ではないが、根来寺埋蔵文化財調査の成果には学ぶことが多い。

（10）　藤井雅子氏は「中世醍醐寺における他寺僧の受容」（日本女子大学　紀要　文学部」第六六号において中

世醍醐寺における醍醐寺理性院院主と信州文永寺僧、泉涌寺僧長典の事例をあげ、他寺僧が「横入」として醍醐寺内で活動をしていたことを解明されている。

(11) 三好英樹「根来寺伽藍の成立」(『中世都市根来寺と紀州惣国』同成社、二〇一三年)。

(12) 「宗大事」については永村眞「醍醐寺三宝院の法流と聖教」(『醍醐寺文化財研究所研究紀要』二三、二〇一五年)、また寺院社会については、同氏『中世寺院史料論』第一節「寺院社会史への視座」一「寺院社会とは」を参照させていただいた。

(13) 仏堂と法会および道場観についてその先行研究には山岸常人氏の『中性寺院社会と仏堂』(塙書房、一九九〇年)や冨島義幸氏の『密教空間史論』(法藏館、二〇〇七年)がある。例えば、高野山大伝法院の場合、伽藍を構成した十三堂塔中に僧宝の伝法を行う灌頂堂を確認することができない。また、大伝法院本堂堂内外陣には東西庇間に祖師十六像が描かれているところから本堂内で灌頂も執行されていた可能性がある。一方移転後の「根来寺伽藍古絵図」には、建立年は不明であるが、境内南部の菩提院所在域に灌頂堂の記載がある。「東草集」には十四世紀におこなわれた伝法灌頂表白を三十二編記載している。大伝法院において伝法灌頂がおこなわれた堂は、現在のところ先述の灌頂堂か円明寺(後述)かまたは高野山大伝法院本堂か特定することはできない。しかし、「東草集」五には正平十六年(一三六一)に建立した「当菩提院拝殿知識文」に、「我等離本山而七十二年。何年重開両院(大伝法院・密厳院之玉殿。留末寺而　多少之日。何日再拝三尊之金容。倩思此事千行涙両峯無晴九廻腸風湖不静。但我等止住当山尚是栖聖霊恩樹之陰也。経行此地亦斯受上人徳水之潤也」としており、文中で国難を憂いている可能性があろう。正平十六年(一三六一)当時は元弘勅裁以降のことであり、高野山大伝法院へ登山することは難しかったのかもしれない。仮にそうだとすると、大伝法堂本堂に安置する本尊像の面前において伝法会・伝法灌頂を執行が不可になった時点、または不可が予想された時点で、大伝法院寺家は末寺根来寺への法灯移転の実施を採択したことが考えられよう。なお、現在の根来寺では「根来寺伽藍古絵図」に所載する灌頂堂は廃絶しており伝法灌頂は本堂内で執行されている。

(14) 伝法会は経律論疏の講演を行う会。真言宗では空海の本意に則り行われたとし、『東宝記』第六(『続々群書類従』第十二　宗教部)に、「一伝法会　慈尊院興善阿闍梨記云、承和十四年、実恵僧都於東寺伝法会始之云々」とある。高野山では『高野山第二祖伝灯国師真然大徳伝』（真然大徳記念出版編纂委員会　総本山金剛峯寺、一九九〇年）に収録される真然大徳（弘法大師俗甥、金剛峯寺第二世）作「伝法会式目」が承和十三年の高野山伝法会の式目とも考えられるが確証はないとする。高野山大伝法院伝法会の勤修については、覚鑁の申請の「紀伊国司庁宣案（石手事）」（『根来要書』五）に「（前略）右得覚々去六月十日解状偁、謹考旧貫、件二会者大師勤命遺弟、毎年二季勤行、春名修学会、授秘密之経教、冬号練学会、更糺文義之紕繆、実恵僧都・真然僧正承聖跡以謹修、伝学業以紹隆、而年序推移、漸以廃絶、近又仁和寺大僧正殊竭丁寧、仍旧令勤、其後亦絶、于令空過、倍宝（寛助）其理、只無斎儲之故也、覚々興廃継絶之心、無其時而休、弘法利生願、逐日弥吉、固茲常思争儲二会之供料、弘三密之法造、志大力微、守与心違、伏惟馬閤施徳一光年以増仏日之明（以下略）」とある。

(15) 院政期における国家と仏教について、山岸常人は『中世寺院の僧団・法会・文書』第一部「僧団と法会」において論考し、「はじめに」において研究史をまとめている。

(16) 上島享『日本中世社会の形成と王権』（名古屋大学出版会、二〇一〇年）第二部「中世王権と宗教」第二章「中世国家と仏教」。

(17) 高木徳郎「大伝法院領の成立と展開」（『根来寺文化研究所紀要』三、二〇〇六年）。

(18) 「伝法院供養願文」は富田学純編『興教大師全集』下巻（世相軒、一九三五年）に所載している。富田氏は出典を明記していない。また、『根来要書』は同文書を所収していない。榊義孝「新義の論議について」（興教大師研究論集編集委員会編『興教大師覚鑁研究』春秋社、一九九二年）。

(19) 丸山仁氏は、『院政期の王家と御願寺』（高志書院、二〇〇六年）第五章「覚鑁造営伝法院と鳥羽院御願寺大伝法院」に覚鑁造営の伝法院は「伝法院供養願文」種々善根のうち、前八箇が白河上皇の仏果円満、後二箇が鳥羽上皇の御息災増長宝寿を修しているところから大治五年の時点で鳥羽上皇の御願寺としている。しかし、本文に示すように、鳥羽上皇から伝法院の供養料として五箇庄園が下賜される時点は、長承元年十二月九日である。また、『中右記』も長承元年十月廿日条に「去十七日参高野御所御経供養（略）次供養立御堂云々」とあるところから、筆者は伝法院は覚鑁の私堂、大伝法院は御願寺として建立されたとの見解をとりたい。

(20) 山陰加春夫『中世高野山史の研究』（清文堂出版、一九九七年）によれば、貴顕の高野山詣は治安三年

（一〇二三）に藤原道長の「弘法大師廟堂」参詣を初例とし、永承三年（一〇四八）関白頼通、永保元年（一〇八一）関白師実、寛治二年（一〇八八）白河上皇と盛んにおこなわれ、その都度荘園・堂塔・子院の寄進・造営がおこなわれ、高野山金剛峯寺は中世隆盛期をむかえる。鳥羽上皇の高野山御幸は天治元年（一一二四）初度で、藤原実行撰『高野御幸記』（『群書類従』帝王部）に詳細な記録がある。

(21) 前掲註17高木論文参照。

(22) 小山靖憲『中世寺院の荘園制』（塙書房、一九九八年）第二部「大伝法院」。小山氏は同書第七章「根来寺と葛城修験二」において、豊福寺と修験信仰の関わりを述べているが「根来要書」において鳥羽上皇御願末寺として下賜された寺の位置付けには言及されていない。前掲註1高木論文、山陰加春夫『きのくに荘園の世界』上下（清文堂出版、二〇〇〇・〇二年）も豊福寺の役割には格別な言及はない。また、坂本正仁「新義真言宗の生成の根来寺」（根来寺文化講演会&シンポジウム「中世根来の実像をさぐる」二〇〇四年）レジュメで、新義真言宗がいつ頃確立し、根来寺の役割はいかなるものだったか実態を吟味する必要を指摘しておられる。しかし十五世紀以後の教相本寺・根来寺と新義真言思想の敷衍とその拠点・決議所との提携の実態を紹介されるが、根来寺の成立とその役割には言及されていない。また、苫米誠一「興教大師覚鑁聖人と根来寺創建」（上記シンポジウムレジュメ）では、覚鑁を根来寺開山とし、且つ根来寺の持続的な寺院活動を記しておられる。しかし、末寺豊福寺を覚鑁建立とし、その完成は長承二〜三年頃かとされている。

(23) 中川委紀子「神仏坐す葛城の峯――霊場をむすぶ峰の道」（『神仏霊場ものがたり』戎光祥出版、二〇一二年）参照。同「岩湧寺の信仰と文化財」（『宗教文化研究』六、二〇一二年）、同「根来寺の成立と葛城山系の信仰」（和歌山県文化遺産活用活性化委員会編『紀の川流域の文化遺産調査報告書』二〇一四年）。

(24) 役行者出自について『続日本紀』巻一・文武天皇三年五月「丁丑（二十四日）、役君小角流伊豆于伊豆嶋。初小角住葛木山。以呪術称。外従五位下韓国連広足師焉。後害其能、讒以妖惑。故配遠処。世相伝云。小角能使鬼神、汲水採薪。若以呪縛之。」とする。役小角が住いした葛木山は奈良県と大阪府境の金剛山とされる。前掲註23拙稿。

(25) 高木徳郎氏「大伝法院膝下荘園の復元図」（前掲註17高木論文）によると、豊福寺は現・根来寺境内を北結界する葛城（和泉）山系の南麓。境内北西部・九社明神社付近に位置したと考えられる。

（26）前掲註23拙稿。

（27）「根来寺伽藍古絵図」に描く円明寺・神宮寺は天正十三年に秀吉・紀州攻めによって焼失。山岸常人氏の調査によれば、現・円明寺・同拝殿は兵火後、江戸時代初期の再建堂とする。

（28）前掲註7参照。

（29）伊東史朗「鳥羽天皇と安楽寿院」（和歌山県立博物館・特別展『京都・安楽寿院と紀州・〝あらかわ〟』展図録、二〇一〇年）、京都国立博物館編『院政期の仏像』（岩波書店、一九九二年）。

（30）宝塔の建立については『高野山諸院家帳』（高野山谷上多門院住持重義記　文明五年）に、「塔〈伝法院座主覚尋僧都寺務之時建立之／今無　岡田〉」（本文【史料13】）とある。

（31）大伝法院伽藍の十三堂宇の建築完了を示す史料としては、「大伝法院埦内並本尊堂塔仏具等事」・「大伝法院事」に建設中を示す用材大きさや各建物の間隔や位置関係を記し、文末に建久二年（一一九一）四月の年紀を付しており、本稿ではこの年紀に拠った。冨島義幸「創建大伝法院の建築・空間とその特徴――本堂と宝塔を中心に――」（『根来寺文化研究所紀要』二、二〇〇五年）、中川委紀子「高野山大伝法院の創立――その景観と仏像・荘厳――」（『根来寺の歴史と美術』東京美術、一九九七年）。

（32）坂本正仁「高野山大伝法院をめぐる史料について――醍醐寺所蔵史料の紹介と翻刻――」（興教大師研究論集編集委員会編『興教大師覚鑁研究』春秋社、一九九二年）。

（33）山岸常人『中世寺院の僧団・法会・文書』（東京大学出版会、二〇〇四年）第二章「六勝寺の法会の性格」、冨島義幸『密教空間史論』（法藏館、二〇〇七年）第七章「御願寺・氏寺の伽藍と密教修法」。

（34）山陰加春夫「鳥羽院政期～平氏政権の高野山」（平成二十五年度高野山学）。

（35）九世紀に造像された金剛峯寺金堂本尊各尊像は昭和元年に焼失。中川委紀子「金剛峯寺の法会」（高野町史編纂委員会『高野町史』民俗編、二〇一二年）

（36）又続宝簡集三十『御室御所高野山御参籠日記』（『大日本古文書』家わけ第一　高野山文書之四）。

（37）『紀伊続風土記』、日野西眞定『高野山古絵図集』（清栄社、一九八三年）、冨島義幸「京都国立博物館蔵「高野山水屏風」にみる大伝法院関係の伽藍・建築」（『根来寺文化研究所紀要』三、二〇〇六年）、泉万里「京都国立博物館蔵の高野山水屏風について」（毎日新聞社『仏教芸術』三二〇、二〇一二年）。

(38) 永村眞『中世寺院史料論』(吉川弘文館、二〇〇〇年)に寺院社会における「聖教」の機能についての詳述がある。頼瑜聖教については、金剛寺聖教調査の機会をいただいた。また、『醍醐寺文書聖教目録』(醍醐寺編、勉誠出版、二〇〇〇年〜)、『正智院聖教目録』(高野山正智院編、吉川弘文館、二〇〇六・〇七年)、『根来寺聖教の基礎研究——智積院聖教を中心にして——』(平成二十三〜二十五年度科学研究費補助金 基礎研究(B)研究成果報告書)、『中世宗教テクストの世界へ』(佐藤彰一・阿部泰郎編、名古屋大学大学院文学研究科、二〇〇二年)、『金剛寺経蔵聖教目録』(平成二十三〜二十六年度科学研究費補助金 基礎研究(B))、『頼瑜僧正七百年御遠忌記念論集・新義真言教学の研究』(三派合同記念論集編集委員会編、大蔵出版、二〇〇二年)等に収録されるものを参考にさせていただいた。

(39) 正智院は高野山学侶方の院家の一。山口耕栄『高野山事相小辞典』(報恩院、二〇〇五年)に、高野山の学侶方は鎌倉時代末期に覚海が復興に尽力し、その後高野八傑(法性、道範、尚祚、真弁、信日、信堅、玄海)の時代を受けて、宥快、長覚の二大学匠がそれぞれ宝性院と無量寿院を復興した二門、すなわち宝門と寿門を振興した。山内の子院は何れかに属したが、大正二年に二門は合併して聖教が受け継がれたとする。

(40) 永村眞「醍醐寺三宝院の法流と聖教」(『醍醐寺文化財研究所研究紀要』二三、二〇一五年)に真言密教の法流を「師から資へと受け継がれる密教秘法とりわけ事相を相承する流れが「法流」であり、また秘法相承を担う師資の広がりを「法流」とし称し、更には相承される個人的な秘法の体系の「法流」とする」としている。また、法流の伝授は「宗大事」である「秘事・口決等」であり、伝授の証として付法状に添えて「三重印信」(秘密灌頂印信)を交付したとある。頼瑜は中性院を樹立するにあたり、第三重許可秘印を伝受している。

(41) 永村眞「中世醍醐寺と根来寺」(三派合同記念論集編集委員会編『新義真言教学の研究』大蔵出版、二〇〇二年)において、中世醍醐寺と根来寺に関係を詳述されるなかで、頼瑜は報恩院・地蔵院両流という三宝院流正嫡を相次いで伝受し、その延長上に中性院流が生まれる契機となったとする。また、その一方で地蔵院流実勝方の相承にとっても重要な意味をもったという。すなわち、座主の任にあった実勝は嫡弟として亀山院皇孫に聖雲を入室させたが、病のため「師命」として頼瑜に伝法灌頂を委ねその「入室資」とした。また、東南院聖忠の「頼瑜法院重受」として伝法灌頂を重受しており、聖雲・聖忠ともに座主に錨任されることになる。すなわち、頼瑜は地蔵院流の正嫡ではないが、その法流の断絶を回避する役割を果たした。頼瑜は醍醐寺での参住を契機にその学識への高い評価とともに、教相の体系化と法流の継承を図ることになり、醍醐寺に大きな恩恵を供した一面も見逃すことができないとしている。

(42) 永村眞「「院家」と「法流」」(稲垣栄三編『醍醐寺の密教と社会』山喜房佛書林、一九九一年)。なお、覚鑁の法流を伝える聖教は未確認な部分が多く今後の検討課題である。覚鑁の付法については、赤松俊秀氏が『続鎌倉仏教の研究』(平楽寺書店、一九六八年)で述べられている。

(43) 小山靖憲『中世寺院と荘園制』(塙書房、一九九八年)第二部第五章「中世根来寺の組織と経営」根来寺盛衰の諸段階(二)」。このほか前掲註1書にも鎌倉時代に大伝法院が移転し根来寺が成立したとするが、いずれも移転の根拠や移転当時の根来寺の動向の記述はない。また、山陰加春夫氏は『新編 中世高野山史の研究』(清文堂出版、一九九七年)「序論」二二頁に〔弘安十一年に大伝法院方が根来に一斉退去し〕たと述べている。しかし、根来に退去した大伝法院の実態や高野山で建長八年の再建堂宇および「高野山諸院家帳」の記載には言及されていない。天文年間までの高野山大伝法院の実態は、正智院聖教によれば両寺院の交流は断絶したわけではなく、高野山学侶方と大伝法院方の交流が継続したことは拙著『根来寺を解く』(朝日選書九一五、朝日新聞出版、二〇一四年)に明らかにした通りである。今後も高野山諸院家に所蔵される未調査史料の確認によってさらに金剛峯寺と大伝法院の関係は明らかになることを期待したい。

(44) 前掲註16上島著書、第二部「中世王権と宗教」第二章「中世国家と仏教(2) 後醍醐天皇による政策転換——御願寺・国家法会の解体——」。

(45) 黒田俊雄『黒田俊雄著作集 第二巻顕密体制論』(法藏館、一九九四年)、平雅行『古代中世の社会と国家』(塙書房、一九九二年)、速水侑『平安貴族社会と仏教』(吉川弘文館、一九七五年)、永村眞『中世東大寺の組織と経営』(塙書房、一九八九年)、前掲註16上島著書。

(46) 前掲註3参照。

(47) 山陰加春夫『中世高野山史の研究』序、二二頁。

(48) 前掲註6拙著Ⅱ章、学出五節「大伝法移転の道のり」。

(49) 就島塚泰光「根来寺大伝法院の三尊像——技法・様式を中心として」(『根来寺の歴史と美術』東京美術、一九九七年)は大日如来坐　像及び金剛薩埵像の像内から確認される墨書をすべて所載している。また、天正兵火後の再建時に尊勝仏頂像に納入された板札には「応永八一百一代後小松院之年号義満将軍之時也　根来寺中世院第五世聖増時世ナリ　云々」としている。

(50) 本稿第一節4の「大伝法院塀内並本尊堂塔仏具等事」宝塔参照。

(51) 前掲註31冨島論文、『国宝　大伝法院多宝塔修理工事報告書』（同修理委員会編、一九三九年）。

(52) 大日如来の三昧耶形について、『大日経疏』六に「制底是生身舎利所依（中略）即法身舎利所依。復次梵字制底、与悉多體同、此為仏塔也。（中略）所謂法身舎利也、若衆生解此心菩提印者、即同毘盧遮那」とある。また、密教寺院伽藍における大塔（大毘盧遮那法界体性塔）の重要性について、空海は『性霊集』第八・〔勧進奉仏塔知識書　一首〕敬勧応奉造仏塔曼荼羅等事「夫諸仏事業以大慈為先。菩薩行願以大悲為本。慈能与楽。悲能抜苦。抜苦与楽之基示人正路是也。所謂。正路有二種。一定恵門二福徳門。定恵、以開正法修禅定為旨。福徳。以建仏塔仏像為要。十方薩埵。皆営福智円満仏果。是為比年為。抜済四恩。具足二利。於金剛峯寺奉建毘盧遮那法界體性塔二基及胎蔵金剛界両部曼荼羅。（以下略）」と述べて、塔と曼荼羅を奉敬する。

(53) 御願寺の先行研究には山岸常人氏が『中世寺院の僧国・法会・文書』（東大出版会、二〇〇四年）第一部「僧国と法会　はじめに」において研究史を簡潔にまとめている。上島享氏は『日本中世社会の形成と王権』（名古屋大学出版会、二〇一〇年）序章において、王権と仏教に関わる研究史を掲げている。覚鑁が再興した伝法会について上島享氏は高く評価し、前掲註8上島著書、第二部「中世王権と宗教」第二章「中世王権と仏教」四五三頁に十一世紀末期から十二世紀のはじめの真言教学の新風を吹き込んだ僧侶として、仁和寺・済暹（一〇二五～一一一五）・覚鑁（一〇九五～一一四三）をあげ、事相・教相を両輪とする真言教学で、空海以降に発展の乏しかった教相について、両僧が十二世紀の仁和寺を拠点として断えて久しい伝法会を復興し、鎮守講・仏名会・舎利会などの新しい法会も始められ、これらの法会は密教経論研鑽の場となり、教学の修学発展および僧侶養成の基盤となった。覚鑁が高野山に大伝法院を創成した長承元年（一一四三）以前の活躍については、これまで着目される機会が乏しいが、仁和寺における教学の修学が大伝法院の創成の基盤となっていったと考えられる。大伝法院前夜の仁和寺における覚鑁の修学はさらに着目する必要があろう。

(54) 中世王権と神仏に関わる観念については、佐藤弘夫『神・仏・王権の中世』（法藏館、一九九八年）、『岩波講座　天皇と王権を考える』（二〇〇二年）、脇田晴子『天皇と中世文化』（吉川弘文館、二〇〇三年）、

『天皇の美術史』（吉川弘文館、二〇一七年）前掲註16上島著書ほか多数の論考がある。
(55) 朝賀浩「根来寺蔵　鳥羽上皇像をめぐって」（『根来寺文化研究所紀要』四、二〇〇七年）。
(56) 前掲註42参照。
(57) 前掲註55参照。
(58) 前掲註44参照。
(59) 村田弘「発掘調査から見た根来寺の興亡」（シンポジウム「根来寺史をめぐる新たな視角」二〇一六年三月八日）。

附記　本稿は、科研・基礎研究B「根来寺史の総合研究に基づく中世後期寺院社会像の再構築」を基盤として平成二十七年三月八日におこなわれたシンポジウム「根来寺史をめぐる新たな視角」に口頭発表「本尊像から見る高野山大伝法院から根来寺への密教相承」に基に作成した。

補記1　本稿入稿後に、勉誠出版から『根来寺と延慶本『平家物語』　紀州地域の寺院空間と書物・言説』が出版され、御恵与をいただいた。同書には紀州地域学から延慶本『平家物語』の生成に纏わる十六編の論考が所載され多くのご教示をいただいた。同書中、苫米地誠一氏の「高野山大伝法院と根来寺」は本稿と共通するテーマがみられ、旧稿への意見もいただいているので、以下に補註させていただく。苫米地誠一氏は斯界の碩学として多くの御業績を発表され、筆者も教導をいただいている。

苫米地氏は論考註26において、「豊福寺」の創建と覚鑁の葛城修験の信仰について、葛城信仰の成立は後白河院（一一二七～九二）・後鳥羽院（一一八〇～一二三九）頃とされ、大伝法院領の成立過程の詳細なご検討からも、豊福寺創建は大伝法院弘田庄が立件した長承二年以降とし、豊福寺は葛城信仰の拠点寺院ではなく覚鑁が創建したことを明らかにされた。この事については、大伝法院領の詳細なご検討からは傾聴するべきご提言をいただいた。『諸山縁起』の成立はご指摘のように鎌倉時代を定説とするが、筆者は旧稿同様に豊福寺を葛城山系の信仰を拠点する寺院とみなしたい（『要書』二六・「豊福寺鎮守遷宮祭文」等）。但し、葛城修験組織の成立は中世後期と考えている。

さて葛城山系の信仰の濫觴を確定することは困難であるが、紀ノ川流域は南海道の敷設や紀伊国分寺建立されるなど高度な文化が都から流入した地域で、豊福寺が所在した葛城山系や紀ノ川流域は上流に吉野、高野山があり古代に溯る高度な信仰の風土があった。『諸山縁起』の編纂は鎌倉時代であるが、記述の内容は当代のみならず、こうした前代からの信仰が大きく投影していると考えられる。これによって、豊福寺は葛城山系(古代は横峰と称す)の山岳信仰を母体に創建した寺院が、山岳信仰に深い憧憬を示した鳥羽上皇と覚鑁の信心を得て、大伝法院末寺として取り込まれたと考えたい。同様の例としては、同書第四十三宿の粉河寺があげられる。粉河寺は豊福寺の東方葛城山系南麓位置し、創建を葛城山岳信仰の聖地から発したとされ、「粉河寺縁起」では創建を宝亀元年(七七〇)とするが、九世紀後半の貞観年間には寺院としての形態を整えたと考えられている。豊福寺が大伝法院末寺として組み込まれた十二世紀初期には、粉河寺を関白藤原忠実が参詣したとの記録がある(粉河寺縁起)。また昭和三十四年には境内の産土神社背後からは天治二年(一一二五)銘の経筒が発掘されている。根来寺境内から経筒の発掘は未確認であるが、寺内には制作が十世紀に溯る天部彫像を伝存しており、根来寺に先行する寺院の存在を想像するに難くない。葛城山系には粉河寺のほかにも金剛寺・河合寺(河内長野市)・岩湧寺・犬鳴山七宝瀧寺(大阪府)など山岳信仰に由来する寺院には平安時代の役行者像(河合寺)を所蔵するなど、山岳信仰を母体として成立した寺院を多く確認することができる(本稿註23参照)。

なお、右記の論考の中で根来寺の大伝法堂(本堂)の建立を室町時代後期(明応元年〈一四九二〉~永禄十一年〈一五六八〉とする)としておられるが、本堂の建立年は本尊大日如来坐像・金剛薩埵坐像の像内開眼銘文(本稿第三節4参照)が応永十一・十二年(一四〇四・五)の開眼をしているので、本堂の建立完成は室町時代前期と思われる。

補記2　山岸常人氏から脱稿後に高野山大伝法院と同様に本尊堂塔を移転した寺院の例証を御教示いただいた。それによれば、岡田英男氏「古代における建造物の移築と再利用」(『日本建築の構造と技法』所収)の論考がある。全国的にみると、その例は秀吉や光秀の焼き討ちにあって移築されたという寺院は伝承を含めて多数ある。しかし、まとまった研究や資料はないとの事である。

二　大伝法院座主職と高野紛争

——理想主義の挫折——

平　雅行

一　問題の所在

長承三年（一一三四）、覚鑁は大伝法院の組織・運営の在り方を定め、太政官符で朝廷の承認を得た。その一節は次の通りである（『根来』四五）。

謹検二案内一、紀州高野山建二立件両院一、且起二上皇《（鳥羽院）》之叡慮一、且依二覚鑁之勧進一也、土木功成、供養先畢、今須下守二傍例一、被上定二置所司・定額僧等一也、注二其員数一而為二恒例一、二百余僧中、有二其闕一之時、座主択二法器一、欲レ令二定補一、於二座主職一者、覚鑁門跡之中、以二住山不退・弘法利生之者一、師資相承次第譲補、密厳院事、同以知行、名雖二両院一、実是一門之故也、当時不レ申二官符一、後代恐レ乱二院務一、望請、因二准先例一、以二件両院一為二御願一、永賜二官符一補二任所司幷定額等一、久期二龍花三会之暁月一、奉レ祈二宸儀万年之春秋一

傍線部分をみると、大伝法院座主職について、①覚鑁門跡で座主を師資相承する、②住山不退・弘法利生の者を座主に補任する、と定めている。特に注意すべきは、住山不退の者を座主任用の条件にした点である。同様の主張は、覚鑁派が提出した保延二年（一一三六）六月の金剛峯寺奏状にもみえる（『根来』八一『平』補二一六）。それによれば、「住山不退・持戒有智」の「聖人」でなければ高野山の運営は困難であり、「在洛名利」に囚われた東寺長者では「住山乗戒」の「禅徒」を指導することができないと述べ、金剛峯寺を東寺の支配から解き放ち、その運営権を住山の金剛峯寺座主に付与するよう求めている。

しかし中世では一般に、座主や別当は補任の際に拝堂・拝社のため入寺するものの、日常的には京都に常住していた。さらに、鎌倉後期の幕府僧のように、住山不退はおろか、在任中に一度も訪れないような別当も増えている。[1] その点からすれば、住山不退を座主の条件とすることは、この時代の趨勢に反するものであり、むしろそこに覚鑁の理想主義をみてとるべきであろう。人里離れた蘭若で住山不退の座主が寺僧を指導しながら修行や祈禱にいそしむ……、いわば、仏教の原点に立ち帰った姿を大伝法院で実現したいというのが、覚鑁の願いであった。

しかし残念ながら、覚鑁の理想主義はあえなく挫折する。鎌倉時代の中期以降になると、大伝法院でも任期中に一度も来訪したことがない座主が常態化する。事実、正応五年（一二九二）に編纂された『大伝法院本願上人霊瑞幷寺家縁起』によれば、大伝法院の座主について「座主〈京洛高僧〉」と記しており、[2] 覚鑁が掲げ

た住山不退の座主という理念は、完全に見失われている。さらに、覚鑁門流でない僧侶が座主に就任する事例が相次いでおり、長承の官符にこめた覚鑁の想いは、完全に裏切られた。いったい何が覚鑁の理想主義を破綻させたのか、以下では、住山不退の座主という覚鑁の理想主義が挫折していった経緯を追ってみたい(3)。

なお、大伝法院座主の補任次第には、『続群書類従』第四輯下に所収の『伝法院座主補任次第』と、坂本正仁氏が紹介した醍醐寺蔵「大伝法院座主補任次第」とがある(4)。本稿では前者を類従本『座主次第』、後者を醍醐本「座主次第」と略記する。また紙数の関係で、『根来要書』に収録された文書については、根来寺文化研究所編『根来寺の歴史と美術』(東京美術、一九九七年)の「根来要書」(編年)の文書番号を『根来』一五の形で記すこととし、『平安遺文』『鎌倉遺文』に収録されたものは、『平』『鎌』として史料番号を併記した。『高野春秋編年輯録』については『高野春秋』として『大日本仏教全書』第一三一巻の頁数を記したし、『血脈類集記』はその巻数と『真言宗全書』第三九の頁数を記した。いずれも便宜的な記載方法であるが、ご了解をいただきたい。

二　住山不退の緩和

1　承安の官符

覚鑁が死没して三十年後の承安三年(一一七三)、次の太政官符が発せられた(『根来』一四五)。

太政官符　紀伊国司

応下寄二付無品守覚親王一、令中権大僧都法眼和尚位隆海門跡次第相伝譲補上高野山大伝法（院脱）幷密厳院等座
主職事

右、得二彼隆海去月廿五日解状一偁、謹検二案内一、件両院者、且於二法皇（鳥羽）之　叡慮一、且依二覚鑁之勧進一、
去長承元年十月十七日土木功成、　上皇臨幸、殊凝二　叡信一供養先訖、其後門跡相伝、可二知行一之由、
被レ下二　官符　院宣一、爰隆海両寺導行、庄沙汰知行年尚、然間、依二先師之意趣一、欲レ興二隆仏法一、有
レ志無レ力、因レ茲為下募二権威一守中師跡上、以二当御願寺一、永奉レ寄二　法親王家一、於二座主職一者、任二長承
官符一、隆海門跡譜代相伝、譲二補山上寺務・山下庄務一、且任二　鳥羽　法皇之叡旨一、且叶二上人覚鑁之
本懐一、一事無二相違一致二其沙汰一、望請天裁、以二上件両寺一、為二仁和寺法親王家御沙汰一、隆海門跡相伝
知行、寺家・庄内事、可レ致二其沙汰一之由、被レ仰二下　守（官）符一者、久期二龍花三会之暁月一、弥奉レ祈二
震儀万歳之春秋一者、正二位権大納言兼中宮大夫藤原朝臣隆季宣、奉　レ勅依レ請者、国宜承知、依レ宣
行レ之、符到奉行、
右少弁正五位下平朝臣〈在判〉
修理左京職判官正五位下行左大史（小脱）槻宿禰〈在判〉
承安三年三月三日

これによると、①「師跡」を守り「権威」を募るために大伝法院・密厳院を仁和寺御室守覚に寄進する、②長承の官符に従い、大伝法院座主職は隆海門跡が「譜代相伝」して山上の寺務と山下の庄務を譲補する、以上の二点を隆海権大僧都が申請し、朝廷が太政官符でそれを認めている。

大伝法院を「永奉レ寄二　法親王家一」り、「仁和寺法親王家御沙汰」として隆海門跡が知行するというの

は、具体的には仁和寺御室が本所として座主の補任権を掌握することを意味した。実際、醍醐本「座主次第」によれば、承久三年（一二二一）、承久四年、寛喜元年（一二二九）、貞永元年（一二三二）に覚瑜・定豪・覚瑜・寂尊を「御室庁御下文」で座主に補任している。また、文永十年（一二七三）御室性助は、「転（伝）法院座主職」が「本所」である「御室御管領」であり、亀山天皇の「勅裁」によって決定すべきでない、と抗議している。[5] このように、承安の官符によって仁和寺御室は大伝法院の本所となり、座主の補任権を手に入れることになった。

隆海はこの寄進の目的を、「欲レ興二隆仏法一、有レ志無レ力、因レ茲為下募二権威一守中師跡上」と述べている。覚鑁の仏法を継承・発展させたいとの「志」はあっても、「力」が伴わないため、仁和寺御室という権威を頼った、という。覚鑁の死没後、大檀那である鳥羽院・美福門院が亡くなると、権門とのパイプが十全でなくなったため、仁和寺御室を本所に戴いたのだ。仁和寺御室は院政時代に、仏教界における院権力の分身として創出された。[6] 天皇家出身で僧侶となった者は数多いが、仁和寺御室は彼らを含めたすべての顕密僧の中で最も権威が高く、顕密仏教界における最高の貴種であった。金剛峯寺座主を兼帯した東寺一長者よりも上位の権力である仁和寺御室を戴くことによって、大伝法院は金剛峯寺と渡りあおうとしたのである。

この時期、大伝法院はさまざまな困難に直面していた。もっとも深刻なのは、金剛峯寺との関係である。金剛峯寺に隣接した地に大規模寺院（大伝法院）を造立し、若手僧侶を引き抜いて金剛峯寺僧よりも「同官座上」としたうえ（『根来』五三・五五）、後発の大伝法院が金剛峯寺を併呑しようとしたことが対立の根本原因であった。そして、保延六年（一一四〇）十二月に金剛峯寺衆徒が大伝法院を襲撃している。覚鑁は根来に逃れ、そのまま高野山に戻ることなく根来で没した。久安三年（一一四七）、兼海が怠状を提出することで和議が成立して山上に復帰するが、仁安三年（一一六八）の裳切騒動で、再び大伝法院が破却されている。金剛峯寺側の首謀者が遠流に処されたものの、金剛峯寺と大伝法院との関係は予断を許さない状況であった。

そのほかにも、一国平均役をめぐる紛争があった。大伝法院領である石手・山崎・弘田・岡田・山東の五庄については、長承二年（一一三三）の太政官符で「天下一同公役、国内平均所課」が免除されたが（『根来』三七『平』補二一〇）、天養二年（一一四五）には一宮である日前国懸神社が神役勤仕を迫ったし、応保二年（一一六二）にもそれが繰り返された。また嘉応元年（一一六九）には熊野御幸役が賦課されたほか、災害を機に国衙との紛争も発生しており、国衙や一宮との関係は中央政界の動向によって、どのようにでも変わる怖れがあった。さらに諸権門との紛争も抱えていた。密厳院領相賀庄については、石清水八幡宮領隅田庄と保延三年（一一三七）、応保二年（一一六二）に堺相論が起きているし、金剛峯寺領官省符庄との相論も絶えなかった。また、仁平元年（一一五一）には志富田庄をめぐって興福寺西金堂と争っている。

このように大伝法院は、金剛峯寺はもちろんのこと、多様な勢力との軋轢に直面していた。覚鑁が没して三十年、兼海も二十年近く前に亡くなっている。大伝法院の将来に不安を覚えた隆海が、新たな強縁を求めたのは当然であろう。

さて、承安の官符には、重大な問題点が二つある。第一は、「長承　官符」に従うといいながら、実際には座主に関する規定が大きく修正されている。長承の官符では大伝法院座主を、「覚鑁門跡之中、以二住山不退・弘法利生之者一、師資相承次第譲補」と定めていたが、承安の官符では、①住山不退の条件が削除され、②座主の師資相承が覚鑁門跡から隆海門跡に変更された。特に住山不退の条件の削除は、覚鑁の定めを大きく改変したものであり、このの ち大伝法院座主職が寺外に流出してゆく原因となった。

第二に、大伝法院を寄進した隆海が現任の座主ではない。時の座主は覚尋であって、隆海ではない。覚鑁門跡の相承から隆海門流の相承に改め、大伝法院を仁和寺御室に寄進するという重大決定を、座主でない人物が行っている。それはなぜなのか、その理由を探るために、まず隆海について検討しよう。

2　正覚房隆海について

隆海（一一二〇～七七）は関白藤原師通の孫であり、左京大夫家隆（?～一一二五）の息である（図1）。初名は信鑁、後に神覚、さらに隆海と改めた[7]。極官は法印権大僧都、公名は大夫、房号は正覚房。父の家隆は母の身分出自が低かったうえ、関白師通が三十八歳の若さで急逝したこともあり、公卿になることなく正四位下で終わった。隆海の兄の成隆は従兄弟である左大臣藤原頼長に仕え、保元の乱で流罪となっている。隆海は摂関家の出身とはいえ、その一門からは一人の公卿も出ておらず、決して貴種とはいえない。

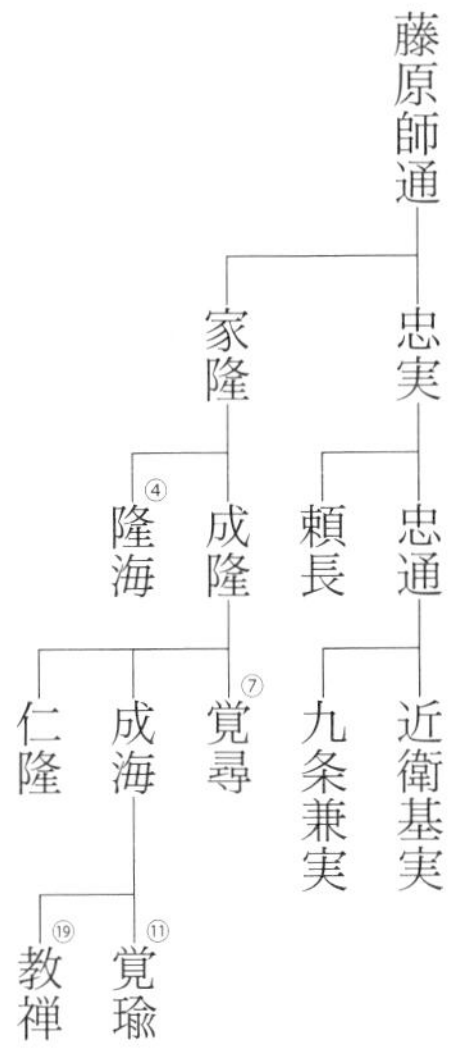

図1　隆海をめぐる略系図（数字は大伝法院座主の代数）

隆海は覚鑁のもとに入室し、保延四年（一一三八）に十九歳の若さで大伝法院座主に任じられた。この時期、高野山上は混乱の中にあった。長承三年（一一三四）十二月、鳥羽院の院宣により、大伝法院と金剛峯寺の両座主を覚鑁が兼帯することが認められた。金剛峯寺座主は長きにわたって東寺一長者が兼帯してきたが、それを覚鑁が兼帯することで、金剛峯寺を東寺から自立させたのである。望みを達した覚鑁は、翌年正月から無言行に入る。そして、大伝法院兼金剛峯寺座主を真誉に譲って後事を託した。ところが、保延二年（一一三六）三月には東寺の抵抗によって、金剛峯寺座主が再び東寺一長者の兼帯に戻った。金剛峯寺座主に還補された定海は、真誉を金剛峯寺検校に任じている。大伝法院座主と金剛峯寺座主との兼帯から、大伝法院座主と金剛峯寺検校との兼帯に変わったものの、真誉が高野山内のトップであることは変わらなかった。しかし、山内和合の象徴ともいうべき真誉は保延三年正月に亡くなる。そして、金剛峯寺検校には反覚鑁派の良禅が復帰し、大伝法院座主には惣持房行恵が任じられた。良禅の弟子である行恵を大伝法院座主に任じることで山内融和を図ろうとしたのだ。しかし、それが不調に終わったため、翌保延四年に行恵が解任され隆海が座主に任じられたのであろう。入室の弟子という点で、隆海は純粋の覚鑁門徒ということになる。

だが、就任二年後の保延六年に隆海は金剛峯寺の襲撃によって覚鑁らとともに高野山上を追われ、康治二年（一一四三）には覚鑁が死没した。久安二年（一一四六）隆海は兼海から伝法灌頂をうけ、翌年には金剛峯寺との和議が成立して山上に復帰したが、久寿二年（一一五五）に兼海が死没している。これ以後は、隆海が一人で大伝法院を背負うことになった。

ところが隆海は、永万二年（一一六六）に座主職を実禅（日禅）阿闍梨に譲り、嘉応元年（一一六九）には隆海の譲りで禅信が座主に任じられ、承安二年（一一七二）には隆海の譲りで覚尋が座主に補された。つまり実禅・禅信・覚尋の三名はいずれも隆海の譲りで座主に任じられている（醍醐本「座主次第」）。彼らは大伝法院座主になったとはいえ、隆海の生存中は後任座主を決定する権限を保持していない。こうした在り方は決して特殊なものではない。

かつて私は青蓮院門跡を分析した際、門首には二種類あると指摘した。[8] すなわち、後継者を決定する伝領権を有し、且つ譲進後もそれを取り戻す悔返権を保持している本主的門首と、一時的な管領権を所持するだけで伝領権・悔返権をもっていない遷替的門首とがいた。その点でいうと覚鑁と隆海は本主的座主であり、行恵・実禅・禅信らは遷替的座主であったと言えるだろう。隆海は十九歳で座主となり二十八年間在任したが、実際は死没するまで四十年にわたって大伝法院を治めていた。それゆえ隆海は、承安三年（一一七三）大伝法院を仁和寺に寄進することを決することができたのだ。また、これまでも隆海の指名で座主が決定されてきたことからすれば、承安の官符で座主職を「隆海門跡譜代相伝」するように定めたことも、不自然とはいえない。

では、なぜ隆海は、実権を保持したまま座主を別人に譲るという変則的なことを行ったのか。その理由は、隆海の在京活動にあった。隆海の在京活動の始まりを確定するのは容易でないが、横内裕人氏が紹介した『究竟僧綱任』によれば、隆海は応保二年（一一六二）段階で延勝寺阿闍梨であった。[9] この史料には金剛峯寺阿闍梨や大伝法院阿闍梨が記載されているが、隆海はそのいずれでもなく、延勝寺阿闍梨に任じられている。京都での活動はこれ以前に遡ると思われ、御室覚性に近侍する中で同阿闍梨に補されたのであろう。

注目すべきは、永万二年（一一六六）四月に大伝法院座主職を譲ってからの隆海の動向である。同年八月に隆海は阿闍梨から法眼に直叙され、仁安二年（一一六七）十月、御祈賞で権少僧都に補任された。仁安三年四月には御室覚性から守覚への伝法灌頂に参仕し、同年六月には、後白河院の息災延命を祈るため二口大法師を率いて仏眼法を一七ケ日修している。仁安四年には御室覚性から元性への伝法灌頂で嘆徳をつとめたし、神泉苑の祈雨御読経も勤修し、大伝法院阿闍梨に禅運を登用するよう、朝廷に阿闍梨解文を提出した。嘉応三年（一一七一）三月には弟子に伝法灌頂を行うために根来に戻ったが、承安二年（一一七二）正月に大僧都に転じ、十月には御室守覚が三条烏丸内裏で修した初度の孔雀経法の勤修に関わり、さらに承安五年三月には平時子が造立した光明心院の供養に参仕した。そして、導師の守覚から勧賞を譲られ法印に叙されている。(10)

このように大伝法院座主を譲った直後から、隆海の官位が急速にあがっている。恐らく隆海は在京活動に専念するために、座主職を譲ったのであろう。こうして在京活動を中心に行う本主（隆海）と、住山不退の遷替的座主（実禅・禅信・覚尋）という体制ができあがったのである。

もちろん、在京活動は名聞利養のためではない。隆海は知法の僧として高く評価されていた。『諸宗章疏録』は、隆海の著として『伝流鈔』十巻、『尊法鈔』三巻、『要尊法』一巻、『十八道金剛界口伝』『灌頂印明』をあげている。その多くは伝わっていないが、たとえば保寿院流の祖である永厳（一〇七五〜一一五一）の著『要尊法』の現行本には、隆海の修法記事や彼の「今案」が書き込まれている。『正元元年仁王経法雑事』や『東宝記』にも、「隆海法印記」が多く引用されており、隆海は小野・広沢流を問わず密教修法に精通していた。(11)中でも承安三年（一一七三）に著した『御質抄』は、特に重要である。これは後七日御修法の次第を詳細に書き上げたもので、これに関しては栗本徳子氏が優れた分析を行っている。(12)そして栗本氏は『御質抄』を、『覚禅鈔』「後七日」が成立する以前に、密教諸流の記録を総合的に集大成した著作として高く評価した。また、御室守覚は『灌頂印明〈隆〉』の奥書に「高野覚鑁聖人、習二灌頂諸流一、隆海為二其門葉一、仍所二尋問一也」と記している。(13) 密教諸流の総合化に向かおうとした守覚にとって、覚鑁の後継者である隆海は貴重な人材であった。こうした著作活動からすれば、隆海の在京活動は諸流遍学という覚鑁の遺志を継ぐものでもあった、と言えるだろう。

しかもこの時代は、在京していることが政治的にも非常に重要となっていた。それを象徴するのが、仁安三年（一一六八）の袈切騒動である。左京大夫藤原教長は保元の乱で出家・配流された後、大伝法院に寄寓していたが、修正会に僧侶たちが墨染の布衣を着用しているのを知って、絹衣に改めるよう指示した。僧侶たちは躊躇したが、教長が強く主張したため、同年正月の修正会では絹衣をつけて参勤した。それを聞きつけた金剛峯寺僧徒が華美な着装を制止しようとして乱闘となり、結局、大伝法院の東西僧房や護摩堂・大温室や諸衆僧房二百余宇が破却され、仏像・経論・梵鐘や仏聖人供まで奪い取られた。

そこで大伝法院は同年二月、①金剛峯寺検校宗賢と玄信・覚賢の張本三名とその伴類の処罰、および②奪い取られた仏像・経論などの返却を後白河院庁に訴え出た（『根来』一三五『平』四八五七）。しかし折悪しく、二月十九日に高倉天皇が受禅しており、それに伴う即位儀礼が目白押しとなっていた。そこで大伝法院は翌三月、京都の隆海に対し、仁和寺御室覚性に働きかけてその挙状をもらうよう依頼している（『根来』一三六『平』四八五八）。寺僧の訴えだけでは後白河の耳に届かないため、御室の挙状を副えることによって院の「叡覧」に供しようとしたのである。他方、金剛峯寺は、「久安三年（一一四七）に帰山を認めた際に、『大伝法院が今後、本寺に違背することがあれば擯出してよい』と約諾していた」と主張して、自らの行為を正当化した。帰山条件を破った以上、大伝法院を破却して院僧を追却するのは当然だ、というのである。

大伝法院は鳥羽院の御願寺であるが、他方、金剛峯寺検校宗賢は鳥羽院の御願を長年勤修してきた人物でもある。後白河院は、是非を決しがたいとして検非違使に尋問を命じた。検非違使別当の藤原隆季が双方の僧侶を参洛させたところ、後白河は突然方針を転換して金剛峯寺の僧侶を散禁させ、五月三日には宗賢・玄信・覚賢の張本三名を遠流に処した。(14) 残る十二名の伴類についても、罪科に処すため彼ら個々人の所犯の軽重を報告するよう、隆海に命じている。さらに六月下旬に後白河は、①奪い取った仏像・梵鐘などすべてを大伝法院に返還してその請文をもらえ、②損壊した東西僧房や大温室・寺倉などは修理を加えて造返せよ、と金剛峯寺に命じたし(『根来』一三八『平』補二三九)、八月九日には、大伝法院の僧侶を還住させ御願仏事に従事できる環境を整えるように、東寺長者に命じている(『根来』一四〇『平』四八六一)。大伝法院の全面勝訴となったのである。

事件の処理過程で、注目すべき点がいくつかある。第一に、大伝法院の座主は実禅阿闍梨であったが、この事件の処理に実禅は関与していない。後白河院庁からの連絡はすべて「大夫僧都御房」「伝法院僧都御房」、即ち隆海に対して成されている(『根来』一三七・一三八・一四〇『平』四八五九・補二三九・四八六一)。しかも隆海に対し、御室覚性への働きかけを要請した仁安三年三月の大伝法院僧徒等申状について、『根来要書』はその端書に「進二貫首一状」と付記している(『根来』一三六『平』四八五八)。隆海は座主ではなかったが、「貫首」と呼ばれるにふさわしい実権を保持していたし、後白河院も隆海を大伝法院の代表者と認識していた。

第二に、この訴訟では御室覚性と隆海とのつながりが、決定的な役割を果たした。当初、後白河院はこの事件に積極的に関わろうとせず、検非違使に尋問を委ねた。ところが四月中旬に双方の僧侶が召喚されると、後白河は突然、尋問を遮って金剛峯寺の僧侶を軟禁させた。後白河院が態度を豹変させた背後には、四月十二日の伝法灌頂があったと考えられる。

守覚法親王は、院の寵愛の深い藤原成子から生まれた後白河の第二皇子であり、八条院によって育てられた。御室覚性の補処《ふしょ》として入室した守覚は、この日、十九歳の若さで覚性から伝法灌頂をうけた。後白河は左大臣藤原経宗・内大臣藤原忠雅など二十名近い公卿・殿上人を引き連れてその様子を見守っている（『血脈類集記』六―一三四頁）。同日に稲荷祭が行われることになっていたが、伝法灌頂を優先させるため、後白河は稲荷祭を二日遅らせた。(15) 灌頂への期待の大きさがうかがわれる。そして、隆海もこの伝法灌頂に讃衆として参仕していた。御室覚性と隆海が後白河院に働きかけるのに最も適した時が、この伝法灌頂である。後白河の態度豹変には、愛息に伝法灌頂を授けてくれた覚性への謝意が込められていた、とも考えられる。さらに隆海は、六月三日から十一日まで後白河院の息災延命を祈る仏眼法を勤仕した。(16) 後白河院―御室覚性―隆海の関係が最も良好な中で、金剛峯寺僧徒の処断が決まったのである。

このように、御室のもとでの隆海の在京活動が、金剛峯寺との争いのうえで決定的な役割を果たした。こうした御室との関係を恒常化させようとしたのが、承安三年（一一七三）の大伝法院寄進であった。

では隆海はなぜ、他ならぬ承安三年という時期に寄進に踏み切ったのか。第一の理由は、隆海の年齢的な問題である。この時、隆海は五十四歳であるが、死没の四年前である。しかも隆海は、承安四年には阿弥陀護摩の譲状を書いているし、承安五年には初倉庄の運上米について置文を記している（『根来』一四六・一四八『平』補二四二・三六九一）。承安三年から五年にかけて隆海は、自分亡き後のことを考えた措置を講じている。健康面での不安を覚えたのであろう。

第二は金剛峯寺との関係の不安定化である。これには少し説明が必要である。大伝法院座主実禅が仁安四年（一一六九）四月に亡くなると、隆海は禅信を後任に据えた（醍醐本「座主次第」）。義明房禅信は真誉の灌頂の弟子であり、真誉の持明院を相承して大伝法院学頭にも任じられた人物であるが、どちらかというと禅信は金剛峯寺方の僧侶である。『究竟僧綱任』は応保二年（一一六二）の金剛峯寺と大伝法院の阿闍梨を記すが、金剛峯寺阿闍梨に禅信の名がみえている。(17) また、裳切騒動（一一六八年）で流罪となった金剛峯寺検校宗賢は禅信の舎兄であり、宗賢が配流となった後任として禅信が同検校に任じられた。そして禅信が責任者となって、仏像・経巻・梵鐘などの返付や、破却した大伝法院の堂舎の修理を行っている（『根来』一三八『平』補二三九）。つまり裳切騒動後における双方の和解を、金剛峯寺側の中心となって進めたのが禅信であった。そして仁安四年三月に後白河院の高野御幸が行われ、そこに御室覚性と東寺一長者禎喜が扈従したが、御室覚性はその勧賞を禅信に譲って、彼を法橋に叙した。(18) 金剛峯寺の寺僧が僧綱に任じられた初例である。さらに同年十一月には裳切騒動で流罪となった宗賢らが赦免されている（『高野春秋』一一三頁）。このように和解ムードが高まる中で隆海は禅信を大伝法院の座主に任じた。これにより禅信は、金剛峯寺検校と大伝法院座主を兼帯することになる。禅信の座主補任は、金剛峯寺との和合の象徴的意味合いをもっていた。

ところが隆海は、承安二年（一一七二）四月に禅信に代えて覚尋を座主に据えた。大伝法院寄進の一年前である。この交代劇は何を意味しているのか。それを探るため、後任となった覚尋から考えてみよう。

覚尋権少僧都（一一三二〜?）は大宮権亮藤原成隆の子、または猶子である。(19) 藤原成隆は隆海の兄であるので、隆海からすれば覚尋は甥にあたる。覚尋の弟には守覚の近習であった成海・仁隆（一一四四〜一二〇五）がいる（図1）。公名は少納言。父成隆が任じられた少納言に拠るのだろう。覚任僧都より仁和寺の池上寺を相承しており、覚尋は池上僧都とも呼ばれた。醍醐理性院流の宝心大法師に師事して、保元四年（一一五九）

に宝心から高野山菩提心院で伝法灌頂をうけた。菩提心院は隆海の拠点であるので、この頃から宝心・覚尋は隆海との関係が深かったとみてよかろう。ただし、承安二年段階で宝心は八十一歳の高齢とはいえ、まだ存命している（『血脈類集記』五―一二二頁）。つまり隆海は禅信に代えて、友人の弟子であった一族の覚尋を外から大伝法院座主に迎えたのである。

隆海の弟子には、名門出身の隆位がいたが、隆海は同族の覚尋を選んだ。隆位阿闍梨（一一四七～九五）は久我内大臣雅通の子であり、土御門通親の兄に当たる。公名は大納言、房号は密心房。父の雅通は美福門院別当・八条院別当をつとめた人物であり、弟の通親は雅通と八条院女房との間の子であるなど、隆位の実家は美福門院―八条院と深いつながりがあった。そのこともあり、仁平四年（一一五四）、美福門院はわずか八歳の雅通の子（隆位）を養子にしている。[20]女人結界によって高野参詣が不可能であるため、養子に迎えた隆位を僧侶にし、自分の身代わりに大伝法院兼海の弟子として近侍させ、自分の菩提を祈るように美福門院が申し置いている（『根来』一一五『平』四七四七）。そして久寿二年（一一五五）に兼海が亡くなると、隆位は兼海の瀉瓶弟子である隆海に師事し、嘉応三年（一一七一）に隆海は最初の伝法灌頂を隆位に授けている。隆海にとって隆位は、兼海の同朋の弟子であり、また自分の一番弟子でもあった。

ところがその隆位を差し措いて、隆海は外から覚尋を大伝法院の座主に迎えた。年齢的には隆位が二十六歳、覚尋が四十二歳であって覚尋の方が密教僧として円熟している。しかも、隆位はこの後も特に目だった活動がないが、覚尋の方は文治三年（一一八七）西海に沈んだ神器（宝剣）捜索の祈僧として、後白河院が彼を指名しており、覚尋の名は中央でも知られていた。[21]しかも覚尋は小野・広沢両流に通じている。健康面での不安を覚えた隆海が、自分亡き後の大伝法院を託す人物として、隆位ではなく覚尋を選んだのは、それなりの合理性がある。

とはいえ、隆海はなぜ承安二年（一一七二）に、座主を禅信から身内の覚尋に交代させたのであろうか。禅信は大伝法院座主と金剛峯寺検校を兼帯していたが、この少し前から禅信は金剛峯寺のために活発な活動を展開するようになる。承安元年十二月に高野山麓の慈尊院が焼亡すると、禅信は「私力」を励まし勧進してそれを再建したし、承安二年夏には山王院を造替し、翌年六月からそこで最勝講を始行している（『高野春秋』一一四頁）。また承安二年に禅信は彼の本坊である持明院に阿闍梨二口の設置を要請するなど（『根来』一四四）、金剛峯寺の発展に積極的に取り組んでいた。また、同寺執行代の正智院定兼は、承安三年に金剛峯寺に多宝塔を造立するが、その際、藤原秀衡から莫大な寄進をうけるとともに、奥州藤原氏と恒久的な師檀関係を取り結んでいる。[22] こうした金剛峯寺の隆盛に危機感をいだいた隆海は、座主の交代を決意する。禅信に大伝法院座主を兼帯させているのでは、金剛峯寺に後れをとるのは必定であり、大伝法院独自の座主を選任することが必要と考えたのであろう。このように、禅信らによる金剛峯寺方の興隆は、大伝法院との関係が不安定になる原因となった。そして間もなく、それが暴発する。承安五年四月、金剛峯寺と大伝法院が合戦に及び、大伝法院の堂舎の過半が焼き払われた。その首謀者として金剛峯寺検校禅信は阿波に、執行代定兼も上総に流罪となっている（『高野春秋』一一五頁）。

このように、覚尋を座主に迎えた承安二年四月、そして大伝法院を寄進した承安三年二月とは、禅信を基軸とする山内の和合が次第に不安定になる時期であった。そのため隆海は自分の後継者として覚尋を座主に迎え、大伝法院を寄進して御室との関係を恒久化させようとしたのである。ちなみに、承安五年の焼き討ち事件の処理過程は詳細が不明であるが、金剛峯寺方だけが流罪となっていることからして、御室守覚―隆海の働きかけが今回も奏功したと考えてよかろう。大伝法院を寄進するという隆海の決断は、それにふさわしい政治的果実をもたらした。とはいえ、隆海は寄進に際し、座主の条件から住山不退の条項を削除した。そしてこれが、大伝法院座主職が寺外に流出してゆく根本要因となる。

三　非門流の座主の誕生

1　定尋と行位の確執

醍醐本「座主次第」をみていると、鎌倉初期における大伝法院座主の補任に、やや変則的なところがあることに気づく。

> 第八定尋律師〈号大納言律師〉『後鳥羽院御宇、覚尋灌頂資、改定浄』
> 　文治六年補任之、本坊丈六堂、普賢王院、大納言定房息、覚尋譲、
> 第九行位律師『土御門御宇』
> 　元久元年〈甲子〉十一月六日補任之、和泉守高階隆行息、建久（建永）元年〈丙寅〉春得替、
> 第十道厳法印〈号大納言法印〉『同院御宇　理智院良遍法印灌頂資』
> 　建永元年〈丙寅〉補任、首尾十六年、大納言定輔卿嫡（猶）子、定尋譲云々、本坊丈六堂、定尋雖二帰山一、
> 不レ還二着座主一、

既述のように、五代実禅、六代禅信、七代覚尋はいずれも「隆海譲」で補任されたし、八代定尋は「覚尋譲」、十代道厳も「定尋譲」となっていて、いずれの人物も前座主もしくは元座主の譲りによって座主に就任している。ところが、九代行位だけは「補任之」とあるだけで「譲」の記載がない。また任期中に「得替」されている。元久元年（一二〇四）の補任の時も、また建永元年（一二〇六）の得替の折りも、仁和寺御室は道法（後白河院息、守覚灌頂資）であって変わっていない。行位は前座主定尋の譲りをうけることなく補任され、そして解任された。そして後任の道厳は「定尋譲」によって、大伝法院座主に就いたという。行位の座主就任に何があったのか。二人の師である大伝法院座主覚尋と、菩提心院別当隆位は隆海の死没前に「喧嘩」しており、[23] その争いが弟子の定尋・行位に引き継がれたとも考えられるが、それが座主の交代に結びつくには別の要因があったはずである。

可能性として想定できるのは、定尋が問題を起こしたため、彼を解任して行位を座主に補任したというケースである。しかし、これはまず考えられない。定尋（一一六九〜?）は村上源氏の出身であり、堀川大納言定房（一一三〇〜八八）の息である。[24] 公名は大納言。父の定房が従兄の右大臣源雅定の猶子となっているので、菩提心院隆位は義理の従兄にあたる。覚尋の入室瀉瓶の弟子であり、元暦元年（一一八四）に御室守覚が道法に伝法灌頂を授けた時に、十六歳の若さで威儀僧をつとめている。そして定尋は、文治六年（一一九〇）、二十二歳で覚尋から大伝法院座主を譲られた。その後も定尋は京都で活動しており、建久四年（一一九三）十一月には守覚から道尊への伝法灌頂に出仕したし、建久六年八月には御室道法の最初の修法である孔雀経法に伴僧の一人として参勤している。建久八年九月には根来円明寺で覚尋から伝法灌頂を授けられた。さらに正治二年（一二〇〇）十二月には東寺小灌頂阿闍梨を勤仕したし、翌年二月には道法の孔雀経法の伴僧をつとめ、元久元年（一二〇四）三月には道法の勧賞の譲りをうけて権律師に任じられた。ところが、同年十一月に座主を罷免され、行位が後任となっている。

定尋の経歴に不審な点は何一つないし、御室道法の側近として活躍しつづけている。特に、東寺小灌頂阿闍梨―已灌頂―権律師という経歴は、東密の若手エリートの出世コースである。これまでの大伝法院の僧侶には、うかがうことのできない卓越した経歴をもちながら、三十六歳の若さで定尋は座主を突然解任された。しかも定尋はその後も大伝法院で活動しており、承久の乱まで大伝法院で力を振るっている。元久元年の座主交代は、定尋の側に落ち度があったとは考えられない。

そこで次に、新座主となった行位について検討してみよう。(25) 行位（一一六六～一二〇八）は和泉守高階隆行の子である。四歳上の兄に、仁和寺五智院の行守法印がいる。祖父の高階盛章は遠江守や伊予守を歴任した鳥羽院の近臣で、鳥羽院庁別当や美福門院別当をつとめていた。行位の初名は行意、円輪院と号した。隆位の瀉瓶の弟子であり、それ以外にも勧修寺興然や隆聖から受法している。建久四年（一一九三）までに隆位の跡をついで菩提心院別当に就いており、元久元年（一二〇四）十一月には大伝法院座主に補任された。座主補任の前においても行位は御室道法のもとで、それなりの実績を積んでいた。正治二年（一二〇〇）八月、および建仁二年（一二〇二）二月に御室道法が孔雀経法を修した時、伴僧の一人として参勤したし、建仁三年九月、および翌年二月に道法が仁王経法を勤修した時にも伴僧に参じている。とはいえ行位の実績は定尋に遠く及ばない。なぜ、定尋を退けて行位が座主に補任されたのであろうか。

問題を解く鍵は、行位の公名「三位」にある。行位の出身である高階氏一族は中下級貴族であり、父も祖父も、国司どまりであって、公卿にはなっていない。その点からすれば、公名の三位は行位一族にしては異

図2　行位をめぐる略系図

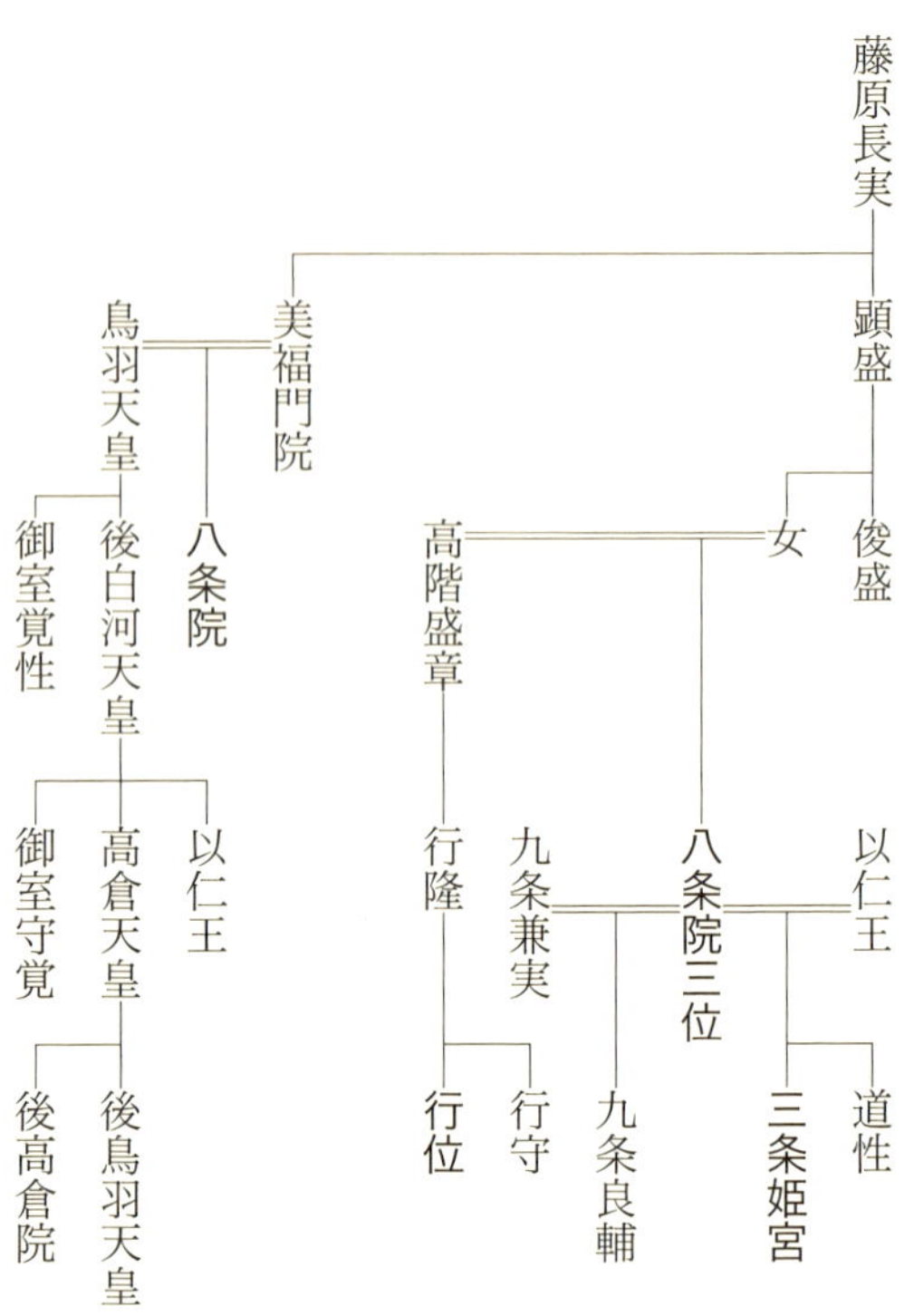

様に高い。ところが一族に三位となった女性がいる。行位の叔母の八条院三位である。

八条院三位は、八条院に仕えた女房で、八条院のいとこの娘に当たる。[26] 彼女のことを『玉葉』が「彼院（八条院）無双之寵臣也」といい、『愚管抄』は「八条院ニ母（良輔の）三位殿ト云シ人、母（八条院の）ノ方ノ御ムツビニテ、院中第一ノ者ニテ候シカバ」と述べ、藤原定家の姉が「御前には、はゞからぬ人とて三位殿」と評し、『参考源平盛衰記』が「三位局ヲハ女院殊ニ隔ナキ御事ニ思召レケレハ」と語ったように、[27] 三位局は八条院から絶大な信頼を寄せられた（図2）。

八条院（一一三七～一二一一）は鳥羽院と美福門院との間に生まれた不婚内親王で、父母から二百数十箇所に及ぶ荘園を譲られている。当時最大の荘園領主であり、王家領荘園の中核を手にしていた。政治の表舞台には出なかったものの、天皇の候補となったことが二度あり、大らかな性格であったため、政争に敗れた人々を受け入れるアジール的存在でもあった。そして八条院三位は、八条院の側近として活躍する一方、彼女は八条院の猶子である以仁王との間に、仁和寺道性と三条姫宮をもうけた。以仁王が敗死した後には九条兼実との間に良輔をもうけており、彼女の子である道性・三条姫宮・九条良輔はいずれも八条院の猶子となって、そのもとで養育された。そして八条院は建久七年（一一九六）に体調を崩すと、三条姫宮を内親王にたてて八条院領を相続させようとした。以仁王が親王宣下を受けていないこともあって朝廷はそれを認めなかったようであるが、結局、三条姫宮は元久元年（一二〇四）二月二十七日に、八条院よりも先に三十五歳の若さで死没した。結果的に相続は実現しなかったが、八条院は八条院三位と以仁王との間の娘に、王家領の中核所領を譲ろうとしたのである。八条院三位に対する信頼の深さがよくうかがわれる。

以上の点からして、行位は叔母である八条院三位の猶子となって、三位を名乗るようになったのであろう。この推測を補強するのが、菩提心院別当への就任である。「高野山菩提心院別当阿闍梨行意」＝行位は建久四年（一一九三）、菩提心院領である備前国香登《かがと》庄について、八条院庁に訴えている。大江業資が半重衡に属して強引に香登庄下司となったが、数千石を未進しているだけでなく、軍兵を率いて寺家の使いを殺害しようとしたので、下司を解任して庄内から追却するよう、本所である八条院の下文を求めた。(28) このように行位は、建久年間に菩提心院別当に就いている。そして、大伝法院の別院である菩提心院は、美福門院・八条院の母子にとって特別な寺院であった。

菩提心院は、鳥羽上皇の菩提のために美福門院の御願で保元三年（一一五八）に建立されたが、本堂の等身大日如来像には美福門院の「疎髪」が納められ、菩提心院阿弥陀堂の金色阿弥陀如来像の胎内には八条院の「鬢髪」が奉納されていた。[29] また、永暦元年（一一六〇）に美福門院が亡くなると、遺言によって遺骨が高野山に納められたが、その奉納先が菩提心院であった。[30] 美福門院の髪と遺骨が納められた菩提心院は、美福門院がもっとも心を寄せた寺院である。そして八条院は美福門院の遺志をついで、備前国香登庄と伊与国高田庄を菩提心院に寄進した。しかも美福門院は隆位を養子にして、自分の身代わりとして兼海のもとで修行させたが、その隆位は菩提心院の院主となって香登庄と高田庄を知行している（『根来』九一・一四六『平』二四四六・補二四三）。隆位は大伝法院の座主になることはなかったが、美福門院の遺骨・遺髪が奉納された菩提心院で、その菩提を弔いつづけたのである。そして行位は隆位の瀉瓶の弟子であり、隆位の跡を継いで菩提心院の別当になった。美福門院が隆位を養子にして兼海に師事させたように、八条院三位は一族の行位を猶子に迎え、隆位のもとに送り込んで、鳥羽院・美福門院の菩提と、八条院の二世安楽を祈らせたのではあるまいか。

ここで注意すべきは、寛喜元年（一二二九）に安嘉門院の院司藤原資経に宛てた後堀河天皇綸旨である（『根来』一七七『鎌』三八七三）。

高野山伝法院事、任㆓八条院御時例㆒、如㆑元可㆑為㆓御進止㆒也、以㆓定豪僧正㆒被㆑補㆓座主㆒之由、可㆑被㆑成㆓遣庁御下文㆒者、天気如㆑此、以㆓此旨㆒可㆘令㆓申沙汰㆒給㆖、仍上啓如㆑件、

寛喜元
十月五日　　　　　　左衛門権佐（藤原信盛）

謹上　大宰太弐殿（藤原資経）

このころ、大伝法院座主職をめぐる定豪・覚瑜の紛争に嫌気がさした仁和寺御室道助は、抗議の意をこめて大伝法院の知行権を辞退する（類従本『座主次第』）。そこで朝廷は傍線部分にあるように、八条院の時のように安嘉門院が大伝法院を進止するように求めた。安嘉門院（一二〇九～八三）は後高倉院の娘であり、時の治天であった後堀河天皇の姉にあたる。八条院領は八条院から春華門院、さらに後鳥羽院に相承されたが、承久の乱で幕府に没収されて後高倉院に返付された。それを安嘉門院が相続したのである。つまり相承関係は〔八条院→春華門院→後鳥羽院→後高倉院→安嘉門院〕となる。そして後堀河天皇綸旨に「任㆓八条院御時例㆒、如㆑元可㆑為㆓御進止㆒」との文言があることは、大伝法院の進止権が一時期、八条院に渡っていたことを示している。事実、九条家の重書目録には、八条院が春華門院に送った十三通の文書が挙がっているが、その中に

一通　高野伝法院・覚王院・菩提心院御譲文〈元久元年五月〉

とみえている。(31) 遅くとも元久元年（一二〇四）五月までに、大伝法院は仁和寺御室から八条院の進止に変わっていた。そして、同年十一月に定尋に代えて行位が座主に補任された。八条院三位の猶子である行位を八条院が座主に任じたのである。定尋から行位への座主交代は、本所の変更が関わっていた。残念ながら大

伝法院の本所が、仁和寺御室から八条院に変わった経緯は分からない。しかし大伝法院にせよ、その別院である覚王院・菩提心院にせよ、これらは八条院の父母が心血を注いできた寺院であり、八条院は大伝法院の大檀那である。しかも御室道法の師である守覚は八条院の養子であったし、元久元年二月には八条院が鍾愛していた三条姫宮が死没している。叔母である八条院から求められれば、道法は拒めなかったのであろう。

以上から、八条院は元久元年五月までに大伝法院の本所となり、それから間もなく八条院三位の猶子・行位を大伝法院座主に任じた、と結論することができる。

2　定尋の反撃

元久元年（一二〇四）十一月、定尋は心ならずも座主を退いたが、建永元年（一二〇六）には行位を追い落とすことに成功する。行位が得替され、道厳が定尋の譲りをうけて座主に就任した。醍醐本「座主次第」に「定尋雖二帰山一、不レ還二着座主一」と記されていることからすれば、定尋が道厳を擁立して名目上の座主とし、自らは高野山で大伝法院の実権を握ったのであろう。[32] この交代劇は違例中の違例の人事であった。

第一に、新たに座主となった道厳（一一九〇～一二四八？）は、この時わずか十七歳であり、隆海が座主に就任した十九歳よりも若い。しかも同年十月に道厳は法眼の位で道助の出家に出仕した。摂関家出身の慈円が十六歳で法眼に直叙されたことを思えば、十七歳の道厳の法眼は、ほぼ摂関家の子弟並みの扱いである。[33] 道厳は紀氏出身であるが、十七歳での大伝法院座主への就任といい、また同じく十七歳での法眼への任叙といい、違例中の違例である。第二に、道厳は覚鑁門流でも、隆海門流でもない。仁和寺の僧とはいえ、道厳の法脈は〔寛遍―信遍―良遍―道厳〕となっていて、覚鑁とも隆海とも関わりがない。道厳の座主就任は、覚鑁・隆海門流でない者が座主に任じられたことを意味した。長承の官符はもとより、承安の官符からも大きく逸脱している。

　このように、行位から道厳への交代は違例の人事であった。なぜ、このような人事が行われたのか。その原因は道厳の父母にある。『尊卑分脈』によれば、道厳は長厳の子である（図3）。父の長厳は、七条院が後鳥羽を出産した時に、験者として効験を施して七条院の深い信頼を得た。さらに長厳は後鳥羽の信任を勝ちとり、その側近として活躍して承久の乱にも関わっている。それでは道厳の母親は誰か。『尊卑分脈』は兄の清厳の母を「七条院女房」とするが、道厳の母については記載がない。一方、「新熊野別当次第」は道厳の母を「七条女院」としている。(34) これは恐らく七条院女房の誤記であろう。つまり長厳は七条院のもとで頭角を現したが、彼は七条院に仕えた女房との間に、二人の子をもうけたのである。

　次に二人の猶父を検討すると、『尊卑分脈』は兄の清厳を「参木清隆卿猶子」とする。しかし、藤原清隆は応保二年（一一六二）に亡くなっているので、時代があわない。『仁和寺諸院家記』『血脈類集記』が「内大臣信清公息」「前内大臣清卿（マヽ）息」と記していることからすれば、兄の清厳は坊門信清の猶子になったと考

図3　道厳をめぐる紀氏系図（『尊卑分脈』四―一二一六頁）

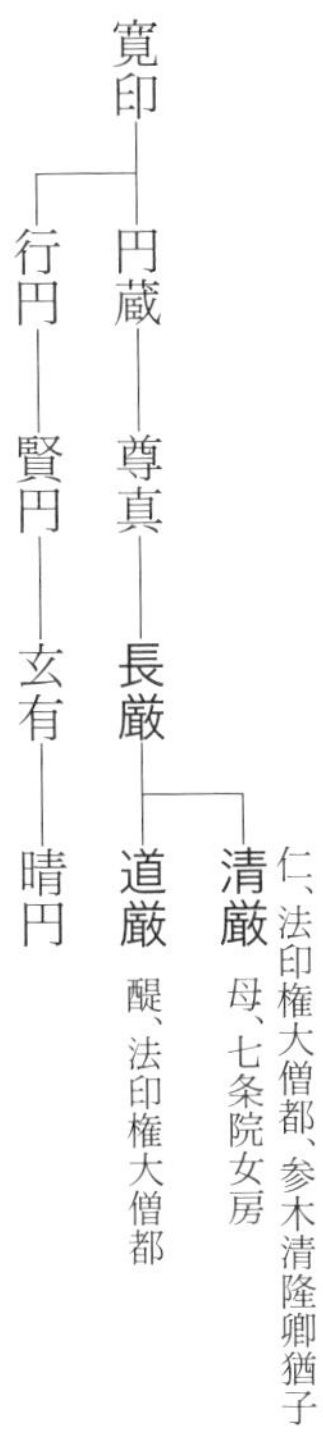

図4　七条院をめぐる略系図

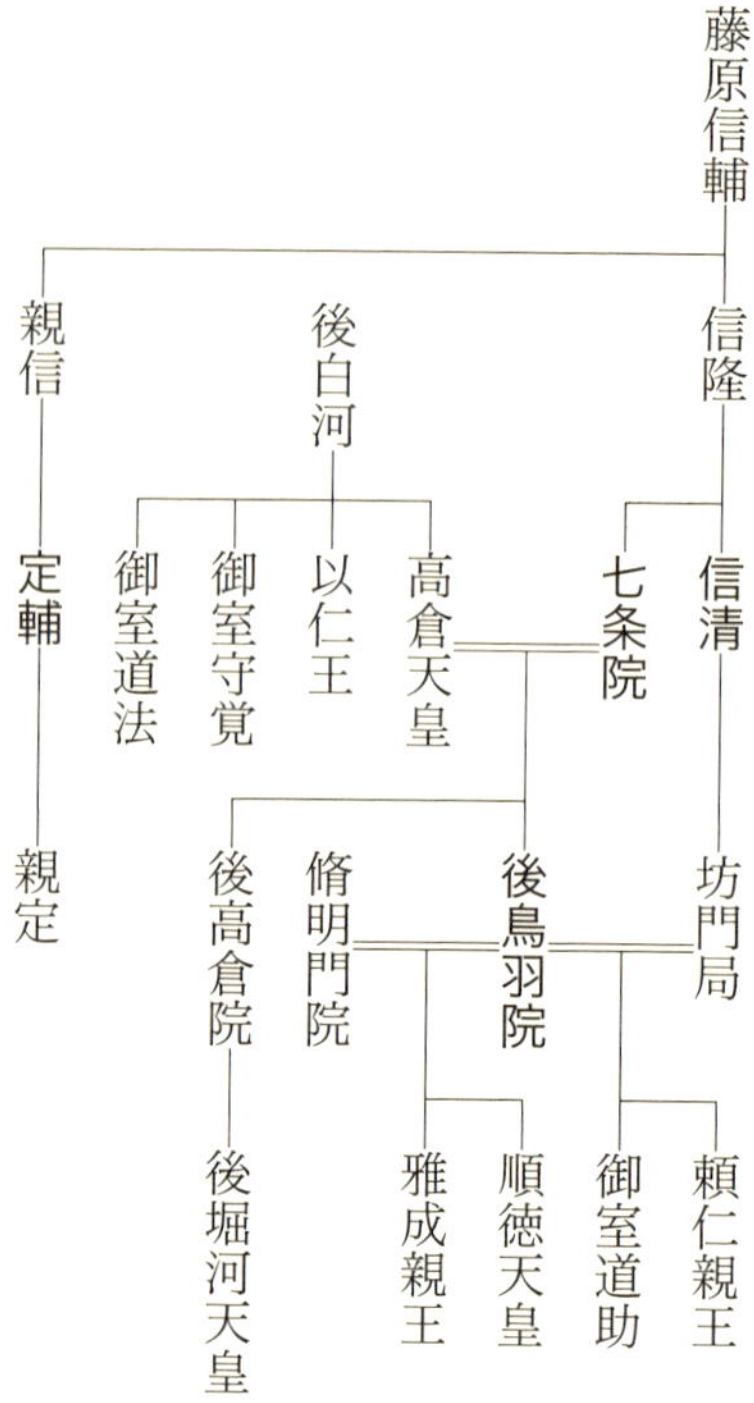

えてよかろう。(35)内大臣坊門信清は七条院の弟であり、七条院別当をつとめている（図4）。一方、道厳は大納言を公名としているが、醍醐本「座主次第」や『血脈類集記』「新熊野別当次第」はそれぞれ「大納言定輔卿嫡（猶）子」「帥大納言定輔息」「大納言定輔卿子」とする。(36)大納言藤原定輔は七条院の従弟に当たり、同じく七条院別当をつとめている。道厳は七条院の庇護のもとで大納言定輔の猶子となった、と考えてよかろう。

まとめるなら、長厳は七条院に仕え、その寵愛を得るなか、七条院女房との間に清厳・道厳の二人の子をもうけた。そして、七条院の意向によって、女院の近親であり七条院別当でもあった坊門信清と藤原定輔が、二人の子をそれぞれ猶子として迎えたのである。行位は八条院という権門を背にして大伝法院座主に就任したが、道厳は七条院―後鳥羽院―長厳という、新たな権勢者の庇護下にあった。そして長厳は違例の昇進をとげた人物でもある。道厳をめぐる人事の異様さは、その父である長厳の経歴の異様さと密接に関わっている。

長厳（一一五二〜一二二八）は紀氏の出身で、仁和寺南勝院の僧侶であるが、その法流は不明である。(37) 治承四年（一一八〇）後鳥羽の誕生祈禱で七条院の信頼を得たのが始まりで、建久九年（一一九八）には大和国桧牧庄の寄進をうけ、七条院に再寄進することで預所に任じられたし、摂関家領であった大和の高井庄も七条院の権威を恃んで横領したという。正治二年（一二〇〇）には脩明門院の御座祈禱で御験者として勧賞を得ており、建仁二年（一二〇二）には僧正に昇任した。

彼の経歴が異様となるのは、ここからである。建仁三年（一二〇三）十二月に那智の僧徒と長厳とが「喧嘩」をしたため、七条院の熊野詣が中止になった。翌年に長厳が那智山検校に就いていることからすれば、これは長厳が女院の熊野先達、那智検校に就任することへの抵抗であったと考えられる。(38) これまで熊野先達は寺門の僧侶が勤めており、東密僧の先達は例がない。しかし後鳥羽と七条院はそれを強行し、建永二年（一二〇七）十月に長厳を先達として熊野詣を行い、さらに長厳を熊野三山検校に補任した。熊野三山検校は百年以上にわたって寺門が相承してきたため、園城寺は激しく抵抗したが、後鳥羽院はこれを長厳の一期限りとし、その後は熊野三山検校と臨幸先達を永代園城寺に付すと約して、それを押し切った。さらに承元三年（一二〇九）、新熊野検校覚実を勅勘に処した後鳥羽はその後任に長厳を任じている。(39)

また、建保五年（一二一七）に禅林寺・石山寺・神護寺・観心寺の別当であった仁和寺公深が亡くなると、教深が相続することになっていたにも関わらず、後鳥羽はそれをくつがえして長厳を四ケ寺別当に任じた。さらに長厳は四ケ寺を永代「長厳門跡」に付すよう求め、翌年にはそれを認める後鳥羽院宣と順徳天皇宣旨が出ている。(40) そして後鳥羽が倒幕計画を進めると、長厳もそれに深く関わり、乱後はその責任を問われて陸奥に流罪となり、そこで没した。とはいえ、後鳥羽と長厳の怨霊は、その後も長く鎌倉幕府を悩ませることになる。北条泰時・時房の死は彼らの祟りと囁かれ、結局、幕府は宝治元年（一二四七）鶴岡八幡宮の山麓に新宮《いまみや》を創建し、後鳥羽・順徳と長厳を祀ることで祟りを鎮めようとした(41)。

このように長厳は七条院―後鳥羽院の母子から絶大な信頼を得た人物であり、彼をめぐっては違例の人事が頻繁に繰り返された。熊野三山検校や新熊野検校職、それに石山寺等四ケ寺別当への補任はいずれも師資相承を無視した抜擢であった。こうした点からすれば、覚鑁門流でない道厳が、十七歳の若さで大伝法院の座主に就任できたのは、定尋と長厳との談合によると考えてよかろう。八条院をバックにした行位によって座主を逐われた定尋は、長厳に接近することでそれに対抗しようとした。道厳を座主にたて、自らは大伝法院に戻って寺院運営の実権を掌握しようとしたのである。そして後鳥羽院がそれを支持した。

この想定を裏づける根拠が二つある。第一は承久の乱の戦後処理である。大伝法院領の紀伊国七ケ庄は「長厳僧正領掌」として守護が没官しようとしたし、その後も地頭代が「前座主定浄律師」に同意して「院宣幷御室御下文」を無視したという（『根来』一七二・一七四『鎌』二八一五・二九四六）。「前座主定浄律師」とは定尋のことである。道厳が座主であったとはいえ、実際には承久の乱まで、長厳―定尋の連携によって大伝法院が運営されていた。乱後、恐懼に処された藤原定輔が間もなく許されたように、七条院への配慮もあって、大伝法院領の没官は回避されたが、長厳―定尋による運営と見なされてもおかしくない実態が大伝法院にはあったはずである。

第二に、道厳が座主に補任された建永元年（一二〇六）は、長厳が急速に台頭して七条院・後鳥羽院の信頼を獲得しつつある時期であった。建久九年（一一九八）には長厳が七条院に大和国桧牧庄を寄進したし、さらに七条院の威をかりて摂関家領を横領している。元久元年（一二〇四）には那智山検校に補任されたし、翌年八月には後鳥羽院のために水無瀬殿御所を造進しており、[42]長厳は七条院の側近から、後鳥羽の側近へと転生することに成功した。そしてこれが建永二年（一二〇七）の東密初の熊野先達と、熊野三山検校職への補任につながった。道厳が十七歳の若さで法眼に叙され、大伝法院座主に任じられるという違例の人事は、こういう中で行われた。

このように道厳は定尋の座主譲状と、長厳―七条院―後鳥羽院との連携のなかで、大伝法院座主に補任された。そして恐らくこの人事と、大伝法院の進止権の変更が関わっていよう。元久元年段階で大伝法院の進止権が仁和寺御室から八条院に移ったが、しかし承久の乱以前に、再び仁和寺御室がその管領権を回復している。[43]問題は御室が進止権を回復した時期であるが、一番可能性が高いのは、道厳が座主に補任された建永元年（一二〇六）である。大伝法院の本所の交代が、座主の交代を招いたと考えるべきであろう。しかも、同年には後鳥羽の愛息道助が御室道法のもとで出家している。[44]仁和寺御室による大伝法院管領権の回復は、後鳥羽院から御室道法への謝意を示すものであるとともに、それはまた将来、御室を継承する道助への配慮でもあった。

八条院という権門を頼った行位の座主就任は、定尋の反発と長厳への接近をもたらした。そして定尋は、長厳―七条院―後鳥羽院という別の権門に頼ることで、道厳の座主就任と、みずからの大伝法院支配の回復を実現させた。しかし、権門を巻き込んだこうした権力闘争によって、大伝法院の座主職は形式的とはいえ、非覚鑁門流に流出することになった。そして権門への依存は、さらなる歴史の転変のなかで大伝法院を翻弄することになる。

四　承久の乱と大伝法院座主

1　幕府僧定豪の座主就任

承久三年（一二二一）五月、承久の乱が勃発する。後鳥羽院は北条義時追討の院宣を発して挙兵したが、あえなく敗れ、七月には後鳥羽院・順徳院らが流罪となり、院の近臣や有力武士も処刑された。長厳も九月に陸奥に流罪となっている。問題は長厳の所領の扱いであるが、一部は没官されたものの、後高倉院の母が七条院であり、長厳の所領の多くが七条院領でもあったため、没官を免れたものも多かった。最終的に清厳が仁和寺南勝院を相続し、道厳が桧牧庄などの七条院領預所職を相承した。(45)

大伝法院領については、紀伊国守護三浦泰村が「長厳僧正領掌」だとして七箇庄を没官したが、大伝法院の訴えにより、同年八月、六波羅の北条泰時・時房は、長厳の弟子（道厳）が一時的に座主に任じられただけと認定して、没官措置を解除している（『根来』一七一・一七二『鎌』二八〇二・二八一五）。承久四年四月には、大伝法院領のうち五箇庄の地頭代が定尋と結託して、新しい「領家預所」に抵抗したが、十月には六箇庄に設置された新補地頭が廃止されて、大伝法院の進止となった（『根来』一七五『鎌』三〇〇七）。大伝法院は、乱の影響を最小限に抑えることに成功したのである。

こうしたなかで、承久三年十月、御室道助は覚瑜を大伝法院座主に直任した（醍醐本「座主次第」）。覚瑜法印（一一八六〜?）は皇后宮亮藤原成隆の孫であり、仁和寺の亮法眼成海の真弟である。(46)公名は亮、仁和寺真光院の初代院主でもある。図1にあるように、覚瑜の叔父が第七代座主の覚尋であり、さらに覚尋の叔父が第四代座主の隆海である。しかも覚瑜の父の成海（一一五一〜一二二六）は守覚・道法・道助の三代御室に仕え、法親王庁別当や行事僧をつとめた練達の坊官であるし、叔父の仁隆も守覚の側近であった。そして、建永元年（一二〇六）十月に長仁無品親王（道助、後鳥羽院の息）が仁和寺喜多院で出家したとき、有職として前駆をつとめたのが、いまのところ覚瑜の活動の初見である。承元二年（一二〇八）五月、御室道法が道忠に伝法灌頂を授けたときに色衆の一人として参勤したし、翌年の仁和寺仏名会では被物一重を負担している。そして覚瑜は、承元四年三月に仁和寺南勝院寛瑜から伝法灌頂をうけた。同年七月、法勝寺九重塔の再建に向けた仏事で道助の前駆をつとめたし、建暦元年（一二一一）四月、最勝四天王院での一日一切経書写供養や、安楽心院での大北斗法でも道法の前駆や伴僧をつとめている。翌年三月の道法による普賢延命法、同十二月の道法から道助への伝法灌頂でも伴僧を勤仕しており、覚瑜は仁和寺御室道法と道助に積極的に奉仕している。

覚瑜にはこうした経歴があった。しかも、隆海の一族であり、且つまたその門流であったし、さらに覚瑜の一族は仁和寺御室の側近であった。長厳の権勢が崩壊した今、覚鑁・隆海門流でない道厳を座主に留まらせる必要はなかった。こうして御室道助は覚瑜を座主に補任して、人事の正常化を図った。承久三年（一二二一）十月のことである。

ところが翌年三月、御室道助は下文を発して定豪を座主に任命した。定豪は覚鑁門流ではない。人事の正常化を図ろうとした御室道助は、半年足らずでそれを撤回し、大伝法院とは何の縁もない定豪を座主に任じたのだ。いったい何があったのか。

定豪（一一五二〜一二三八）は幕府僧（鎌倉幕府と主従関係を結んだ僧侶）の頂点にたつ僧侶である。[47] 民部権少輔源延俊の息であり、忍辱山流寛遍の弟子の兼豪から伝法灌頂をうけた。しかし、師の兼豪が死没したのを機に、京都に見切りをつけて鎌倉に向かい、建久二年(一一九一)に鶴岡八幡宮供僧に任じられた。正治元年(一一九九)には勝長寿院の別当となり、承久二年(一二二〇)正月に鶴岡八幡宮別当に補任されている。六十九歳で東国仏教界の頂点に達したのである。翌年、承久の乱が起きると幕府方の中心となって祈禱に活躍し、その勧賞として幕府は定豪を、長厳の後任として熊野三山検校・新熊野検校に推挙し、承久三年十一月にそれが認められた。これが幕府僧の西国進出の初見事例となる。両検校職は本来であれば寺門に返付されるべきものであったが、鎌倉幕府の要請もあり、半ば没官の意もこめて朝廷は幕府僧をそれに任じたのである。さらに定豪は安貞二年(一二二八)に東大寺別当に任じられて寺務を六年管領したし、嘉禎二年(一二三六)十二月には八十五歳の高齢で東寺一長者となり、四条天皇の護持僧に就任している。

このように定豪は承久の乱後、鎌倉幕府の権勢を背にすることで、違例の昇進をとげており、その力は京都をも席捲した。しかも前半生が不遇であったこともあり、定豪は強烈な上昇志向をもっており権力欲に満ちていた。定豪の西国進出には鎌倉幕府が了解したものもあれば、定豪が個人的に暴走したものもある。熊野三山検校・新熊野検校の就任、そして東大寺別当や東寺長者への就任は幕府が了解していたが、広隆寺別当と大伝法院座主職は定豪の個人的な野心によるものであり、そこに幕府は関与していない。広隆寺別当と大伝法院座主の問題とは経緯がよく似ているので、定豪と広隆寺別当とのいきさつを先に確認しておこう。

定豪は広隆寺別当である真禎(後白河院の子)から譲状を得て、広隆寺を手に入れようとした。二人はそれまで関わりがなかったが、嘉禄三年(一二二七)に、承久の乱の首謀者の一人である二位法印尊長が逮捕されると、鎌倉幕府は尊長と通じた嫌疑で真禎の拘束に向かった。ところが定豪は真禎をかくまって、彼から広隆寺別当職の譲状を得ている。(48) 窮地に陥った真禎を保護する見返りに、別当職の譲状を要求したのである。

しかし鎌倉幕府はこの相続を認めず、結局、真禎は軟禁処分をうけた。幕府の姿勢が予想以上に強硬であったため、定豪の目論見は失敗するが、ここでの動きは大伝法院座主職を手に入れた時と酷似している。定豪は長厳の子の道厳に接近し、大伝法院座主職について「道厳譲」を得た（醍醐本「座主次第」）。窮地に陥った道厳に対し、保護の見返りに譲状を要求したのである。

しかも仁和寺御室道助は傷ついていた。道助入道親王は後鳥羽院と坊門局との間の子であり、承久の乱では如法愛染王法・守護経法・転法輪法と幕府調伏祈禱を重ねている。幕府の意向によっては御室の解任・流罪も十分にあり得た。とはいえ、仁和寺御室は名門中の名門である。法流を相承した後継者が整わない中、うかつに解任できない。道助に代わって御室に就任できる人物がいなかったため、道助は何とかその地位を維持していた。それだけに、定豪が幕府の権勢をかって京都に乗り込み、譲状をかざして補任を迫ったとき、道助は抵抗することができなかった。覚瑜を改替して定豪を補任するしかなかったのである。そして実際、定豪はその後も仁和寺御室と争うことになる。仁和寺御室は院権力の分身として顕密仏教界に君臨してきたが、今や幕府僧がその権勢を脅かそうとしている。

ところで定豪については多くの史料が残っているが、座主就任後に大伝法院で拝堂した形跡がない。東寺一長者・金剛峯寺座主になった嘉禎四年（一二三八）三月、高野大塔供養のついでに高野拝堂を行ったが、[49]それ以外には高野山に行った形跡がない。定豪は覚鑁・隆海門流でないことはもちろんのこと、住山はおろか、在任中に拝堂すら行っていない。大伝法院はみずからを仁和寺御室に寄進して、その庇護下に入ったが、それは大伝法院が政変に翻弄される事態をもたらし、ついに拝堂すら行わない座主を誕生させることになった。

2　大伝法院座主職をめぐる混迷

寛喜元年（一二二九）、座主をめぐる争いが朝廷・幕府を巻き込んだ騒動に発展する。同年四月、仁和寺御室道助は覚瑜を還補する下文を発した（醍醐本「座主次第」）。承久の乱後、覚瑜の座主は半年足らずで終わったうえ、定豪が座主となってすでに七年が経過している。定豪への配慮はそれで十分と考えたのであろう。しかし定豪は納得しなかった。六月には再任を求めて朝廷に訴え、「竹園有二勝事等一」との「狂言」を吐いたという。「このままでは御室道助に不吉なことがおきる」と恫喝したのだ。九月、幕府との協議の結果、朝廷は定豪を還補させることに決した。[50]

御室道助はそれに同意しなかった。補任状の発給を拒否し、覚瑜を罷免して定豪を還補させるのであれば、大伝法院の管領権を放棄すると抵抗した。御室道助の知行辞退と歩調をあわせて、覚瑜も座主を辞任した（類従本『座主次第』）。そこで朝廷は、安嘉門院に大伝法院の進止を命じるとともに、定豪を座主に補任する女院庁下文を発給するよう命じた（前掲『根来』一七七『鎌』三八七三）。安嘉門院は八条院領の相続者である。仁和寺御室が大伝法院の管領を辞退した以上、かつての八条院のように、もう一度、大伝法院を知行するよう命じたのである。しかし、安嘉門院はそれに従わなかった。朝廷・幕府をあげた混乱に巻き込まれるのを避けたのであろう。結局、すったもんだの挙げ句、御室道助は定豪を座主に還補させることに同意したが、今度は大伝法院の衆徒が反対した。事態を憂慮した鎌倉幕府は、翌年三月、みずからの判断で定豪に座主を辞退させた（醍醐本「座主次第」）。座主を空位にして冷却期間を置こうとしたのである。

貞永元年（一二三二）六月、事態は動いた。朝廷と幕府が協議した結果、座主職を寺僧に付すことに決した。それをうけて御室道深は、密厳院院主であった寂尊阿闍梨を大伝法院座主に任じている。かつて覚鑁は、住山不退の覚鑁門流を座主に任じるように申し置いたが、その理想主義にもう一度、立ち戻ろうというのである。しかし、現実はきびしかった。

同年八月の後堀河天皇綸旨に「高野山本寺検校与二伝法院座主一座次間事、僧綱凡僧、争無二差別一乎、云二本寺一、云二伝法院一、本末有レ限、互不レ可レ有二意趣一、本寺検校、為二僧綱一着二座主上一、旁不レ可レ背二物儀一歟」とあるように、[51]金剛峯寺検校勝心と大伝法院座主寂尊との間で座次相論が起きている。検校勝心は法橋であり、座主寂尊は阿闍梨であるので、僧綱である勝心が上座に座るのは当然である。しかし寂尊はそれを受け入れることができなかった。隆海以降の大伝法院座主はその多くが京都で活動して僧綱位を得ており、彼らはいずれも金剛峯寺検校よりも官位が上であった。法会の場では、大伝法院座主は、長らく金剛峯寺検校の上座に着いてきた。ところが、大伝法院座主を山内の寺僧から補任するということになると、座主の官位が低いため、金剛峯寺検校の下座に位置することになる。大伝法院のジレンマがここにある。外部の権勢者に支援を求めると、権力闘争に巻き込まれて、もみくちゃになる。しかし、それを正すべく座主を寺僧に付したなら、大伝法院は金剛峯寺の末寺に転落して、その自立性すら危うくなる。結局、寂尊はわずか二ヶ月で座主を辞任した。

寂尊の辞任を知った定豪は再び反撃にでる。天福元年（一二三三）定豪が大伝法院の衆徒張本七名を召喚するよう要求して、関東申次である西園寺公経・九条道家がそれを朝廷に伝えているし、ついで定豪は側近を京都に派遣して賄賂工作を行った。さらに文暦二年（一二三五）閏六月には金剛峯寺と大伝法院との間で合戦が起きようとしており、定豪が裏から糸を引いていたという。大伝法院の反対派を追い落とすためなら、定豪は金剛峯寺をけしかけることも厭わなかった。藤原定家は、定豪の「欲心」によって「聖跡」が破滅すると慨嘆している。(52) 定豪の権力欲が高野山を混乱に陥れたのである。

定豪の執念は予想外のところから実現することになる。嘉禎二年（一二三六）、延暦寺と興福寺の二つの強訴問題が幕府主導によって解決すると、摂政九条道家はその謝意をこめて幕府に対し、定豪を東寺一長者に任命してはどうかと提案する。幕府僧の一長者就任は、幕府にとっても、また鎌倉仏教界にとっても大変な栄誉であるため、幕府はそれを受諾した。こうして同年末、定豪は八十五歳の高齢で、真言宗の頂点である東寺一長者に就任した。上洛した定豪は翌年二月、大伝法院座主に還補され、間もなく定豪は座主職を嫡弟の定親に譲った。定豪による紛争はこれでようやく終止符を打つことになる。

大伝法院の再建と宝治合戦――むすびにかえて――

仁治三年（一二四二）七月、金剛峯寺衆徒による襲撃によって、大伝法院とその僧坊が焼き払われた。朝廷は金剛峯寺検校明賢ら三十名余りを流罪に処したが、「仏蔵・経典・堂塔・房舎、皆成二灰燼一、纔残二礎石一」とあるように、その被害はきわめて深刻なものであり、(53) 大伝法院の根本的再建が必要となった。その体制を整えるため、朝廷は鶴岡八幡宮別当定親に白羽の矢をたてた。

大伝法院座主は仁治二年正月に定親から行遍に譲られていたが、寛元元年（一二四三）六月、定親に対し大伝法院座主への「還補　宣旨」が下された（醍醐本「座主次第」）。そしてこの還補から宝治元年（一二四七）までの間に、朝廷は定親に対し「依二伝法院造営之功一、座（主脱）職可レ為二門跡相承一」と「宣下」したという（醍醐本「座主次第」）。鶴岡八幡宮別当であった定親に対し、「伝法院造営之功」によって大伝法院座主職を定親の門跡で師資相承することを認めたのである。覚鑁・隆海門流でない非住山の幕府僧が、大伝法院の座主職を継続的に相承することになった。しかし、この宣下は定親が宝治合戦（一二四七年）に連座して鎌倉から追放されたことで反故になる。その顚末を検討すると、門跡相承を認めた宣下の背景が浮かび上がってくる。

定親が追放される前、彼は鶴岡八幡宮別当、大伝法院座主、東寺長者、そして東大寺別当という四つのポストを有していた。宝治合戦への連座によって、定親は鶴岡八幡宮別当と大伝法院座主を解任されたが、帰洛後も東寺長者と東大寺別当職はそのまま保持している。このことは、鶴岡八幡宮別当と大伝法院座主は幕府の力で手に入れたものであったのに対し、東寺長者と東大寺別当職は定親の個人的力量によって任じられたことを示唆している。しかも朝廷は、「伝法院造営之功」によって定親に門跡相承を認めたにもかかわらず、鎌倉から追却されるとその宣下を反故にした。このことは、「伝法院造営之功」の実態が幕府主導による大伝法院の再建であったことを物語っている。つまり朝廷は幕府僧の頂点である定親を座主に還補し、鎌倉幕府の経済的支援を全面的に引き出して大伝法院を再建しようとしたのである。その対価が大伝法院座主職の門跡相承であった。

こうして大伝法院の再建は、定親―幕府の主導で始動したが、宝治元年七月に定親が鎌倉から追放されると、すべて破談となった。これを機に鎌倉幕府は、宗教政策を劇的に転換した。鎌倉真言派の京都進出を認めず、(54)大伝法院からも手を引いて、鎌倉の顕密仏教を縮小させている。そして禅律の興行へと向かった。そこで仁和寺御室道深は同年十一月、死没した覚瑜の代わりに、覚瑜の弟の教禅を座主に補任した（図1）。しかし、幕府の支援がはかばかしくないなか、こののち大伝法院の再建は困難をきわめるのである。

以上、平安時代末から鎌倉時代中期までの大伝法院座主職について検討してきた。簡単にまとめておこう。

①　長承三年（一一三四）に覚鑁は、覚鑁門流で住山不退・弘法利生の者を大伝法院座主とするよう定めて朝廷の承認を得た。

②　永万二年（一一六六）より隆海は、在京活動に専念するため、座主職を実禅・禅信・覚尋に譲ったが、その後も隆海は大伝法院の知行権を保持しつづけた。裳切騒動の裁定では、隆海の在京活動が決定的な役割を果たした。

③　金剛峯寺との関係が不安定になった承安三年（一一七三）、隆海は大伝法院を仁和寺御室に寄進するとともに、隆海門流が座主職を相承すると定め、座主の条件から住山不退の項目を削除した。

④　元久元年（一二〇四）に大伝法院の管領権が仁和寺御室から八条院に移ると、座主定尋が解任され、八条院三位の猶子である行位が座主に補任された。

⑤　解任に反発した定尋は、後鳥羽院・七条院の側近であった長厳に接近し、譲状を出すことによって建永元年（一二〇六）長厳の息道厳を座主に迎え、みずからは高野山に帰って大伝法院を実質的に支配した。道厳の座主就任は、覚鑁門流でない者が座主となった初例である。

⑥　承久の乱後、仁和寺御室は隆海一門の覚瑜を座主に任じたが、幕府僧のトップである定豪は道厳譲状をもって御室に迫ったため、半年足らずで覚瑜を得替して定豪を座主に任じた。

⑦　大伝法院座主をめぐる定豪との確執から、朝廷・幕府は座主職を寺僧に返付したが、貞永元年（一二三二）に座主に就任した寂尊は、金剛峯寺検校の下座となった責任をとって二ケ月で辞任した。

⑧　仁治三年（一二四二）の大伝法院焼亡に対し、朝廷は鶴岡八幡宮別当定親が座主職を門跡相承することを認め、幕府主導による再建を図ったが、宝治合戦で定親が失脚すると、門跡相承の宣下は反故となり、

鎌倉幕府は大伝法院への関与を控えるようになった。

⑨　住山不退の門流が大伝法院座主を相承するのは、覚鑁の理想主義の表れであったが、弘法利生と住山不退が矛盾する時代となっていたため、座主職は非覚鑁門流、非住山の僧侶に流出することになった。

以上、推論を重ねたところが多く、先行研究や史料の見落としもあるだろうが、中間報告ということで、ご了解をお願いしたい。

註

（1）　拙稿「鎌倉寺門派の成立と展開」（『大阪大学大学院文学研究科紀要』四九、二〇〇九年）、拙稿「洛陽の経廻を止め…」「院主所」（黒田俊雄編『訳注日本史料　寺院法』〈集英社、二〇一五年〉補注、九〇四頁・一〇五一頁）。

（2）　『大伝法院本願上人霊瑞并寺家縁起』（三浦章夫編『興教大師伝記史料全集　伝記』興教大師八百年御遠忌事務局出版部、一九四二年、三二頁）。

（3）　この経緯をたどった先行研究に、櫛田良洪『覚鑁の研究』（吉川弘文館、一九七五年）第九章、同「中世新義真言教団の成立」（同『続真言密教成立過程の研究』山喜房佛書林、一九七九年）、三浦章大「大伝法院及び密厳院領の研究」（『密教論叢』九、一九三六年）、小山靖憲『中世寺社と荘園制』（塙書房、一九九八年）第五章・第六章、波多野智人「保延二年の金剛峯寺座主職をめぐる相論」（『密教文化』二一四、二〇〇五年）、同「金剛峯寺・大伝法院間の「両寺兼官」について」（『同』二一五、二〇〇五年）、同「「本願上人注進状」からみた覚鑁」（『同』二一七、二〇〇六年）、同「大伝法院座主の変遷」（『同』二三五、二〇一五年、以下、波多野A論文と略称）、同「高野山蓮華乗院における金剛峯寺と大伝法院の関わり方」（『密教学研究』四一、二〇〇九年）、高木徳郎「大伝法院領の成立と展開」（『根来寺文化研究所紀要』三、二〇〇六年）、中川委紀子『根来寺を解く』（朝日新聞出版、二〇一四年）などがある。特に、波多野A論文は本稿と問題意識を共有しており、密接な関連がある。参看されたい。

（4）坂本正仁「醍醐寺所蔵大伝法院関係諸職の補任次第について」（『豊山教学大会紀要』一六、一九八八年）。なお、『根来寺の歴史と美術』（東京美術、一九九七年）に本史料の影印が収録されている。

（5）『吉続記』文永十年閏五月一日条。

（6）横内裕人「仁和寺御室考」（同『日本中世の仏教と東アジア』塙書房、二〇〇八年）

（7）隆海の概要については、苫米地誠一「隆海一門（家隆流）と高野山大伝法院」（『大正大学大学院研究紀要』三八、二〇一四年）、および前掲註3波多野A論文を参照。ただし波多野氏は、大伝法院座主に補任された時点から、隆海が非住山であったと想定しているが、類従本『座主次第』が隆海を「本願座主上人入室資」とし、隆海の初名が「信鑁」であることからして、隆海は在任初期は覚鑁に扈従していたと考えるべきだろう。また氏は、承安三年の大伝法院の寄進を、「仁和寺からの遠隔支配」を正当化するものと解するなど、大伝法院が在京の僧侶を必要とした点の検討が十分でない。

（8）拙稿「青蓮院の門跡相論と鎌倉幕府」（河音能平・福田榮次郎編『延暦寺と中世社会』法蔵館、二〇〇四年）。

（9）『究竟僧綱任』（前掲註6横内著書、一六七頁）の延勝寺阿闍梨に「隆海〈大夫、法印、「死」〉」の記載がみえる。「大夫」の公名、そして「法印」の位階からして、大伝法院の隆海と判断してよいだろう。ただし、「大夫、法印、「死」」の割注記載が問題として残る。このうち「死」は同書掲載の写真版からして、後筆であることが明白であるが、「大夫、法印」は追筆かどうかの判断がむずかしい。隆海は永万二年に法眼、仁安二年に権少僧都に補任され、承安二年に大僧都に転じ、承安五年法印に叙されているので、応保二年段階で「法印」であるはずがない。横内裕人氏によれば『究竟僧綱任』は、「応保二年における僧綱および阿闍梨の補任原簿に手を加えたもの」「原簿をもとに省略・追記をした編纂物」とのことである（前掲註6横内著書、一三一頁・一三三頁）。実際のところ、本史料の阿闍梨歴名の割注には「法橋」「法眼」「僧都」「法印」といった追筆が多くみえる。また、横内氏が追筆と判断しなかった割注記載においても、原簿に存在しなかったはずの記事が、いくつも存在している。

たとえば、石山寺の阿闍梨歴名にみえる公祐（三条公教息）の割注は「右兵衛督□息、石山僧都」と記しているが、公祐は仁安二年正月に禎喜の勧賞の譲りで法眼に叙され、治承二年閏六月に権少僧都に任じられているので（『東寺長者補任』）、「石山僧都」の記載は治承二年以降に成されたものである。また醍醐寺阿闍梨に記載されている行海は「行宗息、法印」との割注があり、さらに「勧修寺」「死」の追筆があるが、勧修寺法印権大僧都行海が法印に叙せられたのは、嘉応二年五月のことであり（『東寺長者補任』）、「法印」の記載はそれ以後に付されたものである。保寿院阿闍梨の仁証も「師法印」の割注と「三長者」「俊忠息」の追筆があるが、彼は長寛二年に権律師、承安三年に少僧都、治承四年に大僧都となり、寿永元年十二月法印に叙されているので（『東寺長者補任』）、この「法印」の記載もそれ以後のものである。これらの記載が、原簿を再編纂した『究竟僧綱任』の成立時期のものなのか、それとも編纂後の追筆とみるべきかは判断が微妙だが、いずれにしても、『究竟僧綱任』の割注には応保二年以降の情報が記載されていることが珍しくない。以上からすれば、延勝寺阿闍梨にみえる隆海は、大伝法院の隆海と同一人物と考えてよかろう。

（10）『兵範記』仁安二年十月二十日条、嘉応元年五月二十七日条、六月二十五日条、『血脈類集記』六―一三四頁・一三五頁・一三八頁、『要尊法』（『大正新脩大蔵経』第七八巻、一九二頁）、「伝法院付法記」（三浦章夫編『興教大師伝記史料全集　史料一』興教大師八百年御遠忌事務局出版部、一九四二年、六三八頁）、『正元元年仁王経法雑事』（『続群書類従』第二六輯上、一二四頁）、『玉葉』承安五年三月九日条、『法守親王曼陀羅供次第』（『続群書類従』第二六輯下、一九四頁）。

（11）『諸宗章疏録』（『大日本仏教全書』第一巻、一六八頁）、『要尊法』（『大正新脩大蔵経』第七八巻、一九二頁・二〇二頁）、『正元元年仁王経法雑事』（『続群書類従』第二六輯上、一二二頁）、『東宝記』（『続々群書類従』第一二、二七頁・二八頁・四七頁・五三頁・九一頁）。また賢宝筆「仁王経御修法次第」も「隆海法印記」の抄出である（東寺文書丙号外一六号）。

（12）栗本徳子「隆海筆『御質抄』考」（笠井昌昭編『文化史学の挑戦』思文閣出版、二〇〇五年）。なお栗本氏は、隆海が『御質抄』を高野山で編纂したと想定しているが、座主辞任後の隆海が主に京都で活動していたことからすれば、編纂の舞台を高野山に限る必要はなかろう。

(13) 「復元『密要鈔』目録」(阿部泰郎・山崎誠編『守覚法親王と仁和寺御流の文献学的研究　資料編仁和寺蔵御流聖教』勉誠出版、一九九八年、二四七頁、また三一二頁)。

(14) 裳切騒動の経緯については『兵範記』仁安三年五月三日条、『愚昧記』同日条、『高野春秋』一〇一頁・一一二頁を参照。なお、前掲註3櫛田論文をはじめ、先行研究の多くがこの時の御室を守覚と誤認している。また、波多野智人「所謂「裳切騒動」について」(『和歌山地方史研究』五七、二〇〇九年)は、この事件をめぐる山内の状況を具体的に検討している。宗賢については『御室御所高野山御参籠日記』久安五年四月二十四日条(大日本古文書『高野山文書』四、二〇〇号)を参照。

(15) 『兵範記』仁安三年四月十四日条。

(16) 『要尊法』(『大正新脩大蔵経』第七八巻、一九二頁)。

(17) 『究竟僧綱任』(前掲註6横内著書、一六三頁)。

(18) 『東寺長者補任』(『続々群書類従』第二、五五三頁)。

(19) 覚尋の事蹟については、『尊卑分脈』一―四〇八頁、醍醐本「座主次第」、類従本『座主次第』、『仁和寺諸院家記』池上(『群書類従』第四輯、七三八頁)、『血脈類集記』五―一二三頁、六―一三八頁、七―一四九頁・一五一頁・一六二頁、『根来』一〇二・一四六～一四八、『野沢血脈集』巻三(『真言宗全書』第三九、四三二頁)、「伝法灌頂師資相承血脈」(『醍醐寺文化財研究所研究紀要』一、一九七八年、六三頁)、文治四年五月六日蓮恵譲状(『鎌倉遺文』三三五号)を参照。

(20) 隆位については『血脈類集記』六―一三八頁、七―一六二頁、『根来』一一五・一四六(『平』四七四七・補二四三)、『尊卑分脈』三―四九七頁、「伝法院付法記」(前掲註10『興教大師伝記史料全集　史料一』六三八頁)を参照。隆位の母は不詳であるが、源雅通が藤原家成の妹と結婚したこと、藤原家成は美福門院の従兄にあたり、美福門院と結んで鳥羽院「第一ノ寵人」(『愚管抄』日本古典文学大系、岩波書店、一九六七年、二一五頁)となっている。その点からして、隆位は雅通と藤原家成妹との間の子であった可能性がある(一九九三年六月三十日大阪大学大学院中世ゼミでの真木隆行報告)。

(21) 『玉葉』文治三年六月七日条。

(22) 『表白集』承安三年十一月十一日高野検校阿闍梨定兼塔供養願文(『続群書類従』第二八輯上、四四八頁)。

(23) 承安四年の隆海譲状には「覚尋阿闍梨・隆位阿闍梨、互無二隔心一可レ被二相憑一也、令三門跡有二喧嘩一事、実聞悪事歟」（『根来』一四六『平』補二四三）とあり、二人の「喧嘩」を誡めている。隆位の菩提心院の財源が豊かであったことが、対立の一因であった。

(24) 定尋の事蹟については、『尊卑分脈』三―五四三頁、醍醐本「座主次第」、『血脈類集記』七―一四九頁・一五一頁・一六二頁、『孔雀経御修法記』（『続群書類従』第二五輯下、三七六頁・三七七頁）、『根来』一〇二、『東寺長者補任』（『続々群書類従』第二、五六七頁）、「御室相承記」（『仁和寺史料　寺誌編一』九四頁）を参照。

(25) 行位の基本的な事蹟については、醍醐本「座主次第」、類従本『座主次第』、『血脈類集記』七―一四四頁・一五五頁・一六二頁、八―一七六頁、「伝法灌頂師資相承血脈」（『醍醐寺文化財研究所研究紀要』一、六三頁）、『孔雀経御修法記』（『続群書類従』第二五輯下、三七七頁）、「御室相承記」（『仁和寺史料　寺誌編一』九三頁・九四頁）、『根来』一七〇を参照。

(26) 八条院および八条院三位・三条姫宮については、中村直勝「安楽寿院領」（『中村直勝著作集』第四巻、淡交社、一九七八年）、石井進「源平争乱期の八条院周辺」（『石井進著作集』七巻、岩波書店、二〇〇五年）、五味文彦『藤原定家の時代』（岩波書店、一九九一年）、伴瀬明美「院政期～鎌倉期における女院領について」（『日本史研究』三七四、一九九三年）、遠城悦子「春華門院昇子内親王の八条院領伝領についての一考察」（『法政史学』四八、一九九六年）、龍野加代子「八条院の伝領過程をめぐって」（『法政史学』四九、一九九七年）、中川真弓「八条院三位局関係願文考」（『軍記と語り物』四四、二〇〇八年）、樋口健太郎「八条院領の伝領と八条良輔」（『年報中世史研究』四〇、二〇一五年）、高松百香「八条院」（野口実編『治承～文治の内乱と鎌倉幕府の成立』清文堂出版、二〇一四年）、永井晋「高倉宮以仁王の家族と縁者」（『古代文化』六六―四、二〇一五年）などを参照。

　八条院三位の「三位」は彼女自身が任じられた可能性と、正三位にまで昇った彼女の伯父藤原俊盛の位を名乗った可能性がある。ただし、同じく「三位」「三位局」と呼ばれた藤原成子（『後白河天皇実録』第二巻、ゆまに書房、二〇〇八年、八七二頁）、高階栄子（『同』八七七頁）、平棟子（『後嵯峨天皇実録』第二巻、ゆまに書房、二〇〇九年、八七八頁）、西園寺相子（『後深草天皇実録』第二巻、ゆまに書房、二〇〇九年、六八三頁）、阿野廉子（『後醍醐天皇実録』第二巻、ゆまに書房、二〇〇九年、六四五頁）、紀仲子（『後光厳天皇実録』第二巻、ゆまに書房、二〇〇九年、七五一頁）らは、いずれも三位に叙されている。その点からして、八条院三位も本人が三位に叙されたと考えてよいだろう。

(27)『玉葉』文治元年九月二十日条、『愚管抄』（前掲註20、三一〇頁）、『たまきはる』（新日本古典文学大系、岩波書店、一九九四年、三一〇頁）、『参考源平盛衰記』一五（改訂史跡集覧本、上七〇七頁）。

(28) 中野栄夫「備前国香登荘」（『岡山県史研究』五、一九八二年）。なお、香登庄は年貢が九三〇石にも及ぶ大庄であった。

(29) 保元三年（十脱）二月四日菩提心院供養願文案（『根来』一二〇）は、「弟子　先帝聖王登極之初、忝得二母儀禅定前皇同体一之後、謬備二后房之位一」と述べている。これは近衛天皇が即位した永治元年十二月二十七日に国母ということで皇后に冊立されたことを指しているため、この願文の「弟子」は美福門院である。一方、保延（元）三年十二月四日菩提心院阿弥陀堂供養願文案（『根来』一二二）は、「去年之暦仲夏之律、遂明二金釼之粧一、永持二木叉之戒一」と述べている。これは保元二年五月十九日に八条院が二十一歳の若さで出家したことを指しており、こちらの願文の「弟子菩薩戒尼」は八条院である。前掲註3櫛田論文は双方とも美福門院の願文と解しているが、後者は八条院の願文である。

(30)『山槐記』永暦元年十一月六日条。長寛三年七月四日に高野山菩提心院に宛てた太政官牒案には「禅定法皇妙果者、祈二頓証於斯寺一、尭母門金骨者、留二安后於当院一」とあり（『根来』一三一、『平』三三五三）、美福門院の遺骨が菩提心院に奉納されたことがわかる。

(31) 建長八年八月二十五日九条家重書目録（『鎌倉遺文』八〇二四号）。

(32) 類従本『座主次第』は、行位のあと定尋が還補され、その後、道厳が座主に任じられたとする。しかし醍醐本「座主次第」には定尋還補の記載がなく、「道厳」の項に「定尋譲云々、（中略）定尋雖二帰山一不レ還二着座主一」と具体的な叙述がなされているため、本稿では後者に従って定尋の還補がなかったと判断した。前掲註4坂本論文も、定尋還補記事については、醍醐本「座主次第」の方が信頼性が高いと述べている。

(33)「道助親王御出家記建永元仁和寺記」（宮内庁書陵部蔵、伏函四五六、『大日本史料』第四編九、二六六頁）、『玉葉』嘉応二年十二月三十日条。なお、本稿で触れなかった道厳の基礎情報としては、『仁和寺日次記』建保六年八月十三日条（『続群書類従』第二九輯下、三三九頁）、「嘉禄元年大仁王会記」（広橋家記録、『大日本史料』第五編二、八七九頁）、宝治二年九月四日道厳譲状案（『鎌倉遺文』六九九七号）がある。また、上田叙代「鎌倉止住僧定豪について」（『学習院史学』三三、一九九五年）、拙稿「定豪と鎌倉幕府」（大阪大学文学部日本史研究室編『古代中世の社会と国家』清文堂出版、一九九八年）を参照。なお、前掲註3波多野A論文は、長厳の子の道厳と、大伝法院座主道厳とを別人と解している。その場合、承久の乱後、大伝法院領が一時期、長厳領掌として没官された事実や、道厳が大伝法院座主を解任された事実、そして道厳が藤原定輔の猶子となった経緯が説明できなくなるため、賛成できない。

（34）「新熊野別当次第」（実相院文書二六函一二六号）。

（35）『尊卑分脈』四―二二六頁、『仁和寺諸院家記』（『群書類従』第四輯、七〇四頁）、『血脈類集記』八―一七九頁。

（36）『血脈類集記』八―一七九頁、「新熊野別当次第」（実相院文書二六函一二六号）。なお、「本朝伝法灌頂師資相承血脈」（大日本古文書『醍醐寺文書』一、二七九号）は、道厳を「中納言雅頼子」とするが、源雅頼は道厳が誕生した建久元年に六十四歳で死没しているうえ、七条院と特別な関係を確認することができない。本史料は誤記が多いだけに「中納言雅頼子」は事実とは認められない。

（37）建保六年二月十一日順徳天皇宣旨（東寺文書乙外一号、『大日本史料』第四編一四、六五一頁）、建久九年八月二十六日平盛相譲状（『鎌倉遺文』九九三号）、建久九年十月日七条院庁下文案（『同』一〇〇八号）、元久元年四月二十三日九条兼実置文（『同』一四四八号）、『門葉記』巻一七二（『大正新脩大蔵経　図像部』第一二巻、五七九頁）、『明月記』（国書刊行会本、補遺）建仁二年十二月二十五日条。

（38）『明月記』建仁三年十二月八日条、「聖門御累代記」（『日本大蔵経　修験道章疏』三、三三三頁）。

（39）「仲資王記」建永二年九月二十六日条（宮内庁書陵部二一七―四三九、『大日本史料』第四編九、七九二頁）、『踏雲録事』（『続々群書類従』第一二、三〇二頁）、「新熊野検校次第」（実相院文書二六函一二六号）、『葉黄記』寛元四年三月十五日条。

（40）建保六年二月十一日順徳天皇宣旨（東寺文書乙外三号）、「三箇寺〈石山・禅林・観心〉座主次第」（同六号）。なお、野口華世氏によれば、後鳥羽院は八条院が死没した建暦年間以降、八条院領の知行者を自分の側近にすげ替えて権力の強化を図ったという（同「中世前期公家社会の変容」〈『歴史学研究』八七二、二〇一〇年〉）。大伝法院の事例は長厳主導による人事を、後鳥羽院が容認したものであり、建暦以降のものとは性格をやや異にしている。

(41)『吾妻鏡』宝治元年四月二十五日条、建長四年正月十二日条、『神明鏡』（『続群書類従』第二九輯、一六四頁）、『平戸記』仁治三年六月二十日条、延応二年正月二十八日条。

(42) 図書寮叢刊『仙洞御移徙部類記』上巻、一六一頁。

(43) 年欠六月二十一日御室道助令旨（『鎌倉遺文』二五三二号）、醍醐本「座主次第」覚瑜の項。大伝法院の管領権を御室が回復したのは、建暦元年六月の八条院の死没後とも考えられるが、その場合、八条院が行位から、覚鑁門流ではない道厳への座主交替を認めた理由がうまく説明できなくなる。

(44)「道助親王御出家記〔建永元 仁和寺記〕」（宮内庁書陵部蔵、伏函四五六、『大日本史料』第四編九、二六六頁）。

(45) 貞応二年二月三日道厳譲状（『鎌倉遺文』三〇五〇号）、貞応二年五月十四日長厳譲状（『同』三一〇五号）、貞応三年正月日七条院庁下文（『同』三二一〇号）、貞永元年六月八日定豪家地相博券案（『同』四三三〇号）、嘉禎四年正月二十四日御室道深御教書（『同』五二〇四号）。

(46) 覚瑜については、『尊卑分脈』一―四〇八頁、醍醐本「座主次第」、『仁和寺諸院家記』（『群書類従』第四輯、六八八頁）、「道助親王御出家記〔建永元 仁和寺記〕」（宮内庁書陵部蔵、伏函四五六、『大日本史料』第四編九、二六六頁）、『血脈類集記』七―一六一頁、八―一六九頁・一七〇頁、承元三年仏名雑事注文（『鎌倉遺文』一八二四号）、『光台院御室伝』（『続群書類従』第八輯上、五六頁）、『御室相承記』（『仁和寺史料　寺誌編一』一〇七頁・一〇一頁・一〇二頁）、『金剛定院御室日次記』（『大日本史料』第五編五、九二六頁）を参照。なお、同時代の大伝法院には、覚尋の弟子で、賢信から伝法灌頂をうけ密厳院の院主となった玄地房上人覚瑜（一一四〇～一二二七）がおり、延暦寺にも覚瑜法眼がいるが、いずれも別人である。なお、土谷恵氏によれば、成海・仁隆の兄弟は守覚法親王に近侍しており、『古今著聞集』の仁和寺関係の説話は、彼ら兄弟が取材源であったとのことである。同「中世初期の仁和寺御室」（『日本歴史』四五一、一九八五年）を参照。

(47) 定豪については、前掲註33拙稿および上田論文のほか、海老名尚「定豪」（平雅行編『公武権力の変容と仏教界』清文堂出版、二〇一四年）を参照。

(48)『明月記』嘉禄三年十月二十九日条。
(49)『東寺長者補任』(『続々群書類従』第二、五八八頁)、『高野春秋』一五一頁。
(50)『明月記』寛喜元年六月二十四日条、七月二日条、九月十五日条。
(51) 貞永元年八月二十六日後堀河天皇綸旨写(『鎌倉遺文』四三六八号)。
(52)『明月記』天福元年八月六日条、文暦二年閏六月二十八日条、『玉蘂』文暦二年三月十七日条。
(53)『百錬抄』仁治三年七月十三日条、『南海流浪記』(『群書類従』第一八輯、四六八頁)、『高野春秋』一五四頁、建長八年七月日大伝法院衆僧申状(前掲註4坂本論文で翻刻)。
(54) 寛元・宝治の政変を機とした幕府の宗教政策の転換については、拙稿「鎌倉における顕密仏教の展開」(伊藤唯真編『日本仏教の形成と展開』法蔵館、二〇〇二年)、同「鎌倉の顕密仏教と幕府」(『京都女子大学宗教・文化研究所研究紀要』二六、二〇一三年)、同「鎌倉仏教の成立と展開」(同『鎌倉仏教と専修念仏』法蔵館、二〇一七年)を参照。

附記　本稿は平成二十八年度科学研究費助成「鎌倉真言派の基礎的研究に基づく鎌倉幕府像の再構築」(課題番号二六三七〇七六五)の研究成果の一部でもある。

三　中世根来寺の教学とその聖教

永村　眞

はじめに

真言宗教団の教学形成において根来寺頼瑜が果たした役割は極めて大きい。頼瑜は、弘長元年（一二六一）より醍醐寺報恩院に止住し、同院々主の憲深から、またその寂後は嫡弟である実深・憲淳から継続して四度加行・伝法灌頂・諸尊法にわたる事相伝受を受け、その法流を相承した。頼瑜は憲深から伝授された三宝院流を柱にして、根来寺に頼瑜を流祖とする中性院流が生まれることになり、以後中世を通して報恩院と根来寺の中性院等との交流が継続した。また憲深から「薄草子」・「秘鈔」等の抄物に基づき、諸尊法の伝授を受けるなかで、頼瑜は師僧から与えられた口決を記録するとともに、その内容について憲深から点検・加筆を受け、「薄草子口決」・「秘鈔問答」等を編述した。諸尊法の口決が整序された「薄草子口決」等は、以後の伝授のなかで法流に属する師資により参照されることになった。そして頼瑜の手になる教相の聖教として、主に弘法大師の著述をめぐる疏釈が数多くが撰述されたが、事相にかかわる教学的な意義を記した新たな教相の聖教が撰述されることにより、事相を基礎におく教相の秘事化の端緒がその著述に見られるようになる。(1)

さて頼瑜により体系化が図られた新義の教学は、事相と教相の一体化の上に形成されたが、時代とともに教相重視に傾斜していった。江戸後期に編述された「諸宗階級」上に、

> 一宗ニ於て事・教二相学業仕候得共、宗之詮旨ハ、両本山者勿論、田舎談林座迄も、専ラ教相論学を本旨ニ仕事ニ御座候、是則乍恐御両君様御条目之御旨趣ニ御座候、教相学問と申候儀者、真言一派之経論等者勿論、小乗有部等之諸論より法相大乗之経論疏、三論一流之経論、天台一宗之諸経論、花厳一宗之経論等ニ至迄、不残修学、問答決択仕候を、教相修学と被申候、(中略)且又事相と申候者、小野・広沢ニおいて十二流之法流御座候、是を事相と申候、(中略)此十二流修学仕候を事相学と申、一宗ニおいて兼学之方ニ此事相を指南仕と伝授ニ申候、

とあるように、真言宗において「事・教二相」を「学業」する原則はあっても、智山・豊山の「両山」や「田舎談林」では「教相論学」が優先されていた。これは真言密教の根本道場である高野山や東寺でも同様であり、事相を重視する醍醐寺・仁和寺・大覚寺等の門跡とは対照的である。しかも江戸時代における新義真言宗では、「真言一派之諸経論」のみならず、「小乗有部」から「法相」・「三論」・「天台」・「花厳」諸宗の「経論等」を修学し、その内容をめぐる「問答決択」を行うことを「教相修学」としていた。なお「小野・

広沢」両流に分かれ、さらに「十二流」に細分化した事相法流を修学することが「事相」であり、新義では事相・教相を「兼学」する諸寺において、事相の「指南」つまり伝授を受ける定めであった。

このように江戸時代に教団としての形成を見た新義真言宗においては、教相優先の修学とともに、付加的とも言える事相伝授の実態をみることができる。そこで本論では、新義真言宗の出発点にある頼瑜の教学活動を踏まえ、中世における真言密教の展開における頼瑜の役割について考えることにしたい。

一　頼瑜とその法流

建長五年（一二五三）報恩院憲深は「祈雨御読経賞」として、同院に「有職」（阿闍梨職）二口を勅施された。そして「頼瑜甲斐、貞弘、寺務之時補了、弘長元六廿三、高野法師、」とあるように、弘長元年（一二六一）六月に「高野法師」であった頼瑜は同院「有職」に任ぜられ、醍醐寺僧に「横入」することになった（『醍醐寺新要録』報恩院篇）。これより頼瑜は憲深とその嫡弟実深・憲淳から付法を受け、さらに他流の伝授により、根来寺に中性院流を立てたことは前述の通りである。『醍醐寺新要録』の諸院篇を一覧すると、「地蔵院篇」の「実勝方血脈事」には、「親快—実勝遍智院法印—頼瑜甲斐法印—聖雲遍智院無品親王、亀山院御孫、」、「報恩院篇」の「血脈事」には、「報恩院流元祖実深—頼瑜甲斐法印—頼淳」、「理性院篇」の「血脈事」に、「宝心—宗命—宗厳—行厳—定兼（真空）廻心上人—頼瑜」、「座主幷法流血脈篇」には、「成賢—道教・深賢—親快—実勝—頼瑜—聖雲号遍智院宮、」とあるように、頼瑜は醍醐寺において、三宝院流（報恩院、地蔵院）のみならず、理性院等の諸流伝授を受けていた。これは「頼瑜印可注文」（『醍醐寺文書聖教』、以下「醍醐寺」、七九函一九〇号二七）にも、

血脈
成賢─道教─親快─実勝─頼瑜
　　─深賢─真空
　　─憲深─実深─覚雅─憲淳

とあり、成賢が相承した三宝院流正統を継承する、地蔵院道教・深賢と、報恩院憲深の両流を受法していたわけである。さらに遍智院実勝や木幡観音院真空からは、三宝院流のみならず理性院流の「諸大事口決」を受法していたとされる（同前）。

そこで頼瑜が伝授を受けていた諸流について、自らが行った灌頂・印可を列記する「中性院法印頼瑜灌頂資記」に、その裏付けを求めることにしたい。本記を一覧するならば、

良尊上人智円房、安養院住、年□□、
弘安四年七月四日丁酉、角宿、日曜、於高野山中性院印可授之、理性院宝心阿闍梨方、師主五十六、

として、弘安四年（一二八一）良尊上人に対して、高野山中性院において「理性院流宝心方」の印可伝授を、また理性院に止住する仙覚に対しては、

仙覚阿闍梨醍醐理性院住、
弘安六年六月九日辛亥、氐宿、日曜、於同院（中性院）授之、三宝流大事同授之、

同人
同年同月廿一日癸卯、婁宿、金曜、於同院仁和寺成就院流印可授之、同流大事同授之、
同人
同年同月廿八日甲戌、鬼宿、金曜、於同院理性流宝心阿闍梨流并廻心上人相承方以印可之儀、秘密伝法悉授与之、
（中略）
仙覚阿闍梨理性院、
正応二年三月中旬其日不分明、於六条若宮神宮寺、安祥寺流并金剛王院流悉以授与之、

として、弘安六年（一二八三）高野山中性院で「三宝院流大事」、「仁和寺成就院流印可」・「同流大事」、「理性院流宝心阿闍梨」方、「廻心上人（定兼・真空）相承方」を、正応二年（一二八九）に六条若宮神宮寺で「安祥寺流并金剛王院流」を伝授している。

さらに永仁四年（一二九六）に頼瑜に伝法灌頂を重受させた報恩院憲淳に対しても（「頼瑜印可汗文」）、これを遡る正応六年（一二九三）に、

憲淳権律師下醍醐報恩院
正応六年四月廿五日、婁宿、月曜、於根来寺中性院、被授三宝院流印可了重受、并諸流理・宝・定・金・安・成・大事同相承了、

とあるように、根来寺中性院において「三宝院印可」と重受を踏まえ、理性院流・同流宝心方、廻心上人（真空）相承方、金剛王院流、安祥寺流、成就院流の諸流の大事・口決を伝授している。

このように頼瑜の付法活動の中から、自身が報恩院憲深をはじめとする師僧に伝授されたのは、三宝院流（報恩院方、地蔵院方）をはじめ、理性院（宝心方、廻心上人方）・金剛王院流に勧修寺・安祥寺流を加えた小野流、さらに成就院・伝法院等の広沢流の諸流にわたり、これらが根来寺中性院流の事相の実体ということになる。

さて頼瑜による伝授は、「中性院法印頼瑜灌頂資記」による限り、弘安十年（一二八七）に道可阿闍梨への「三宝院流印可」を「根来寺」で伝授してから、正応二年（一二八九）に「根来寺蓮花院」、同五年には「根来寺神宮寺」と道場を転々としながら、同年以降は伝授の多くが「根来寺中性院道場」において行われることになった。もちろん根来寺中性院以外に、頼瑜が住持した醍醐寺中性院や、同寺覚洞院・蓮蔵院・阿弥陀院等でも伝授がなされている。正安四年（一三〇二）十月二十六日、東大寺東南院々主であり同寺別当も歴任した聖忠に対する「三宝院流」の伝授は、東南院が相承する醍醐寺阿弥陀院において行われており、その折に頼瑜は以下に掲げる印信を発給している（「醍醐寺」七六函函七号）。

伝法許可灌頂印信

昔大日如来開大悲胎蔵・金剛秘密両部界会、授金剛薩埵、数百歳之後、授龍猛菩薩、如是金剛秘密之道、迄吾祖師根本阿闍梨弘法大師既八葉、今至愚身第廿五代、伝授次第、師資血脈相承明鏡也、小僧数年之間、盡求法之誠、幸蒙蓮蔵院僧正（実深）密印許可、亦随覚洞院法印（親快）伝灌頂印可秘奥、爰前大僧正聖忠、辞摂家而温五智之淵源、越羅網汲三密之法水、今機縁相催、重□授許可灌頂密印之処也、能洗五塵之染、可期

八葉之蓮、是則酬仏恩、荅師徳、吾願如是耳、
正安四年歳時壬寅十月廿六日丙戌氐宿、金曜、
伝法大阿闍梨法印大和尚位頼瑜（花押）

右の印信は「法印頼瑜授聖忠伝法許可灌頂印信印明」であり、この頼瑜が聖忠に授けた許可灌頂は、已灌頂の受者に対して伝法灌頂を経ることなく、「蓮蔵院僧正」（実深）と「覚洞院法印」（親快）の法流、つまり報恩院・地蔵院の両院に相承される三宝院流の諸大事・秘法を伝授されるために不可欠な儀礼であった。頼瑜から聖忠への許可灌頂がなされた翌年の嘉元元年（一三〇三）に、

聖忠僧正南都東南院
嘉元元年十一月廿三日御出根来寺、御宿所蓮院、同廿四日房宿、火曜、奉授三宝院大事幷灌頂式等了、根来寺五日御逗留、此之門諸流大事等奉授之、然而所労危急之間、大法・秘法等不及御伝受問、廿九日還御、

として、聖忠は自ら東大寺から根来寺に赴き、蓮華院を宿所として五日間にわたり逗留し、「三宝院流大事幷灌頂式」と「諸流大事」を伝授されたが、「所労危急」という事情で「大法・秘法」伝授は未了のまま帰寺している（「中性院法印頼瑜灌頂資記」）。

ところで聖忠への許可灌頂に先立つ正安四年（一三〇二）二月に、

附法状案頼瑜方

従先師法印実勝御房所承置宗大事幷大法・秘法已下、悉奉授之候畢、

正安四年二月十一日　　法印頼瑜

として、頼瑜は実勝から相承した地蔵院流「実勝方」の「宗大事幷大法・秘法」の伝授を証する付法状を発給している（『醍醐寺』七六函四五号）。宛所が明記されない右の付法状写であるが、嘉元二年（一三〇四）の「伝授目六案大僧正方」と「附法状案大僧正」を併せ、徳治二年（一三〇七）定位により書写された書続案文の一通であり、その端裏には「御所御附法状案」とある。端裏の「御所」とは、嘉元二年の二通に記される「遍智院宮」聖雲に他ならず、書続案文を書写した定位はその聖雲の弟子に連なる（『醍醐寺新要録』座主幷法流血脈篇）。そして正安四年に頼瑜が実勝方の「宗大事幷大法秘法」を付法したのも聖雲であった。正安三年（一三〇一）二月、頼瑜は「上醍醐覚洞院道場」において聖雲に対して伝授を行っており（『中性院法印頼瑜灌頂資記』）、一連の「宗大事幷大法・秘法已下」の伝授が終り、同四年二月に附法状を交付したわけである。

ところで嘉元二年に聖雲に伝授を行った「大僧正」とは、地蔵院大僧正親玄であった。親玄は頼瑜に付法した実勝と共に、覚洞院法印親快の資として地蔵院流に連なるが、親玄は同流嫡弟として本流を引いており、頼瑜が連なる実勝方や、親玄弟子の房玄を流祖とする房玄方は、あくまで地蔵院流の枝流であった。聖雲は頼瑜から実勝方の「大事」等を伝授された後に、地蔵院流嫡弟である親玄から本流を相承したわけである。また「伝受目六案大僧正方」によれば、

孔雀経三月十四日
仁王経同
如法尊勝同
如法愛染同
請雨経三月十五日
太元法同十七日　　駄都秘決十月廿七日
転法輪法同十八日　　秘鎮十月廿七日
後七日法七月廿五日
已上八箇秘法、以秘抄幷別本等、委細口決悉奉授遍智院宮(聖雲)畢、
嘉元二年七月廿五日
座主僧正親玄在御判

とあるように、嘉元二年の三月にから七月までに「孔雀経」法以下の「八箇秘法」、さらに十月に「駄都秘決」・「秘鎮」を合わせた十箇の「秘法」について、「秘抄幷別本等」を用いて各々の「口決」が、親玄から聖雲に伝授された。これら「秘法」の伝授がなされた後、同年十一月に親玄は、

附法状案大僧正
当流大事等、代々遺誡之趣、猶雖可廻思案、万里之境有待之習、不慮之子細出来者、断種〻罪難遁、仍

申請大師三宝、所奉授遍智院宮也、後資不可成疑殆者也、

嘉元二年十一月廿一日

座主僧正在御判

との付法状を聖雲に交付し、「当流大事」の伝授を証した。すなわち嘉元二年(一三〇四)十一月までに、聖雲は頼瑜から地蔵院流実勝方の、親玄から地蔵院流本流の「大事」・「秘法」の伝授を受けることにより、頼瑜・親玄を通して地蔵院流の法流が一体として遍智院宮聖雲に相承されたわけである。(2)

以上のように、頼瑜は報恩院憲深から三宝院流の「諸大事」と共に、「薄双紙」・「秘鈔」等の抄物を通して「秘法・大法」の伝授を受け、憲深寂後はその資である憲淳から伝法灌頂を重受している。この三宝院流を柱として醍醐寺理性院・金剛王院流に加えて勧修寺・安祥寺流等の小野諸流と、成就院・伝法院流という広沢諸流を相承し、野沢両流にわたる諸法流を合わせて根来寺中性院流を生みだし、同院道場を拠点とする付法活動を展開することになった。

さらに中性院流の形成に重要な役割を果たした醍醐寺においては、三宝院流の正統を引く報恩院・地蔵院の法流や、三宝院流から分派した理性院・金剛王院流を相承するのみならず、自らが伝授された「大事」・「秘法」等を、醍醐寺に止住する寺僧に伝授し、法流の「断種」を回避する付法活動により醍醐寺諸流の相承に貢献したことは注目すべきであろう。

二　根来寺の法会と修学

根来寺において勤修される諸法会中に、同寺に相承される多様な教説を窺うことができる。しかしまとまった年中行事記が伝来しない根来寺において、南北朝時代に同寺学頭の蓮華院頼豪が編集した「束草集」は、諸法会の勤修を語る貴重な史料といえる(3)。本書は、法会で用いられた唱文一二五通を、その内容にしたがって六冊に類聚したものである。各冊には、

巻一　「願文上　供養」、「願文下　追善」、
巻二　「諷誦文」、「率都婆銘」、
巻三　「表白上」（修正顕・密、御影供、曼荼羅供、花供、仏経供養、問答講、清浄金剛院報恩講、中性院竪義前誦・後度・問者・精義、無量寿院四十九日、中性院四十九日、普賢院四十九日、中性院十三年曼荼羅供、清浄金剛院廿五年曼荼羅供、当寺鎮守講、神宮弥勒会、論匠前講初度、第四度、第四度、第六度、童論匠前講、円明寺十二日問者、紀州満願寺供養、讃州根香寺曼荼羅供）、
巻四　「表白下」（伝法灌頂誦経文、結縁灌頂中性院、円明寺、結縁灌頂乞戒、伝法灌頂初夜、伝法灌頂嘆徳文・返答文、）
巻五　「知識文」（金剛寿院鐘、無量寿院光明会、龍花寺宝塔、根来寺尊勝像・仏具、同寺円明寺仏性燈油、同寺菩提院拝殿、泉州大井関社修造）、
「縁起文」（開雲抄、仏性会、法花講）、
巻六　「雑」（「梅花賦」、「蓮花院月次和歌序」、「祭文」人麿影供、中性院法印頼瑜影供、天親供、泉州波多宮、「申文」高野山旧領沙汰時奏状、報恩講衆進貫首申状、「置文」定寺家法式、

蓮花院打集間、「小亭記」）、

とあるように、法会勤修のなかで、その趣旨や檀越・職衆の願念などが記され、読み上げられた唱文であった。本書に掲げられる「願文」・「諷誦文」・「卒塔婆」文・「表白」・「知識文」等は、法会の中核をなす職衆の所作を直接に記述するものではないが、法会勤修の意図に触れる内容をもち、その中に根来寺における諸法会の姿とともに、修学の形態を知ることができる。

例えば、本書巻六に収載された康永三年（一三四四）草の「報恩講衆進貫首申状」は、法会に用いられた文書ではないが、

報恩講衆等謹言上

右、当寺竪義者、正鎮守明神之法楽、兼学徒讃仰之大業也、而間被始行以後、御寺務九代、年記〔紀カ〕四十余歳、更以無退転、抑先々兼定庄以料足収納寺庫、為用司〔所カ〕ニ沙汰、被下行竪義衆之間、一度無闕怠、式日不相違歟、近年任諸庄給主申状、散用以後、被仰下之間、毎度有其煩、沙汰所之苦労、竪義衆之難義、何事過此耶、凡於当寺学道衆者、労功異他者也、其故者、毎年二季百日大会、春秋時正菩提心院談義、毎月十六日御社問答講、十一月中十二ヶ日閏月年十三日、鎮守講、同月下院八講、同月本願上人報恩問答講問、報恩円明寺論匠、同報恩十二月中一七ヶ日菩提院報恩講、同十六日神宮寺竪義、此外臨時請雨・征伐等祈請、報賽之講論、悉勤仕之、誠無偏之仁政雖不分衆僧、有労之忠勤、尚可被賞学徒者哉、依之先々御寺務、於学道衆者、所被優如也〔マヽ〕、所謂真光院御時、被置三口之学生供、勝宝院御時、被始行竪義等是也、

然近年鎮守講御入立幷談義料足等、毎度無不及訴訟、是偏当御代不被許容学徒之所旨〔至カ〕也、所詮当年者、
以定足兼速〔急カ〕被仰下、後年者、任先例定庄被収納寺庫、弥励忠勤、益致御祈、若不達此懇祈者、鎮守講以
下役不可相従者也、仍報恩院衆謹言上如件、

康永三年十月日

文永三年中、貫首真光院禅助御時、被置三口学生供、

とあり、「報恩講衆」により勤修された、主に「竪義」を柱とする諸法会は、「鎮守明神之法楽」と併せて「学徒讃仰之大業」との役割を果した。根来寺の「学道」（学生、学徒）は、年中行事として「二季百日大会」、春秋の「菩提心院談義」、月次の「御社問答講」、十一月の「鎮守講問」・「下院八講」・「本願上人報恩問題講問」・「報恩延命院論匠」、十二月の「菩提院報恩講」・「神宮寺竪義」等に出仕する他に、「臨時請雨・征伐等」の祈禱を勤修した。これらの諸法会を支える「学道」に対し供料が滞ったことから、その速やかな下行を「貫首」（大伝法院検校）に訴えたのが右の申状である。

　この申状から、根来寺内で「学道」という寺内階層が寺家の年中行事を支えており、「学道」が出仕する法会に「談義」・「竪義」・「問答講」等、職衆の具体的な所作が明らかになる。しかも「竪義衆」はその役割から「報恩講衆」とも呼ばれ、「学道」から選ばれた寺僧集団によって構成されていた。なお大伝法院における「竪義」は、大伝法院座主道耀によって永仁七年（一二九九）に創始され、「学道」の内「三口」は、文永年中に真光院禅助が「貫首」の時に「学生供」の勅施をうけており、その供料が保証されていた。このように鎌倉後期に根来寺内で「学道」という寺内階層が確立しており、「竪義」・「談義」・「問答」等の法要形

式を取る法会が継続的に勤修されていたことが確認される。

また正平十四年（一三五九）に催された法花講において、講衆の依頼により草された以下の「法華講縁起文」（巻五）が唱えられた。

夫釈迦如来者三界慈父、化縁既尽、雖隔聖容於鶴林之春霞、法花妙典者一代本懐、遺訓尚残、得聞梵声於鷲嶺之風、〔昔脱カ〕一悲乗戒倶緩漏于在世之値遇、一喜繋属僅懸逢滅後之遺教、（中略）而今受難受〔衍カ〕難受人界之生、遇難遇一乗之文、今般不結値遇之縁、当来定可有後悔之悲矣、然則一結諸衆談合云、或花下餝諷吟之席、徒結狂言綺語之縁、或苔上展盃杓之筵、空為民〔香カ〕酔酩酊之昵、不如以法花読誦之契、結仏法値遇之縁、言一人之口、義同諸衆之情、仍転毎月十四日、読誦二軸経巻、一部満足之時、刷讃嘆供養之儀式、若此衆中有早世之仁之時、更展一座之講席、可読八軸之〔経巻脱カ〕、願廻此功徳、先報一代教主釈迦如来之恩徳、次結三会導師弥勒慈尊之来縁、而又所訪過去亡者、悉生九品之浄刹、所勤現存冀衆、同成二世之願望、五十展転随喜之功徳不空、暫時分座観聴之巨益有憑、凡厥三界六趣之有情、自利他土之群類、平等利益、無差抜済焉、

正平十四年己未八月時正、依法花講衆誂草之、願以此結縁必預少分之利益而已、

「法華講」とは、「三界慈父」である釈迦如来の「一代本懐」を語る「法花妙典」（法華経）の功徳のもとに、「結衆」としての講衆が毎月十四日に本経二巻を読誦し、全巻が「満足」した時に「讃嘆供養」を催し、「教主釈迦如来之恩徳」に報いようとの法会であった。また「衆中」に「早世之仁」が出た時には、「八軸之経

巻」を読誦するのみならず、「一座之講席」において「法華経」をめぐる講説がなされ、「来縁」が図られたのである。

観応三年（一三五二）、宝積院学頭実算の「卅三年」忌の供養法会において、弟子亮猷により草された以下の「宝積院学頭実算律師卅三年諷誦文」（巻二）が唱えられた。

右弟子亮猷、有積年誓願、其志趣何者、玄獺酬徳迎春祭魚、蒼鷹報恩知秋供鳥、遺弟報師恩、須用其所好、爰先師聖霊論教相者、褰当山法燈、昇證誠之位、言事相者、受小野智水、遂師主之業、然則點彼遺跡、餝講経之梵席、開彼旧室、展論談之斎筵、抑昔聖霊一生之行業也、今弟子数十年之願望也、然則擬明年三十三廻之白善、達此秋三十二年之索望、観夫、梵唄日々摸魚山之古風、散花朝々似鷺池之秋浪、加之十軸講経、流冨婁那之弁水、八題論義、吐迦旃延之言泉、法会既周備、功徳豈唐捐、伏惟帰理見之者、三界有情、皆如々之性海也、歴事思之者、六道群類、悉生々之恩田也、惣為法界衆生、別為先師聖霊、所修諷誦、仍如件、敬白、

観応三年八月廿二日　　律師亮猷敬白

亮猷は、「師恩」に報いるため催された供養法会において、根来寺「教相」と小野「事相」を修学し碩学との評価を得た師実算の「一生之行業」を振り返り、その供養として「講経之梵席」・「論談之斎筵」において、「十軸講経」と「八題論義」、つまり「法華経」をめぐる講説と論義の開催を衆僧に請うて、右の請諷誦文を草した。前掲の「法華講縁起文」にも読経とともに「講席」（講説）が掲げられているが、供養法会では

実算の「行業」を改めて認識するためにも、「講経」に基づく「論義」が催されたわけである。実算の「行業」に見られる「教相」と「事相」の併存、しかも「教相」は根来寺に根付き、「事相」は小野流が相承され、併存する両相のうち、同寺では「教相」に重きが置かれていたことは、右の諷誦文からも明らかであろう。

この「教相」であるが、根来寺菩提院において勤修された「問答講」に於いて唱えられた「表白」（巻二）には、

夫以、堅固双樹之春、暁月傷四枯之梢、喜見大城之秋、夕風悲五衰之苑、人中尊尚不免生死之理、天上楽亦無遁転変之愁、然則密厳聖霊、紹隆早成、貽恩徳於七百余輩之今時、化縁已尽、唱滅度於四十九歳之冬暁、従爾以来、円明寺松嵐、未変聖霊眷顧之徳音、菩提院苔露、猶残遺弟恋慕之悲涙、彼唱定旧室、恒規之勤行未怠、此荼毘遺跡、忌景之報謝既闕、因茲護持諸徳排此道場、鎊七箇日之講肆、転彼日辰鳴十四題之論鼓、観夫、恵剱絶邪論、如提婆伏波多利城打供《（洪カ）》鐘、智鋒摧堅執、似陳那責鵂鶹外道鎖霍石、法会既周備、功徳豈唐捐、若爾聖霊、密厳国土契證、弥添新生之法楽、娑婆世界化導、益加旧跡之擁護給、乃至法界平等利益、敬白、　依報恩講衆勧書之、

とあるように、この「問答講」は「密厳聖霊」（覚鑁）の恩徳をしのぶ「報恩講」として勤修され、「報恩講衆」の勧めを受けて右の表白が草された。覚鑁の「荼毘遺跡」とされた菩提院を道場とする本講では、「七箇日之講肆」において「十四題之論鼓」、つまり「十四題」の「問題」について論義が尽くされ、その教説

をめぐる「邪論」・「堅執」の排除が図られたわけである。ただ右の「表白」から、如何なる内容の「問題」が作成されたかは明らかではない。しかし建武二年（一三三五）九月五日に示寂した清浄金剛院良殿を供養する「報恩講」で唱えられた表白には、「迎毎月今日、餝講経一座之梵席、為報恩報謝、叩問難二題之論鼓、方今所講者一乗経之真文、四仏知見之花、発開演之風、所談者三秘密之妙義、五智円明之月、浮説弁之水」との一文が見られ、この「梵席」で、「四仏知見」から「法華経」が「講」ぜられ、併せて「三秘密之妙義」が「談」義されていた（巻三）。なお「蓮花院打集間置文」（巻六）には、講説に基づく「談義」と同義の「打集」において、「釈摩訶衍論」が訓論されたことが記される。(4) つまり「三秘密之妙義」の「談」義にこそ、根来寺における主要な教相の修学形態が窺われるのである。

さて前節では頼瑜による根来寺中性院における密教法流の形成について述べたが、ここまで述べた根来寺の諸法会は、密教の色彩は必ずしも濃厚ではない。しかし寺内において確実に密教相承がなされており、その姿を物語る表白等が「束草集」に少なからず見いだされる。とりわけ巻四には、伝法灌頂の誦経導師・受者の表白や嘆徳文、結縁灌頂の勤修における供養表白・乞戒文などが列記される。

年未詳であるが、前掲の観応三年（一三五二）「宝積院学頭実算律師卅三年諷誦文」を草した亮猷が、自らが伝法灌頂を受けるにあたり唱えた「亮猷道円房同表白文（伝法灌頂）」（巻四）には、

> 夫受職灌頂軌則者、遮那内證聖行、顕往昔悲願之薫修、サタ（薩埵）付法儀式、示未来弘通之方便、雖然宿縁薄者難遇、如聾族之不聴雷声、信根少者稀得、似盲人之不見乳色、而今受者新阿闍梨耶、大種姓根法縁已熟、久凝五相観行、最上乗教説時方至、已受三昧耶之妙戒、寔是曠劫宿縁、抑亦将来伝通者歟、爰愚―

戒珠光薄、未出人執・法執之垢縲、智鏡影陰、尚覆煩悩所知之翳障、然則軌範勤疎、雖恥非器之嘲、相承法重、只恐断種之過、仰願両部諸尊、伏乞八大祖師、住広大之慈悲、垂随分之擁護、敬白、

とあり、自らを「非器」としながらも「断種之過」を恐れ「受職灌頂」(伝法灌頂)を受け、併せて「両部諸尊」・「八大祖師」の慈悲と擁護を請うている。如何に定形化したとは言え、伝法灌頂における誦経導師表白や受者表白が類聚されていることは、この形式の表白が重ねて作成されていた、つまり伝法灌頂が継続的に勤修され、根来寺において多くの真言行者が輩出されたことを物語る。

また伝法灌頂を受けた行者が携わるのは、様々な願念を負う諸尊法の勤修であった。巻一には、「供養」・「追善」にあたって唱えられる「願文」が収められているが、建武五年(一三三八)清浄金剛院良殿僧都三廻忌にあたり良親以下の「遺弟」により催された供養法会において唱えられた願文には、

敬白

奉造立大聖不動明王幷二童子像各一躰
奉造立法界五輪塔婆数本
奉書写妙法蓮花経開結経十巻
奉修一七ヶ日夜不断護摩
奉修一七ヶ日阿弥陀護摩

夫以、或生或盛、人所愛也、故藍薗草道樹梢、皆含歓喜之色、若滅若衰、世所憎也、故雙林風提河波、

同有哀慟之声、分段有為之郷、誰人免必滅之悲、生死無常之境、何処遁別離苦、然則先師聖霊、去枵年梢秋天、九原之駕告別、今析木歳季商候、三廻之辰臨景、仍護持法主幷一門諸徳、嘱夜虫休悲歎之音、驚秋雁営追修之善、色々作善甄録在右焉、（中略）去延元々年九月五日、年歯七十三、夏臈五十九、心住正受、手結秘印、忽告遷化之別、新催別離之悲、一生別如昨日之夢、三廻忌当今日之営、方今借智恵刀於文殊菩薩、造尊像刻支提、乞慈悲筆於観音大士、模種子写経巻、云聖霊在世之勝行、云遺弟今日之作善、功徳已鄭重、勝利是〔豈カ〕唐捐、若爾聖霊八葉心蓮開阿字観念之胸中、五相覚月攬真言加持之掌上、乃至六趣四生群類、皆出苦患之域、自界他方衆生、同遊安楽之宮矣、敬白、

建武五年九月五日　　遺弟等敬白

依良親大夫公誂草安〔案カ〕、但件本尚広博也、少々略之、以之可為正也、第三年ニハ被行結縁灌頂、

大阿闍梨中性院、

とあるように、先師良殿の事跡を語り、「学亘顕密」り「積修行錬薫之功」む修学活動を修め、頼瑜を継いで学頭となった学才を称賛するとともに、延元元年（一三三六）に「手結秘印」び「遷化」した師を偲び、不動明王等の造像、「五輪塔婆」の造立、「法華経」の写経とともに、「一七ヶ日」にわたる「不動護摩」・「阿弥陀護摩」の勤修という作善が列記されている。「東草集」を一覧する限り、供養法会において「法華経」の写経・読誦に比して、「護摩」等の修法が盛んに勤修されたとは言い難いが、「曼荼羅供」や伝法・結縁灌頂等の勤修を過小に評価することはできない。なお右の願文は「広博」ということで、実際の供養法会には略された内容で唱えられた。また右の願文が用いられた供養法会とは別に、第三廻忌にあたり中性院頼

淳を大阿闍梨に請じて「結縁灌頂」が催されたという。

以上のとおり、「東草集」に収載された願文等から、根来寺に於いて読経・講説・論義・灌頂・修法等の法要形式が見いだされ、多様な願念に応じた諸法会の勤修が再確認できる。そして根来寺における主要な法要形式は、論義（講問、竪義）・談義（打集）と灌頂・修法ということであり、とりわけ教相をめぐる論義・談義の中に、同寺における修学活動の特質が見いだされるのである。

三　頼瑜の教説とその相承

頼瑜は「真俗雑記問答鈔」巻六で、「一　真言教能説教主料簡事」の項に、

問、大日・金剛等密教、為自性身説耶、如何、答、且料簡大日経教主、余経可准之、彼経第一云、一時薄伽梵住如来加持大金剛法界宮文、疏云、薄伽梵即毘盧遮那本地法身、次云如来是仏加持身、其処住処名仏受用身、即以此身、為仏加持住処、如来心王、諸仏住而住其中文、抄第二云、次云如来是仏加持身者、即応身他受用也、如来心王等者、如来是所住、心王為能住、如一切諸仏説法儀式、皆住応身、即本地身為教主文、或述文意云、法界宮中有凝然四種法身、自性身具他受用者、是神力加持門之談也、今具此加持事、為衆生説法、令他見聞故也、疏、其所住所名仏受用身者、以自性身加持他受用身義説言住、非実来入其中矣、此他受用、雖凝然本有徳、令他見聞故、云他受用、亦名応身矣、然他受用身、親従自性身加持力起、同凝然故、即与自性身色相荘厳・音声説法、無二無別也、故知、自性身加被他受用身、

即令説自内證法也云々、私云、此義意、為加持身説矣、或云、依憑義云、以経薄伽梵之句、疏中釈本地法身、准諸経通序、是挙教主文句也、住如来已下、示住処文言也、経疏意無諍、以本地身為教主也、所住既法界宮也、能住豈非自性身耶、依之大師以此文明自性身説法判終、又法仏談話、謂之密蔵文、豈夫不爾乎、

として、「大日経」・「金剛頂経」等の「密教」は、「自性身」の説法であるかという、基本的な疑問を呈し、まず「大日経」の「薄伽梵住如来加持大金剛法界宮」との一文を端緒にして、「大日経疏」により「薄伽梵」(＝仏)は「毘盧遮那本地法身」であり、「如来」は「仏加持身」で、そのあり方から「仏受用身」とする。また同「疏」によれば、「如来」は「仏加持身」であれば「応身他受用」となり、「応身」の立場から可視的な「説法・儀式」等をなすことから、あくまで「教主」は「本地身」であると説く。また「述文意」により、「四種法身」の第一にあたる「自性身」が、衆生に直接関わりをもつ「他受用」の属性を備えることは、「神力加持」の説に基づくものであり、この衆生に利益をもたらす「加持」により、「為衆生説法」するという機能が果たされるとする。また「法身」が「自性身」としてありながら、衆生に関わる「他受用」を果たし得るのは「凝然本有徳」によるものであり、「自性身」の「加持力」によって「令他見聞」むるわけで、この役割によって「仏受用身」は「他受用」かつ「応身」と名付けられる。つまり「法身」のみが理解できる「自内證」を、「自性身」が「加被」(加持)により「他受用身」として衆生に説くということになる。そして「大日経」・「大日経疏」等の文言の解釈を踏まえ、頼瑜は「加持身説」が成り立つとの私見を掲げる。しかも「大日経疏」の解釈に疑問を示し、あくまで「本地身」が「教主」であり、弘法大師は「大日経」の

一文により「自性身説法」を主張しており、「法仏談話」こそが「密蔵」であるとの、冒頭の「問」への「答」が導かれる。この問答に次いで、「問、説法本意、令他生解、是聖教常言也、所以離加持神力、何説自證法、有令他受用義耶」との「問」に展開し、加持身説法を積極的に説くわけである。すなわち「密蔵」の「教主」は「自性身」であるが、可視的な「大日経」・「金剛頂経」等の「密教」は、「自性身」が「加持」によって得た「加持身」が「教主」となるいう主張である。なお頼瑜の提示する加持身説法説の根底には、「自性身」が直接衆生に「自内證」を語り得るかという疑問があり、「四種身」に「自利々他」の機能を持ちうるかに関する議論は、例えば「即身義愚草」下の「四種法身自利々他事」にもその問答が尽くされている（金剛寺所蔵三七函六七号）。

ところで頼瑜の門葉に連なる中性院聖憲の撰述にかかる「自證説法」（『大正新脩大蔵経』七九巻）に、

自證説大意、以密定法身説、以顕判応化所説、是則密教顕可自證位所説之旨也、（中略）加持説大意、定教主之時、宗家処処釈、或云法身、或判自性身、疏以教主成就句云本地法身、而釈説経縁起時、疏一部始終大旨、自證位無説法、出加持説法、見又今経為未来機説之事、処処判文也、（中略）為此本質三密不可云自證仏、向機故又不可云応化仏、非機所変故、是豈非自性身上利他身乎、難云、法身説内證云真言、他受用応化仏随宜説定顕教、高祖処処定判也、

として、「密」教を「法身説」、「顕」教を「応化所説」とした上で、「密教」（「密蔵」）を「自證位所説」（自證説）とする。さらに「加持説」について、その「教主」を「法身」・「自性身」・「本地法身」とする諸説があ

るが、「大日経疏」によれば「自證位無説法」とされることから、ここに衆生への「説」を「加持説法」とする論拠を定める。そこで「自性身」は、衆生の一定しない「機」に対応できる「利他身」ではあり得ないという説に対しては、これを否定する見解を出す。このように頼瑜の教説が、枝葉を取った形で門葉に継承され、新義教学の教学の整備が進められたわけである。

さて頼瑜により体系化が進められた教相・事相が、その教説を説く聖教を拠り所として、広く相承される実態を、主に河内金剛寺に伝来する聖教を素材として見ることにしたい。

まず教相としては、頼瑜撰述の「釈論開解抄」（金剛寺所蔵二五函八四号）巻十一の奥書（口絵参照）に、

御本記云、
正嘉二年八月下旬、於高野山小田原坊草也、生年卅三、
文永三年九月下旬、於醍醐寺報恩院再治之、生年四十一、
是予為紹隆仏法廻向菩提也、
同年十月三日加点畢、　　頼瑜
正安元年九月十八日、於根来寺五坊、令書写之、　　良殿生年卅六、
嘉暦元年丙寅十一月廿六日、於泉州南郡山直郷多治米村、書写之、
　　金剛資禅恵春卅三年、夏廿七臈、
『□二月十一日、於河州天野寺北谷文殊院、一交了、』
正平廿三年二月廿二日、於金剛寺無量寿院、書写了、

『同廿七日、朱交了、』　　金剛仏子快賢生年卅七才、

として、成立から転写の過程が記されている。まず正嘉二年（一二五八）頼瑜が高野山で本書を撰述し、文永三年（一二六六）醍醐寺で再治・加点を施した後に、根来寺にもたらされた。さらに正安元年（一二九九）根来寺五智坊で良殿が本書を書写し、その転写本を嘉暦元年（一三二六）に金剛寺禅恵が書写し、正平二十三年（一三六八）同寺で快賢が書写したものが伝来している。

また同じく頼瑜撰述の「即身義愚草」（金剛寺所蔵聖教三七函六七号）巻下の奥書にも、

御本記云、
文永六年己巳七月上旬、於高野山伝法会談義之次、逐日馳筆畢、願以抄記之功、必為菩提之因矣、
金剛仏子頼瑜記
文永七年庚午三月上旬、於醍醐寺中性院、誂同侶、令清書畢、只任草本書之、不用再治、後学必判定矣、
弘安四年辛巳十二月中旬之比、以清瀧宮秋季談義之次、書副論義畢、合点皆是也、検校大僧正御房（定済）幷当寺座主法印御房（道性）已下廿余口被精談畢、
頼瑜
于時延元々年丙子五月十六日、於河州天野寺文殊院改無量寿院、□□之、先年以他筆多治米村江次殿、雖書写之、未終之間、令写続也、
金剛仏子禅恵五十三、
正平二年丁酉十一月、法花十講ノ配文、
当今御座之間、諸事物忩也、故修学皆麁学無極、
学頭法印禅恵七十四才、

とあるように、文永六年（一二六九）高野山伝法会談義にあたり本書が撰述され、同七年に醍醐寺で再治が加えられることなく清書され、弘安四年（一二八一）には同寺清瀧宮談義で催された「論義」の内容が付加された。なお本書は延元元年（一三三六）に金剛寺で禅恵により書写され、正平二年（一三四七）の同寺「法花十講」にあたり「配文」の出拠として用いられている。

このように「釈摩訶衍論」・「即身成仏義」等の疏釈として、頼瑜により撰述された教相聖教は、転写が重ねられ修学活動に用いられた。すなわち高野山伝法会の「談義」を契機に撰述された「即身義愚草」が、醍醐寺清瀧宮「談義」においても用いられ、さらに本書から金剛寺「法華十講」の論義「配文」が生まれるという様に、頼瑜撰述の教相聖教は、根来寺のみならず諸寺における教相修学に活用されることにより、自ずから根来寺に相承される教相が他寺から注目を受けることになったわけである。

次に事相であるが、諸尊法の伝授にあたり作成された抄物としての、守覚法親王編にかかる「秘鈔」の一部に「異尊」が含まれるが、本書下第三（金剛寺所蔵四四函二四号）には、「異尊下第三」との外題に加えて、表紙見返に「帝尺　四天王　最勝太子　妙見　弁才　咒賊経　畢里孕加羅」として、本書に収載される尊法名が掲げられる。さらに奥書に、

交本云、
元久二年二月廿六日、於遍智院奉伝受畢、　権少僧都成賢
安貞二年十二月三日、於遍智院奉伝受畢、　権律師憲深
以御本重交合了、

弘長三年二月廿九日、於報恩院以御本奉書写了、　頼瑜
文永十一年九月廿二日、於仁和寺以喜多院御自筆御本校合了、彼御本ハ切紙本ニ一寸四五分程タカキ
也、彼本右ニ外題勝劫畢云々、此本御草、彼醍醐覚洞院被遣勝賢僧正ニ令見御本也、
正中二年乙丑四月廿六七両日、如次孔雀・仁王両大法、各一法、於東大寺八幡宮談義坊伝授于頼心阿闍
梨畢、　前大僧正聖忠東南院鷹司殿御息在御判
重奉伝授了、河州天野寺千手院、　金剛資禅恵

として、元久二年（一二〇五）遍智院における成賢の伝受を契機に本「交本」が生まれ、安貞二年（一二二八）同院で成賢から憲深に伝授された後、弘長三年（一二六三）醍醐寺報恩院で憲深より頼瑜に伝授された。頼瑜は文永十一年（一二七四）に仁和寺喜多院で本抄物を守覚自筆本と対校して校合を施したが、その折に「勝劫畢」との外題脇の付記から、守覚本が覚洞院勝賢の校閲を経ていることを知った。さらに正中二年（一三二五）憲深から伝授された東南院聖忠から根来寺頼心が、東大寺八幡宮談義坊において伝授を受け、さらに頼心から金剛寺禅恵が伝授とともに本書を伝領している。なお聖忠は頼瑜書写本を自ら書写していたわけである。このように諸尊法伝授にあたり、それに先立って受者が書写した抄物が、伝授を契機に転写が重ねられ伝来することになった。

また同じく遍智院成賢編の抄物「薄草子」の一帖をなす「請雨経法次第」（金剛寺所蔵四四函一六号七）には、「請雨経法私、薄、」との外題とともに、その奥書に、

御本記云、
正応四年九月上旬、薄草子中闕此法故、私記加之、　金剛仏子頼ー（瑜）
永仁元年九月廿三日、於根来寺五坊書写了、　金剛仏子良ー（殿）生年卅、
徳治二年三月五日、於根来寺五坊書写之了、　金剛仏子頼心生年廿五、
　同日奉伝受了、
元応元年己未十二月六日、於河州天野山北谷文殊院、申下師主御本書写之、
　金剛仏子禅恵春卅六、夏廿、
元亨二年壬戌七月七日、於南都大佛東南院院主坊、奉伝受了、　禅恵卅九、

として、本書の転写の過程が明らかになる。まず正応四年（一二九一）頼瑜が「薄草子」闕分の「請雨経法」次第を入手して補い、永仁元年（一二九三）根来寺で本書により「請雨経法」が頼瑜から良殿に伝授された。頼瑜は正応四年に所持の「漢草子」に本書を補った後に、良殿への伝授に先立って自ら伝授を受けていたことになる。さらに徳治二年（一三〇七）に根来寺で良殿から頼心に、元亨二年（一三二二）には金剛寺で頼心から禅恵に伝授がなされることにより、本次第が同寺に現存したわけである。

以上のように、頼瑜により確立された根来寺の密教教学は、周知の通り加持身説法をその教説の柱とするが、その形成過程において、高野山・醍醐寺等で勤修された弘法大師の著述等をめぐる「談義」、さらに醍醐寺で伝授された諸尊法について師憲深の口伝が、重要な役割を果たしたと考える。そして事相・教相にわたる聖教類が、根来寺を経て金剛寺禅恵をはじめ広範に伝授されるとともに、二相の一体化を象徴する頼瑜

撰述の「薄草子口決」・「秘鈔問答」等に記された口決類が、伝授にあたり広く参照されたのである。

おわりに

頼瑜を流祖とする根来寺の中性院流は、醍醐寺三宝院流を柱とし、その外縁に野沢諸流を配した実体をもつが、中性院流により相承される事相のなかに、頼瑜故の特異性を見いだすことは容易ではない。しかし醍醐寺報恩院憲深から伝授された諸尊法の口決を拠り所として、事相に教相的な裏付けを与え、その口伝を「薄草子口決」等の新たな抄物にとりまとめた教学的な意義は極めて大きい。

また頼瑜を学頭に仰ぐ根来寺における真言教学の受容では、特に論義・談義等の問答形式を取った教相の修学が、事相の実修に比して重視され、これが後の新義真言宗にも継承される。そして主に論義法要の場において形成された根来寺の教学体系は、覚鑁以来の加持身説法を一軸とする所説の確立を意図した頼瑜が撰述した聖教が転写・伝授されるなかで、根来寺の教説として形成・布弘され、新義教学として結実することになる。

根来寺が中世を通して、教相修学の拠点としての機能を維持するなかで、後世に続く教学体系を支えた頼瑜撰述の聖教の役割を改めて評価すべきであろう。

註

（1）拙稿「頼瑜法印と醍醐寺」（智山勧学会編『中世の仏教――頼瑜僧正を中心として――』青史出版、二〇〇五年所収）参照。なお本書には、頼瑜をめぐる近年の研究成果が掲載されている。

（2）「宗大事」・「秘法」については、拙稿「醍醐寺三宝院の法流と聖教」（『醍醐寺文化財研究所研究紀要』二三、二〇一五年所収）参照。

（3）「東草集」を通してみる根来寺の教学の一面については、拙稿「「東草集」と根来寺」（『根来と延慶本『平家物語』――紀州地域の寺院空間と書物・言説――』アジア遊学二一一、勉誠出版、二〇一七年）参照。なお「東草集」は、高野山正智院本を底本として用いた。

（4）「打集」については、前掲註3参照。

四　発掘調査から見た根来寺の興亡

――大塔周辺の発掘調査を中心に――

村田　弘

はじめに

根来寺は、平安時代の終わり興教大師・覚鑁により創建された新義真言宗の総本山であり、創建以来幾多の歴史的変遷を経て現在にその法灯を継いでいる。

この根来寺に、発掘調査の手がはじめて入ったのは昭和五十一年のことであった。山内を横断する大規模な農道建設が計画され、これに伴う発掘調査が実施された。根来寺の繁栄については、従来から広く喧伝されており、羽柴秀吉による紀州攻めに伴う焼き討ちの惨禍についてもよく知られているところではあったが、発掘調査では、当初想定されていた以上の多量の遺構や遺物が見つかり、耳目を集めることとなった。

折しも、考古学的手法により中世の遺跡を解明しようという機運が盛り上がった時期でもあり、根来寺遺跡は、越前の朝倉氏館跡遺跡や広島県の芦田川河口に開けていた草戸千軒町遺跡とともにわが国の中世三大遺跡のひとつと言われるほどに注目された。

以来、四十年近くにわたって発掘調査は実施されており、その範囲、箇所については、図1に示したように多大な面積、多くの箇所に及んでいる。いわば発掘調査そのものがすでに歴史となってきたとも言える状況にある。

このように発掘調査が数多くなされてきた中で、大塔・太子堂・大伝法院といった主要堂塔が建てられている伽藍中枢部については、これまで発掘調査が実施されておらず空白域となっていた。

こうした中で平成二十四年、宗教法人根来寺では、境内地に存在する国宝及び重要文化財である大塔・大師堂などの主要堂塔を火災から守るため新たな防火施設が設けられることとなった。対象地が史跡根来寺にあたっており、埋蔵文化財への配慮がつよく求められたことから配管のルート等を決めるにあたって、事前に遺構の有無を確認することとし、この伽藍域においてはじめて発掘調査が実施されることとなった。

本稿では、この調査を取り上げ、その詳細を紹介するとともに、この調査から見えてきた伽藍域の変遷等について論述することとしたい。

一　調査の方法

発掘調査は原則としてグリッドによる調査であり、図1の調査区位置図に網かけで示したように対象地内に三十四箇所のグリッドを設置して調査に当たった。グリッドの大きさは基本的には二・〇×一・二mであ

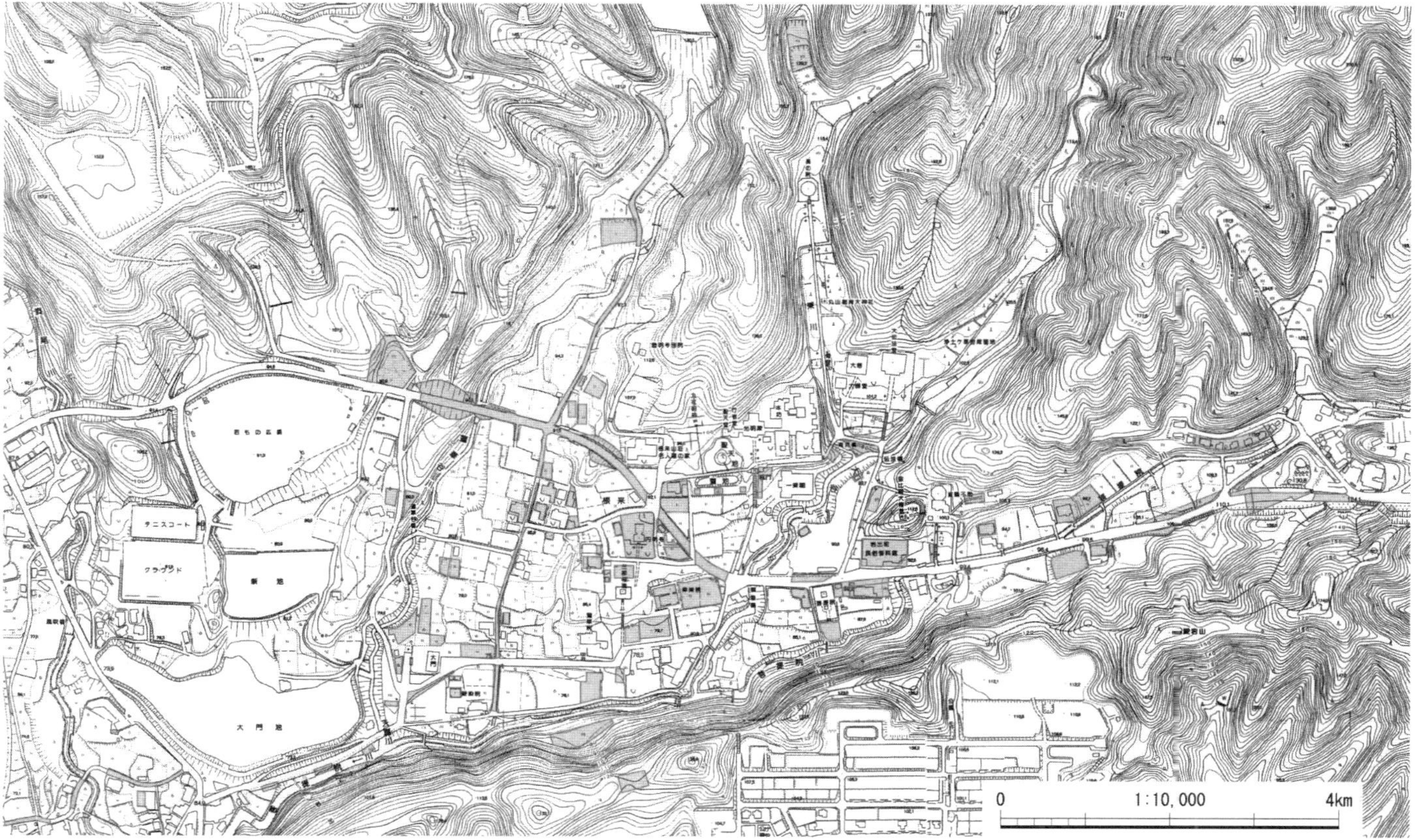

図1　既往の調査地点

る。調査区名は各グリッド毎に番号を付した。調査面積は合計八〇㎡である。

実測図作成や遺物取り上げは調査グリッド毎におこなった。また、各調査区の位置については、1／600の地図上に図示したが、これとは別に各調査区の四隅を平面直角座標系（世界測地系）第Ⅵ系に基づいて測量し、記録として残している。

方位は座標北を使用し、標高は東京湾平均海面（T.P）からのプラス値を使用した。

調査における記録として、写真撮影と記録図面を作成した。写真撮影についてはモノクロフィルム・六×七判・三五㎜のカラーリバーサルおよびモノクロフィルムを使用した他、適宜デジタルカメラによる撮影を行った。記録図面については、手実測によるS＝1／20の遺構実測図（土層断面図・遺構平面図）を作成した。

図2　機械掘削状況

図3　人力掘削状況

図4　実測作業状況

二　基本層序

調査区の層序については各調査区毎に細分しているが、基本的には表土・整地土・地山となっており、このうち整地土については伽藍北西部で薄く、南東部で厚く堆積している。また、後述するように整地土の大部分は中世段階のものと考えられるが、伽藍域の南側においては、この上にさらに近世段階で整地がなされた様相が窺える。

図5　4グリッド検出の石垣

三　検出遺構

設定した三十四箇所のグリッドの中で、遺構が認められたのは三箇所に過ぎなかったが、整地土の中から遺物が出土したグリッドは十三箇所に及ぶ。以下、これらについて記すこととする。

1　4グリッド

高さ約七〇cm、東西方向の南に面をもつ石垣を検出した。用いられている石は最も大きなもので六〇×三〇cm、小さなものでは二〇×一〇cmと不揃いで、三段ないし四段でほぼ垂直に立ち上げられている。この石垣の上層部には平成二・三年度に実施された大伝

図6　10グリッド路面確認状況

法院の屋根の葺替を中心とした修理の際に入れられたと思われるや大量の瓦片やガラス瓶の破片を含む層（攪乱）が厚さ四〇㎝ほどにわたって認められることから、この際に上端部が削平された可能性もあり、本来的にはもう少し高さを有していたことも考えられよう。石の大きさが不揃いな点や石と石の隙間が大きいなど全体に雑な造りは否めない。位置的にはすぐ西側に現存する大伝法堂南側の縁石のちょうど延長上に当たることから、応永年間（十四世紀末〜十五世紀初頭）には建てられていたとされる前身の大伝法堂に関係するもの――南側の基壇縁を構成する石垣であった可能性も考えられよう。ただし、このグリッドより北側七m付近に開けた3グリッドの状況をみると、石垣頂部の高さを水平に延長した部分には一〇から三〇㎝大の角礫を含むの整地土となっていた。このことからこの部分に大規模な建物を想定するには無理があるようにも思われる。いずれにしても現段階では、この石垣の用途・性格については不明と言わざるを得ない。なお、この石垣を埋めている整地土から十六世紀代の土師器片が数点出土しており、これより新しい時期の遺物はまったく確認されていない。このことを根拠にすればこの石垣の構築時期は十六世紀もしくはそれ以前に遡るものと言える。

2　10グリッド

現況地盤から三〇cmほど下がったところで、厚さ三cmほどの小礫を含むよく引き締まった堆積層を確認した。グリッドの四周で確認できることから局所的なものでなく、ある程度広範囲に広がっているものと推定される。状況的には路面の可能性が高いものと考えており、その場合、伽藍域の主要堂塔を行き来する通路（参詣道）であったものと思われる。このグリッドからの出土遺物はまったくなく、時期については明瞭にし難いが整地土の上の方に堆積していることから近世の可能性を考えている。

図7　出土した溶解炉片

3　17グリッド

伽藍域の南端に近い箇所に設けたグリッドである。ここでは表土下で厚さ六〇cmほどの二層にわたる整地土を確認した。この整地土の上層部から十六世紀代に帰属する土師器皿片がまとまった形で出土している。整地土の下には厚さ一〇cmほどの炭や遺物細片のはいった汚れた土が堆積しており、この層を除去した面が遺構面となっていた。遺構面となっている層は黄色土でよく引き締まっており、この層については地山の可能性もある。検出した遺構は、調査区の東南にひっかかる形で検出したもので長さ一・五m以上、幅〇・五m以上を測るが全容につい

図8　大塔床下の削り残された岩盤

ては不明である。この遺構の上部及び前述の炭の入った汚れた層から溶解炉の一部と思われる破片が十点ほど出土している。

また、この付近で遺構面が火熱により赤く変色している部分も確認している。

4　19グリッド

大塔の西北二mほどの山裾斜面部に設けたグリッドである。ここでは、遺構・遺物ともまったく検出できなかったが、山裾部を人為的に削っている明瞭な痕跡を確認した。本来傾斜度三〇度前後のなだらかな傾斜であった裾部を高さ一mほどほぼ垂直気味に削り出し北側に拡張している。この造作は19グリッドのみではなく、この調査区から東側の現存する大塔の北側全体に施しているようすが看取できた。

また、大塔の周囲の柱はこれら削りだした岩盤上に位置するようになっているが、図8のようにこの柱より内側の床下になる箇所については岩盤を周囲の高さまで削り出さず削り残している。

このことからこれらの造作は、大塔の建設に際しておこなわれたものと判断できるとともに、あらかじめ決められた大塔の平面プランに沿ってこの造作をおこなっていることや、軟弱な整地土上に建立するのではなく、より頑強な岩盤上に建てると言う造営者の意図が汲み取れるものと言えよう。

以上は遺構を検出した各グリッドの所見であるが、調査全般を通して判明した伽藍域の整地土の問題についても言及しておきたい。

現在左の写真のような大塔・大師堂・大伝法堂が存在する伽藍域は、北側は山に東側及び南側は近世に築かれた築地塀、西側はフェンスによって画されているが、その大きさは東西およそ九〇m、南北およそ六五mの規模となっている。現況は北側から南側にむかって緩やかなスロープをなしているように見えるが、この傾斜は見た目より著しく、実際にはその高低差は優に二mを超えている（13グリッドと17グリッドの比較による）。

大塔

大師堂

大伝法院

図9　10グリッドの整地の様相

整地以前の旧地形について言えば、北東側ではかなり浅いところで地山が確認されているが、南側では地山が確認されていないため判然としないが、これ以上の高低差はあったものと考えられ、周囲の地形から推して北西から南東側に向かってかなりの勾配があったものと思われる。

この急な勾配を緩和すべくなされたのが整地であるが、先に述べた旧地形の関係から北東側では浅く、南東側で厚く施している。

また、南東側では礫の多く混じった土で一気に埋め立てているのに対して、北東側では礫の少ない土で丁寧に施される傾向が認められた。とくに大塔周辺では写真のように一見版築を思わせるような引き締まった土で何層にもわたって施されていることを確認している。ただ、時期について言えば、いずれの整地土からもごく少量ながら十五世紀から十六世紀後半にかけて帰属すると思われる遺物の細片が出土しており、これより新しいものは認められなかった。こうしたことから大規模な整地についていえば、十六世紀中頃から後半にかけて伽藍域の整備の一環としてなされたものと判断されよう。

表1　各調査区所見

グリッド名	遺構の有無	遺物の有無	現況(T.P)	地山(T.P)	特記事項
1グリッド	×	×	105.00m	104.60m	
2グリッド	×	×	103.55m	102.90m	
3グリッド	×	×	103.30m	地山確認できず(102.40m以下)	
4グリッド	○	○	103.10m	地山確認できず(101.90m以下)	高さ70cmほどの2ないし4段の南面する石垣を検出。整地土より16世紀代の土師器皿片出土。
5グリッド	×	×	102.60m	地山確認できず(101.70m以下)	
6グリッド	×	×	102.45m	地山確認できず(101.50m以下)	
7グリッド	×	×	104.40m	地山確認できず(103.90m以下)	現存の配管(石綿管)をGL-50cmで確認。これより下は掘り下げを行なっていない。
8グリッド	×	×	103.50m	地山確認できず(102.60m以下)	
9グリッド	×	○	103.25m	102.30m	整地層である4層から16世紀代の土師器皿片出土。
10グリッド	×	○	102.35m	101.60m	現況地盤より-30cmほどで厚さ3cm前後の小礫を含む良く引き締まった層を確認。近世の路面(参詣ルート)の可能性あり。
11グリッド	×	×	102.65m	地山確認できず(101.70m以下)	
12グリッド	×	○	104.40m	103.90m	現存の配管(石綿管)を-70cmで確認。整地層である4層より土師器皿片出土。
13グリッド	×	○	103.45m	102.40m	整地層である5層から土師器皿片出土。
14グリッド	×	○	102.90m	地山確認できず(102.00m以下)	整地層である6層から中世の常滑焼の甕片出土。
15グリッド	×	×	102.50m	地山確認できず(101.70m以下)	整地土は丁寧に版築状に整地した状況がうかがえる。
16グリッド	×	○	101.50m	地山確認できず(100.80m以下)	整地層である6層から16世紀代と思われる土師器皿片出土。
17グリッド	○	○	101.20m	地山確認できず(100.40m以下)	鋳造に関連すると考えられる土坑を検出。溶解炉の破片のほか4層としている整地層より16世紀代の土師器皿片が多く出土。
18グリッド	×	○	102.30m	地山確認できず(101.30m以下)	2層より時期不明の瓦片出土。
19グリッド	×	×	105.00m	104.40m	大塔建設時の施工と考えられる岩盤整形の痕跡が顕著。
20グリッド	×	×	103.20m	103.10m	表土直下で地山(岩盤)。
21グリッド	×	×	101.70m	101.40m	地山直上の土(5層)に炭が混じる。
22グリッド	×	○	102.55m	101.90m	2層より時期不明の瓦片出土。
23グリッド	×	○	101.70m	101.50m	2層より時期不明の瓦片出土。
24グリッド	×	○	101.35m	100.05m	7層より15世紀代(?)の土師器皿片出土。
25グリッド	×	×	101.10m	100.60m	
26グリッド	×	×	101.00m	地山確認できず(100.30m以下)	GL-50cmで石綿管及び電気のケーブルを確認。
27グリッド	×	×	104.35m	103.55m	
28グリッド	×	○	103.30m	102.70m	3層より16世紀代の土師器皿片出土。またこの3層には炭混じる。
29グリッド	×	×	102.35m	102.20m	
30グリッド	×	×	101.80m	地山確認できず(101.00m以下)	
31グリッド	×	×	101.90m	101.10m	
32グリッド	○	×	102.00m	101.50m	溝状遺構(攪乱か)
33グリッド	×	×	102.00m	地山確認できず(101.10m以下)	
34グリッド	×	×	100.20m	地山確認できず(99.30m以下)	

図10　土師器皿片（17グリッド4層出土）

図11　常滑焼甕片（14グリッド6層出土）

図12　土師器皿片（24グリッド7層出土）

まとめ

今回の調査は、先にも述べたように伽藍中枢部を対象としたものであり、これまで発掘調査がなされてこなかった箇所に当たる。

これまでの山内の発掘調査ではほとんどの調査地で羽柴秀吉による一五八五年の天正の兵火の痕跡を示す焼土が確認されているが、今回の調査ではまったく確認することができなかった。また、出土遺物も遺構も従来の調査と比べれば極めて少ない状況であった。

このことは考えるまでもなく当然のことで、天正の兵火以前に建てられた大師堂も大塔も現存しており、前身の大伝法堂についても類焼を免れ、兵火後に移築目的で解体されたと言われている。全山がほぼ灰燼に帰すような火災の中で、これら三つの堂塔が偶然に類焼を免れたとは考えがたく、おそらく意図的なものがあったと想像される。調査結果から見ても伽藍地域は先行して子院が建てられていた形跡も無く、兵火後においてもそのことは認められない。いわばこの地は、紛れも無く根来寺における「聖域」でありつづけた場所であった。今回の発掘調査でこのことをあらためて確認できたことの意義は大きいと言えよう。

また、17グリッドで確認された鋳造関係の遺構は十六世紀の中頃と考えられるが、この時期は大塔の完成を間じかに控えた時期であり、大塔に係る鋳造品を現地で製造していた可能性も考えられる。さらにその後、伽藍整備の最終仕上げとして大規模な整地をおこなっていることを考慮すれば、大塔の完成が中世根来寺の一大画期であったことは想像に難くない。このことも調査の成果として加えておきたい。

五　中世根来寺権力の実像

――「一揆」「惣国」「都市」再考――

廣田浩治

はじめに――根来寺の虚像と実像――

中世後期の根来寺は寺社勢力にして紀伊国北部から和泉国・河内国南部における地域権力である。しかし根来寺権力ほど様々な虚像が流布するあまり実像が不明確な存在もないであろう。

まず根来寺はしばしば寺院・僧侶の姿をした大名権力とされる。この見方は根来寺が武家権力に匹敵した側面を重視するが、武家とは異質な寺社勢力の組織原理を看過している。次に根来寺の僧兵を鉄砲隊の軍事集団・傭兵稼ぎ集団とする説が根強い。これは鉄砲伝来以前の根来寺の歴史を無視した偏った見方で、根来寺が倭寇・アウトロー集団であるかのような虚像さえ生んでいる(1)。

根来寺権力は行人方の権力と考えられており(2)、筆者も基本的にはこの立場である。しかしこの説は鉄砲隊論や傭兵論に結びつく点に問題がある。また行人権力論は根来寺僧を聖職者にあるまじき存在と非難したイエズス会の史料や、行人衆が統一政権（秀吉政権）に敵対したため根来寺が焼失したとする「根来寺破滅」論といった、特定のイデオロギー的史料に立脚している問題がある。[3]

民衆史の観点からは、根来寺を紀伊北部や和泉南部の民衆の政権・郡中惣・惣国とする説や、[4]在地の土豪が支持した政権（土豪層の共同利害機関・地域的一揆寺院）とする説がある。[5]根来寺を支えた地域民衆に着目した観点は継承すべきだが、根来寺の権力的性格が軽視されている。統一政権に敵対した根来寺は民衆の味方であるという思い込みも強い。最近でも海津一朗氏が根来寺を惣国一揆とするが、[6]そもそも行人方の権力組織を持つ根来寺を惣国一揆とする説には理論上の欠陥がある。

従来のいずれの根来寺権力論も統一政権との戦争だけでしか根来寺を考えず、イエズス会史料や統一政権期の史料など特定の時期の偏った史料だけに依拠した視野の狭い議論である。このため根来寺を統一政権との対立軸でしか評価できないし、統一政権との対決以前の根来寺の歴史を総合的に議論できない。従来の根来寺権力論は総合的な史料実証により再吟味されねばならない。

また近年、根来寺を都市と理解し根来寺を求心的な都市権力とする見方がある。後述するように根来寺僧の金融経済活動、根来寺境内の院家の密集、城郭、根来寺の「法度」が都市論の論拠とされている。根来寺都市論では境内の都市的要素のみを抽出して論じているが、都市的でない性格も含めて根来寺境内を総合的に評価していない。また根来寺都市論は境内都市の経済力や権力・都市の求心性の評価に偏り、根来寺が紀伊北部や和泉南部の地域・民衆・在地の一揆に支えられた面を無視している。

筆者は比較的史料の多い和泉南部を素材に根来寺権力の実像を考察してきた。根来寺を有力行人集団が指導しつつも一揆的な性格を持つ権力で、地域社会に支持された公権力でもあると論じてきた(7)。これに対して根来寺の本国である紀伊北部では根来寺権力の実態は史料に乏しいためほとんど分かっていない。紀伊北部において根来寺の虚像が克服されないのは実態研究の遅れに原因がある。

本稿では中世後期の根来寺権力の実像を紀伊北部において実証的に論じる。その実証をふまえて近年提起された根来寺惣国一揆論について再考する。根来寺都市論についても村落や地域を無視した曖昧な定義の都市論に代えて、根来寺と紀伊北部の地域経済構造を考察し、根来寺とその勢力圏の都市のあり方を史料に即して考える。その上で最後に根来寺権力について新たな評価を示したい。

一　紀伊北部における根来寺支配の拡大

根来寺の紀伊北部支配については秀吉政権との戦争の時期以外には研究がほとんどない。そこでまず基礎的な事実を共有するために根来寺の紀伊北部地域の支配に関する年表を掲げる。

表1　中世後期の根来寺権力と紀北地域の関係年表

応永三十四年(一四二七)	根来寺座主(醍醐寺三宝院)の寺務代・寺領代官の聖天院景範・衆徒に反して行人が離山。景範は三年後に根来の聖天院を焼かれて没落(「満済准后日記」「粉河寺旧記」)。
永享五年(一四三三)	根来寺領と守護領紀伊国八ヶ荘の間で用水路をめぐる相論(「満済准后日記」)。根来寺・粉河寺が高野山を攻めて麻生津峰に布陣(「粉河寺旧記」)。
長禄四年(一四六〇)	粉河円福寺の水論で根来衆が守護畠山義就軍に勝利し、守護被官・国人が多数戦死・溺死(「経覚私要鈔」「大乗院寺社雑事記」「碧山日録」「粉河寺旧記」)。根来寺・高野山・粉河寺が幕府から河内畠山義就追討で「紀州口」からの攻撃を命じられる(「大乗院寺社雑事記」)。

寛正元年（一四六〇）	根来衆の攻撃で粉河寺が炎上。粉河衆は丹生谷に籠城するが落城（「粉河寺旧記」）。
寛正二年（一四六一）	畠山政長方の根来衆三〇〇人が高野山六番衆を討ち取る（「粉河寺旧記」）。
寛正四年（一四六三）	畠山義就が紀伊に入り根来寺を攻めたが「告文」を出して撤退（「経覚私要鈔」）。
応仁元年（一四六七）	名手荘・丹生谷の井論・合戦。丹生屋氏の合力として根来衆が長田に出陣（「粉河寺旧記」）。
文明元年（一四六九）	根来寺閼伽井坊明範、和佐荘の歓喜寺に寄進田畠山野の没収地を返還（「歓喜寺文書」）。
文明二年（一四七〇）	根来寺、紀伊国の畠山義就方の城を攻略（「経覚私要鈔」）。
文明四年（一四七二）	丹生屋殿の跡の知行をめぐり粉河寺と根来寺が紛争、地下衆が根来寺と調停（「粉河寺旧記」）。
文明五年（一四七三）	粉河町と長田・福井の合戦、根来寺が調停。粉河市が存在（「粉河寺旧記」）。
文明六年（一四七四）	国の徳政に際し根来寺行人から粉河寺行人へ頼状を送る。粉河寺も同意（「粉河寺旧記」）。
文明十年（一四七八）	高野・根来の両軍勢が粉河寺先達に合力して粉河寺六番衆の庵室を攻撃（「粉河寺旧記」）。
文明十一年（一四七九）	根来寺が大塔の木を所望、粉河衆と粉河寺領重根・坂井・本渡三ヶ村衆が大川まで材木を運送（「粉河寺旧記」）。
文明十四年（一四八二）	根来寺、畠山政長より池田荘（興福寺領）を寄進。明応四年（一四九五）にも根来寺が池田荘の代官（「大乗院寺社雑事記」）。
文明十六年（一四八四）	長田・志野の山論を粉河寺・根来寺が調停。粉河寺行人方・六番方の内紛を根来寺行人が調停（「粉河寺旧記」）。
文明十八年（一四八六）	粉河寺領三ヶ郷（重根・坂井・本渡郷）の紛争に根来寺衆徒・行人が出兵（「粉河寺旧記」）。
延徳二年（一四九〇）	根来寺・紀州奥口衆、紀伊の畠山義就・高野山智荘厳院の城郭を攻略（「蓮成院記録」）。
明応六年（一四九七）	高野山・根来寺・粉河寺三ヶ寺氏人が粉河東村堂米を預かる（「王子神社文書」）。戦国期に高野山・根来寺・粉河寺が預かり米銭利足の規式を定める（「粉河寺池坊文書」）。
明応九年（一五〇〇）	根来寺、田屋荘の草内氏に借銭を融通、田屋荘年貢より返済を受ける（「興国寺文書」）。
文亀元年（一五〇一）	根来寺の閼伽井坊と泉識坊が「喧嘩」（「政基公旅引付」）。
永正元年（一五〇四）	根来衆、和泉国を制圧し、日根郡の大部分と和泉各地の半済を獲得（「政基公旅引付」）。
永正七年（一五一〇）	阿野家領・幕府料所の紀伊田殿・安原・池田を根来寺塗屋坊が代官支配（「実隆公記」）。
永正頃（一五〇四～二一）	粉河寺が支配した和泉国大津（粉河寺領丹生谷村の替地）を畠山氏が根来寺に与える。丹生谷村が粉河寺から離れて根来寺の支配に属していた可能性（「山科家文書」）。
永正十三年（一五一六）	根来寺泉識坊、高野山の行人方に合力し、高野山小集会衆・聖衆を撃破（「東寺過去帳」）。
永正十七年（一五二〇）	根来衆、桛田荘の古堂国嶋を三ヶ寺（高野山・根来寺・粉河寺）の借銭の筋目により金剛峯寺に返還（「高野山上蔵院文書」）。
大永二年（一五二二）	紀伊国の百姓が徳政により根来寺大門に攻め入り寺領を焼打ち、寺僧が多数戦死（「西方論議蔵　小池之坊記奥書」）。

天文元年（一五三二）	根来寺が山内利銭定式を制定し、年齢別利率や幼少・弱者の利息免除を定めると伝えられる（「日輪山清明寺代々記」）。
天文九年（一五四〇）	根来衆の田屋荘競望により、粉河寺誓度院の田屋荘支配が不知行化（「興国寺文書」）。
天文十二年（一五四三）	名手荘嶋の源蔵女が根来寺支配下の和泉国瓦屋荘の田地を成真院に売却（「中家文書」）。
天文頃（一五三二～五五）	根来寺閼伽井坊・大金剛院、加太荘の散銭（賽銭）について裁定を下す（「向井家文書」）。 根来衆、紀泉国境の和泉国鳥取荘山中谷を支配。熊野道と雄山峠を掌握（「三澤家文書」）。
弘治元年（一五五五）	根来寺菩提谷・蓮華谷の院家で山分けの紛争、境内で合戦（「佐武伊賀働書」）。
弘治二年（一五五六）	根来寺境内で泉識坊配下の威徳院、杉坊配下の三宝院の跡職紛争・合戦。根来寺の西谷・蓮華谷の山分け紛争・合戦（「佐武伊賀働書」）。
弘治三年（一五五七）	和佐・岩橋の芝地紛争・合戦。根来衆は雑賀衆の土橋氏に合力して参戦（「佐武伊賀働書」）。雑賀惣国と泉識坊が和佐・岩橋の相論を調停（「和佐家文書」）。
天正頃（一五七三～八五）	雑賀の黒田で雑賀衆の内紛・合戦に根来衆が参加（「佐武伊賀働書」）。
天正元年（一五七三）	粉河衆が根来寺大将の泉識坊・杉坊と戦い敗れる（「粉河寺旧記」）。
天正三年（一五七五）	根来寺領田中荘と安楽川が合戦、竹房で戦闘（「粉河寺旧記」）。
天正四年（一五七六）	泉識坊・岩室坊・杉坊の紛争。本願寺顕如は調停による決着を期待（「安土城考古博物館所蔵文書」）。
天正五年（一五七七）	根来寺杉坊および根来一山、信長に属して雑賀衆を攻撃（「信長公記」「細川家文書」）。根来寺が高野山に信長への味方を要請（「興山寺文書」）。
天正十年（一五八二）	信長、雑賀を攻撃し、土橋平次・泉識坊兄弟が戦死。信長、根来寺衆ら河内連判衆を高野山・雑賀攻めに配置（「信長公記」）。根来衆十名が岩橋荘を支配し麦の所務について命令（「湯橋家文書」）。
天正十二年（一五八四）	根来衆・雑賀衆と秀吉軍が和泉国岸和田城と近木川の周辺で戦闘（「貝塚御座所日記」）。
天正十三年（一五八五）	根来衆と下和泉一揆、秀吉軍に敗れ、根来寺伽藍は大塔・本堂一帯を残して炎上（「貝塚御座所日記」「小早川家文書」）。

中世後期の根来寺は同じ寺社勢力の高野山と争う存在から、地域支配の上で武家権力に対抗し得る存在に成長する。長禄四年（一四六〇）、紀伊粉河円福寺の水論をめぐる戦闘で根来寺は守護畠山義就の軍勢を撃破し、紀伊・河内の多数の守護被官・国人七〇〇名が戦死・溺死した。この戦闘では根来寺領の近隣の守護被官として雑賀・山口・田屋・小倉・貴志・和佐の諸氏が戦死している。[8] 雑賀氏（雑賀衆）や貴志氏は戦国期まで在地領主として続くが、根来寺領の周辺では根来寺を脅かす有力な守護被官や国人の成長は見られない。根来寺の地域権力としての発展により周辺の在地領主や国人は衰退していく。戦国期に根来寺が進出した和

泉南部でも同様に守護被官や国人が没落している。

紀伊の根来寺領荘園（石手・弘田・岡田・山崎・直川・山東荘）には中世後期の在地史料がなく、寺領荘園の支配構造や領主層の動向は全く分からない。しかし拙稿で論じたように応永三十四年（一四二七）から永享三年（一四三一）の寺内抗争で、根来寺座主である醍醐寺三宝院門跡の代官（寺務代）の聖天院景範が行人衆により排除されて没落し、根来寺の主導権は衆徒・行人に移り、しだいに行人の世俗の政治・軍事の主導権が強まる。(9) 和泉南部では行人衆が荘郷代官支配権・領主権・地主得分権を獲得していく。紀伊北部の寺領荘園の支配も在地出身の衆徒や行人が掌握したであろう。寺領荘園の在地領主層は衆徒・行人・下僧・氏人として根来寺の体制に組み込まれ、根来寺と対立した者は没落したと考えられる。寺領荘園の在地領主が守護被官や国人に成長した形跡は見られない。

根来寺と寺領荘園は後述する戦国後期の根来寺境内合戦の激化まで、長期にわたり幕府・守護畠山氏・和泉守護・雑賀衆・粉河寺・高野山などの侵攻を寄せ付けなかった。大永二年（一五二二）の「惣国百姓」の徳政による寺領・境内の攻撃があるぐらいである。(10)「粉河寺旧記」によれば根来寺と粉河寺は頻繁に境目紛争を繰り返したが、根来寺は境内や寺領への攻撃を受けていない（表1年表参照）。(11)

戦国期にかけて根来寺の勢力圏は寺領荘園から紀伊北部へと拡大した。表2は根来寺僧の寺領荘園以外の紀伊北部の荘園や郷村での土地売買の一覧である。買得者の欄にみえる院・坊の僧は根来寺僧である。那賀郡・名草郡・海部郡の荘園・郷村における根来寺僧の土地（加地子得分）集積の一端がうかがわれる。根来寺僧の間で売買がなされ加地子が保持される場合もある。根来寺僧と結ぶ在地土豪（和泉国熊取の中左近、山崎荘黒木村刑部大夫）の土地売買もみえる。根来寺僧が土地を買得した地域には、雑賀衆の勢力圏（名草郡）、粉河

表2　根来寺僧の紀伊北部での土地売買の一覧

売買土地の所在地	年代	売却者	買得者	出典
那賀郡池田荘三谷村	弘治2年(1556)	大金剛院内快秀	蓮華谷玉蔵院	極楽寺文書
那賀郡田中荘井坂村	永正12年(1515)	菩提谷菊之坊	西谷行覚坊	極楽寺文書
那賀郡田中荘井坂村	天文3年(1534)	井坂中屋	延命院内泉春房	極楽寺文書
那賀郡田中荘井坂村	天文9年(1540)	弁才天院勢春	杉坊	極楽寺文書
那賀郡田中下中井坂村	天文2年(1533)	貞恒・東光寺栄順	蓮華谷延命院内泉秀房	極楽寺文書
那賀郡田中荘	大永2年(1522)	年正	菩提谷弁才天院内治部公	極楽寺文書
那賀郡田中下荘	享禄3年(1530)	田中常福寺	蓮華谷延命院内泉秀房	極楽寺文書
那賀郡田中下荘	天文5年(1536)	為近	延命院内大弐殿	極楽寺文書
那賀郡田中荘大井村	天文元年(1532)	俊正	菩提谷弁才天院	極楽寺文書
那賀郡田中荘打田村	天文3年(1534)	田中打田村宮後	延命院之内泉秀房	極楽寺文書
那賀郡田中荘打田村	天文9年(1540)	弁才天院勢春	杉坊	極楽寺文書
那賀郡上貴志大野村	天文9年(1540)	藤二郎	玉蔵院	極楽寺文書
那賀郡西貴志荘	天文17年(1548)	源七大夫	蓮華谷玉蔵院大弐公	極楽寺文書
那賀郡東貴志	天文17年(1548)	源七大夫	蓮華谷玉蔵院大弐公	極楽寺文書
那賀郡東貴志荘嶋村	弘治2年(1556)	東貴志大野孫二郎大夫	蓮華谷玉蔵院大弐公	極楽寺文書
那賀郡西岸上之山	弘治元年(1555)	実相院内宗賢	蓮華谷玉蔵院	極楽寺文書
那賀郡上貴志荘上之山	永禄2年(1559)	大畠村五郎	蓮華谷玉蔵院二位公	極楽寺文書
那賀郡上貴志荘上之山村	永禄4年(1561)	実相院清春	花蔵院	極楽寺文書
那賀郡中筋荘	大永4年(1524)	菩提谷七幡威徳院内泉観房	山崎荘黒木村刑部大夫	坂上氏所蔵文書
那賀郡安良見村	寛正2年(1461)	安良見北氏・竹内氏	花蔵院	北家文書
那賀郡安良見村	明応5年(1496)	安良見北氏	花蔵院	北家文書
那賀郡荒河荘	永禄4年(1561)	室屋平五郎	菩提谷七番成真院	中家文書
名草郡山口荘	天文16年(1547)	中司等	蓮華谷玉蔵院	坂上家文書
名草郡山口荘	天文2年(1533)	岩本与二郎	教観房	極楽寺文書
名草郡山口荘	天文20年(1551)	牛頭天王講衆中	蓮華谷玉蔵院大弐公	極楽寺文書
名草郡河辺嶋村	弘治2年(1556)	蓮華谷大智院明尊	蓮華谷玉蔵院	極楽寺文書
名草郡梶取	天文20年(1551)	掃部太郎	蓮華谷重徳院	和歌山県立博物館所蔵文書
名草郡黒田郷	天文14年(1545)	菩提谷東蔵院	大田ノ刑部左衛門	山本家文書
名草郡神宮田尻郷	文明19年(1487)	掃部大夫	根来寺長深房	林家文書
名草郡神宮田尻郷	明応5年(1496)	源三大夫	根来寺堅長房	林家文書
名草郡日前宮領神宮(神宮御本所知行地)	明応7年(1498)	刑部・衛門・奉行・同・公文所・同畠公文所・所司	根来寺実乗院	向井家文書
名草郡栗栖荘	天文21年(1552)	菩提谷七番蓮蔵院	成真院	中家文書
名草郡栗栖荘	永禄3年(1560)	蓮蔵院勢春	成真院	中家文書
名草郡岩橋荘	天文24年(1555)	松室坊内大弐	熊取中左近(成真院)	中家文書
名草郡薬勝寺	永正15年(1518)	これ以前に根来寺西尊院実誉観長房が買得知行		極楽寺文書
名草郡吉礼荘	天文19年(1550)	吉礼荘中	蓮華谷玉蔵院	極楽寺文書
海部郡安原郷	天文23年(1554)	小雑賀宗覚	蓮華谷玉蔵院	極楽寺文書
おざき村(所在地不明)	天文8年(1539)	大金剛院内長秀坊勢算	玉蔵院	極楽寺文書
金りきのせう垣内(所在地不明)	天文22年(1553)	西谷西室坊	蓮華谷玉蔵院	極楽寺文書

・表の極楽寺文書は、高木徳郎「紀の川市上田井の極楽寺文書について」(『和歌山県立博物館研究紀要』14、2008年)による。
・表の和歌山県立博物館蔵所蔵史料は同館所蔵の川中島合戦屏風の裏貼文書。

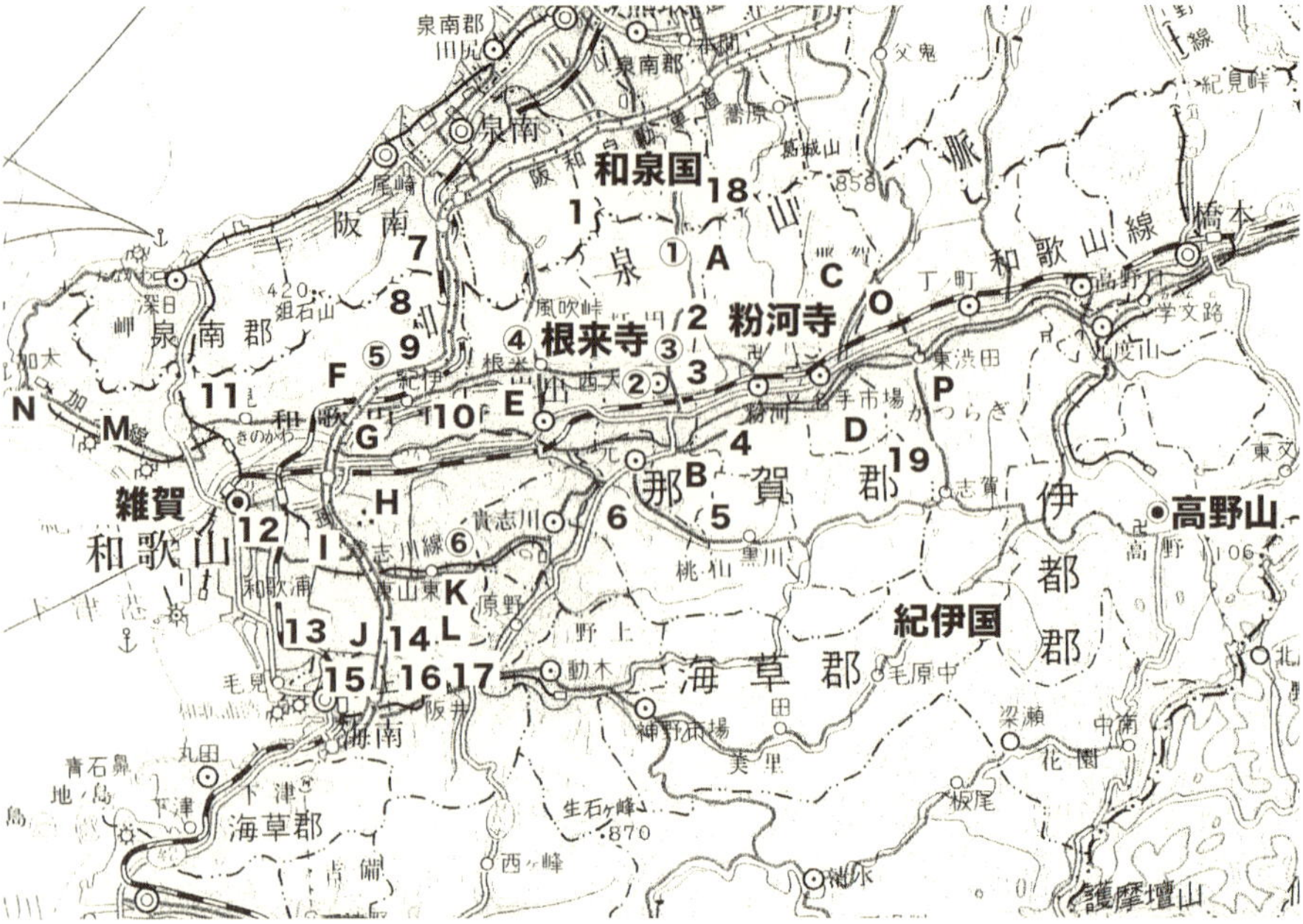

図1　根来寺関係紀伊北部地図

表3　根来寺関係紀伊北部地図　地名一覧

根来寺領荘園		根来寺支配所領		関係地域	
①	弘田荘	A	池田荘	1	風吹峠
②	石手荘	B	田中荘	2	志野
③	岡田荘	C	丹生谷村	3	長田
④	山崎荘	D	名手荘	4	安良見
⑤	直川荘	E	小倉荘	5	荒川（安楽川）荘
⑥	山東荘	F	田屋荘	6	貴志荘
		G	栗栖荘	7	雄山峠
		H	和佐荘	8	山口荘
		I	岩橋荘	9	河辺
		J	和田荘	10	中筋荘
		K	安原郷	11	梶取
		L	薬勝寺	12	黒田郷
		M	木本西荘	13	田尻郷
		N	加太荘	14	吉礼荘
		O	梼田荘	15	本渡郷
		P	渋田荘	16	重根郷
				17	坂井郷
				18	粉河道
				19	麻生津

寺の勢力圏（安良見村）、守護被官の本拠地（山口・貴志）も見られる。根来寺僧の土地集積は雑賀衆・粉河寺の勢力圏にも及んでいた。

根来寺領の外延には根来寺僧が代官職を有して支配する所領が形成された。

十日、紀州池田荘事、自左衛門督方申付一乗山、本役百廿貫ハ可渡西南院云々、近日高野山ニ可付之云々、自守護方一乗山根来、代官事申付之了、(12)

那賀郡の池田荘は本所の興福寺西南院に本役一二〇貫を納める条件で、代官職が紀伊守護の畠山左衛門督政長から根来寺（一乗山）に与えられた。池田荘は明応四年（一四九五）に守護（畠山尚順）から高野山に与えられたが、引き続き根来寺の代官職が認められている。

去晦日一寺一味之評議相定而、自寺内罷出悪僧有之者、二度不可帰寺家、仍根来知行之在所者悉成下知、足軽之宿ヲハ可破却由、相触了、仍池田ト申在所ニ二、三百人蹲□而在之云々、(13)

文亀三年（一五〇三）、根来寺が寺内を出た悪僧の追放と足軽の宿の破却を命じたが、足軽二、三〇〇人が池田に駐留した。池田荘は根来寺の東に位置し和泉への山道（粉河道）が通り、粉河寺や和泉・河内への侵攻の通過点である。根来寺にとって池田荘は軍事上確保すべき重要な所領であった。なお拙稿で述べたように根来寺は熊野街道（雄山峠）の交通路も掌握していた。(14)

根来寺から離れた地域でも根来寺僧の代官支配が展開していた。

　季綱朝臣申、紀州安原国衙・田殿田殿分御料所混合云々弁池田等国衙分事、譜代相伝地也、根来塗屋坊致執沙汰之事也、而近年御料所之条迷惑也、(15)

永正七年（一五一〇）、公家の阿野季綱の家領の海部郡安原郷国衙分・那賀郡池田荘国衙分・有田郡田殿は根来寺行人の塗屋坊が「執沙汰」（代官支配）を行っていた。阿野家領は室町将軍御料所とされたが現地支配は塗屋坊が担い続けた。安原郷には雑賀に属する紀伊一宮日前宮の所領がある。雑賀衆の勢力圏の近くにも根来寺僧の領域的な代官支配があった。

根来寺から離れた伊都郡・紀ノ川上流部へも根来寺の勢力拡大がうかがわれる。

　桛田庄就古堂国嶋分之儀、従御屋形様雖被仰付子細候、三ヶ寺以借銭筋目被仰之由、高室院・杉坊被申候、無相違只今在所於渡申候、於已後違乱之儀有間敷候、仍後日証状之状如件、(16)

根来寺は伊都郡桛田荘の古堂国嶋分を「御屋形様」（守護）から与えられていたが、永正十七年（一五二〇）に「三ヶ寺」（高野山・根来寺・粉河寺）の「借銭筋目」により高野山に譲渡した。伊都郡の渋田荘内でも長享年間まで根来寺の華蔵院と氏人の地主権が存在した。(17)戦国期の根来寺・高野山の行人は金融活動で提携し、(18)寺領支配でも桛田荘の例のように相互に妥協しあう関係であった。

根来寺から離れた海部郡の加太荘についても戦国後期に閼伽井坊明照・大金剛院勢算が「散銭」（賽銭）の問題につき「両人」（当事者）に裁定を下し、支配権を行使している。[19]根来寺は手放した所領についても影響力を行使した。

歓喜寺就寄進之田畠山野、被混之間、落申候之処、重而依御侘事候、承開候て、如往古返進候上者、於以後違乱儀、不可申候、恐々謹言、

文明元稔乙丑　　　閼伽井坊

八月十九日　　　僧都　明範（花押）

歓喜寺方丈侍者御中[20]

根来寺閼伽井坊は歓喜寺に和佐荘歓喜寺の「侘事」により没収していた寺領田畠山野を返還し違乱を禁止した。所領返還後も根来寺は歓喜寺領を実力で保証する権力であった。弘治三年（一五五七）の和佐・岩橋の芝地相論でも根来寺泉識坊が雑賀惣国とともに相論の「曖」（調停）を行った。[21]また根来寺は戦国末期には雑賀惣国の岩橋荘に使節を派遣して収納を実現するようになった。

於当庄、根来寺衆十人して被納候麦所務弐百石計内、杉坊分・威徳院分事、地下衆無案内之由候間、重而員数之都合指引相遣候共、不可成越度候、為其如此候也、

天正十年卯月廿八日　　　矢喜（花押）

表4　中世後期の根来寺の紀伊北部における所領一覧（15世紀中期以降）

所領名	郡名	根来寺・根来衆の支配の内容
寺領荘園	那賀郡	石手荘　弘田荘　岡田荘　山崎荘
寺領荘園	名草郡	直川荘　山東荘
池田荘	那賀郡	文明14年（1482）、畠山政長が根来寺に興福寺領池田荘を寄進（「大乗院寺社雑事記」）。明応4年（1495）にも根来寺が池田荘の代官（大乗院寺社雑事記）。文亀3年（1503）に根来寺足軽が駐留（「政基公旅引付」）。永正7年（1510）、阿野家領・幕府料所の紀伊田殿・安原・池田を根来寺塗屋坊が代官支配（「実隆公記」）。
田中荘	那賀郡	天正3年（1575）、根来寺領田中と安楽川が合戦、竹房で戦闘（「粉河寺旧記」）。天正期に根来寺岩室坊が田中荘に在荘（「大阪歴史博物館所蔵文書」）。
丹生谷村（丹生屋村）	那賀郡	応仁元年（1467）、高野山領名手荘・粉河寺領丹生谷村で井論・合戦があり、丹生屋氏の合力を得て根来衆が出陣。丹生屋道言は根来寺の氏人。文明4年（1472）、丹生屋殿跡の知行で、粉河寺と根来寺が紛争、地下衆が根来寺と調停（「粉河寺旧記」）。丹生谷村にも根来寺の支配権が存在した可能性がある。
名手荘	那賀郡	天文21年（1552）、名手荘嶋の源蔵女が根来寺支配下の和泉国瓦屋荘の田地を成真院に売却（「中家文書」）。根来寺が名手荘嶋に支配権を有し住民の源蔵女に影響を及ぼした可能性がある。
小倉荘	名草郡	土豪の津田氏が根来寺杉之坊と結びつく。津田算長の子の監物算正の弟が杉坊照算（「津田家系図」）。
田屋荘	名草郡	明応10年（1501）、根来寺が粉河誓度院領田屋荘の草内氏に借銭を融通、田屋荘年貢より返済を受ける（「興国寺文書」）。天文9年（1531）、根来衆が田屋荘を競望し、粉河寺誓度院の田屋荘支配が不知行化する（「興国寺文書」）。
栗栖荘	名草郡	天正6年（1578）、「根来寺座主舟橋膳願」が栗本与平次・山県市之進に、栗栖村氏神御穀料として大川筋の6町を保障（「紀伊続風土記付録　山県家文書」）。
和佐荘	名草郡	文明元年（1469）、根来寺閼伽井坊明範、和佐荘内の歓喜寺に寄進田畠山野の没収地を返還し今後の違乱を禁止（「歓喜寺文書」）。これ以前に根来衆が歓喜寺領を支配。弘治3年（1558）、和佐・岩橋の間で芝地をめぐる合戦。根来衆は雑賀衆の土橋氏に合力して参戦（「佐武伊賀働書」）。雑賀惣国と泉識坊が和佐・岩橋の芝地の相論を調停（「和佐家文書」）。
岩橋荘	名草郡	天正10年（1582）、杉坊・威徳院など根来寺衆10名が岩橋荘の麦200石の収取権を獲得し、上使を派遣して支配（「湯橋家文書」）。
和田荘	名草郡	延徳2年（1490）、畠山家被官の遊佐又二郎が根来寺実相院・浄法院から借銭し、その質物として、延徳4年（1492）に実相院・浄法院が、和田荘東方の支配権を得る。代官は宗泉房・善識房（「林家文書」）。
薬勝寺	名草郡	永正15年（1518）以前に根来寺西尊院実誉観長房が薬勝寺を買得知行（「極楽寺文書」）。
木本西荘	名草郡	永正15年（1518）、根来寺西谷泉教が木本西荘八幡宮に下地の納米を寄進。下地支配は西谷泉教が保留（「木本八幡宮文書」）。
加太荘	海部郡	天文8年（1539）、根来寺行人32人が加太荘に入部（「向井家文書」）。永禄10年（1567）、加太荘の向井家の跡職について「使根来寺小谷喜多坊」が証文を発給する（「向井家文書」）。天正期に閼伽井坊明照・大金剛院勢算が「一之諌法散銭」（賽銭）の問題につき「両人」（当事者）に裁定を下す。根来寺が加太荘にも支配権を行使（「向井家文書」）。
安原荘	海部郡	永正7年（1510）、阿野家領・幕府料所の紀伊田殿・安原・池田を根来寺塗屋坊が代官支配（「実隆公記」）。
桛田荘	伊都郡	根来寺が桛田荘の古堂国嶋分を「御屋形様」（守護畠山氏）から与えられていたが、永正17年（1520）、「三ヶ寺」（高野山・根来寺・粉河寺）の「借銭筋目」により、桛田荘の在所を高野山に譲渡（「高野山上蔵院文書」）。
渋田荘	伊都郡	長享3年(1489)、根来寺氏人・華蔵院が渋田荘で田地の地主職を支配（「高野山御影堂文書」）。
相賀荘	伊都郡	中世前期には根来寺密厳院領。寛正4年（1463）、根来寺が柏原村氏人に柏原証城権現の御供灯明祭礼（の土地か）を寄進（「西光寺文書」）。
田殿荘	有田郡	永正7年（1510）、阿野家領・幕府料所の紀伊田殿・安原・池田を根来寺塗屋坊が代官支配（「実隆公記」）。

・根来寺僧が小規模な田畠を買得した事例は省略した。
・小倉荘の津田氏と根来寺杉之坊については、太田宏一「津田流砲術と奥弥兵衛について」（『和歌山市立博物館研究紀要』10、2005年）。
・和田荘については和歌山市立博物館所蔵の林家文書による（同館学芸員小橋勇介氏の教示）。林家文書の概要は三尾功「林家文書について」（『和歌山市史研究』24、1996年）。

岩橋惣中　参　　　上使中[22]

杉坊・威徳院など根来寺衆十名は岩橋荘の麦二〇〇石の収取権を獲得し、上使中が収納の支配を行っている。上使だけでなく行人衆も和泉南部と同様に寺領外の所領に滞在して支配を行うようになる。那賀郡の田中荘では戦国末期に有力行人の岩室坊が在荘している。[23]

根来寺は紀伊北部において①根来寺が荘園領主権をもつ寺領荘園を中核に、②衆徒・行人が加地子得分を持つ所領、③衆徒・行人が代官職を持つ所領、④守護の承認や実力により獲得した所領、などを獲得した。隣接する雑賀惣国や粉河寺領との境目地域にも⑤政治・軍事上に影響力を及ぼす勢力圏を形成した。拙稿では和泉南部の近木川流域以南西を戦国領主としての根来寺権力の「領」（支配領域）すなわち「根来領」と評価した。[24]紀伊北部で根来寺が所領を獲得した中核的な領域は、東は岩橋荘・和田荘、西は池田荘、南は田中荘に及ぶ。この一帯を⑥紀伊北部における事実上の「根来領」と考えたい。

粉河寺は拙稿で論じたように戦国期には根来寺の軍事的な同盟勢力となった。[25]「粉河寺旧記」をみても文明年間まで続いた根来寺・粉河寺の紛争は戦国期には少なくなる。粉河寺は根来寺にとって従属的な同盟勢力であり、粉河寺領は根来寺の勢力が及ぶ影響圏であった。

二　根来寺権力と所領支配構造——「惣国」「一揆」再考——

次に根来寺の権力構造と紀伊北部の所領支配構造について考える。前述のように根来寺では室町期に座主代官（寺務代・預）を排除した衆徒・行人の主導権が成立した。表1年表の「粉河寺旧記」の記事をみても室町期の根来寺の軍事行動や地域支配は衆徒・行人により担われている。ただし「粉河寺旧記」などによれば十六世紀には軍事や地域支配を動かすのは行人だけとなり衆徒は関与しなくなる。

拙稿では根来寺の権力構造を有力行人の「衆」的結合、惣分（行人方）の集会、一山集会から成る重層的な構造と評価し、しだいに有力行人の寡頭制が強化されると論じた。[26] ここでは根来寺の権力構造を再考し、根来寺を惣国一揆とする説の是非について考える。

根来寺の権力構造を示す最良の史料は、拙稿で紹介した「政基公旅引付」（十六世紀初期に和泉国日根荘に在荘した九条政基の日記）の記事である。繁雑なので史料本文は略して論旨だけを述べる。文亀二年（一五〇二）の根来衆の和泉国日根郡侵攻に対し、九条政基は軍勢駐留停止の制札（禁制）を獲得すべく根来寺と交渉した。政基は惣分の「衆会所評定衆」中の有力者（「根本意見今又寺内用之面々」）と制札発給を交渉した。惣分の「三方集会」の多数意見は「出衆」（出陣部隊）の軍事行動を支持し制札発給に消極的だった。しかし日根荘入山田村百姓からも軍勢駐留停止の働きかけを受けた「根本意見今又寺内用之面々」（＝惣分衆会所の「致昆本意見坊中十余人」＝「取頭衆」）は、「私集会」を開いて惣分衆会の意見を覆し、根来寺惣分沙汰所老衆・若衆の連署で制札を日根荘入山田村に発給した。[27]

この時期には衆徒に対して行人方の勢力が強化され、衆徒が参加する一山の集会は惣分の決定に従う存在となった。それだけでなくこの史料のように惣分の内部に「根本意見今又寺内用之面々」＝「取頭衆」とよばれる少数の有力坊院の「衆」や「私集会」が台頭していた。こうした行人方（惣分）の内部の有力行人集団の寡頭制が惣分集会および評定衆の決定を左右していた。

拙稿では「政基公旅引付」により有力行人の閼伽井坊とその門下の院主が「四人衆」と呼ばれ、複数の行人が師弟や同宿の関係にもとづき「衆」として閼伽井坊門下に系列化されていたと論じた(28)。こうした系列化が有力行人の寡頭制を生み出した。近年の行人方組織研究でも武内雅人氏は「寄親」である有力行人が境内の谷ごとに結合した院家を「近付」として編成したと論じている(29)。

ただし行人方にはそうした寡頭制や系列化だけでは説明できない側面がある。先の土地売買の表にも買得者として頻出する行人方の蓮華谷玉蔵院の置文が注目される。

一、坊舎・院領資材道具一円ニ大炊助子息竹千代□ニ譲置被成也、当坊ニ置キ十三歳ニテ延命院ニテ得度可有之、留守之儀者、同宿衆各仕候而、毎月一度大炊助ト算用可有之、浄心院・大金剛院・徳寿院・紫竹宝坊・延命院・殊泉識坊・延命院《福寿院》、別而可被加異見候(30)

玉蔵院は相続者の得度までは同宿衆が留守を務め坊舎・院領を管理し、有力行人の泉識坊を含む蓮華谷の行人が「異見」により玉蔵院を指導した。しかし玉蔵院は有力行人に従属するのではなく、蓮華谷の行人の集団指導下に置かれた。それも相続者が得度前の若年者であるためで、谷の院家の指導・依存関係は得度と年齢の原理に基づいている。「殊泉識坊」とあるように泉識坊の存在は大きいが、泉識坊と他の行人は垂直的な関係にはない。行人集団には有力行人ごとの系列関係や「寄親」―「近付」の編成とは別に境内の谷ごとの行人集団の横並びの結合関係が存在した。

行人方の文書発給にも機構的・集権的性格と非集権的・分権的性格が並存していた。行人方の文書発給には惣分沙汰所（老衆・若衆）の発給文書と、行人の単独ないし連署の発給文書がある。行人方の執行機関である惣分沙汰所の発給文書は制札・軍令や寺院あての文書に使われているが残存例が少ない。[31]所領や案件ごとに関係する行人が単署ないし連署で文書を発給して支配を行う例が一般的であった。行人の発給文書には泉識坊・杉坊・閼伽井坊・岩室坊などの有力行人の発給文書もあるが、発給者は有力行人に限定されないし連署する行人は固定的ではない。こうした文書発給の非機構性・署判の非固定性は根来寺僧の個別所領支配や集権化し切れない権力構造に起因している。

根来寺の行人方はしばしば「衆」と言われる。「衆」には「四谷の衆」「小谷衆」[32]のように境内の谷ごとの行人の地縁的・水平的な「衆」結合と、有力行人を中心に系列化された寡頭制としての「衆」結合や垂直的な編成がある。根来寺の軍事や広域支配の実権は有力行人が掌握しているが有力行人の専制にはならない。それは谷の行人の「衆」結合があり、また形式化しつつも一揆的な意志決定の場である惣分集会が開催される場合があるためである。根来寺権力は行人の個別所領支配、谷の「衆」結合、有力行人の寡頭制、惣分や一山の衆議が重層する複雑な構造から成る。拙稿で述べたように根来寺は戦争などの非常時には一味同心して外部からは「一揆」と見なされ、地下衆と連合することもある。[33]しかし「一揆」の局面でも有力行人のヘゲモニーは失われない。寡頭制の側面と一揆的な側面が谷と惣分・一山のレベルで重層・複合する点に根来寺権力の特質がある。根来寺が「一揆」となった場合でも有力行人の寡頭制を核としつつ上記の重層的な権力構造を持つ「一揆」とせねばならない。

根来寺の支配および寺僧の個別的な領主権・地主得分権・代官支配は、和泉南部では荘園・郷村の在地における代官衆・行人衆の「衆」結合に支えられ、荘園・郷村の土豪・村落と相互に依存していた。[34]こうした在地依存型の支配構造は紀伊北部でも見られる。

応仁元年丁亥五月八日、名手与丹生や井論シテ（略）十二、三日、高野衆名手ノ合力ニ下ト聞キ、亦丹生屋ノ合力ニ根来寺衆五月十四日ニ長田村迄来テ陳取ス、[35]

応仁元年（一四六七）の高野山領名手荘と粉河寺領丹生谷村の井論（水論）において根来寺は丹生谷村の合力を得ている。表1年表によれば文明四年（一四七二）には丹生谷村の丹生屋殿の跡職を粉河寺と根来寺が争い、丹生谷村の地下衆が根来寺との「扱」（調停）を行った。表1年表にみるように「粉河寺旧記」が記す根来寺・粉河寺の境目の紛争では根来寺・粉河寺とともに地下衆がしばしば「扱」を行っている。文明期の丹生谷村には根来寺行人に属した根来寺氏人の丹生屋道言[36]がおり、丹生谷村には根来寺の支配が及んでいたが、その支配は丹生屋道言や丹生谷村の地下衆に支えられていた。

根来寺が村落とともに調停や紛争解決を行い得たのは、寺領荘園の山崎荘の黒木村刑部大夫（表2）や丹生屋道言のように在地有力者を把握していたからであろう。弘治三年の和佐・岩橋の芝地相論で「噯」（調停）を行った泉識坊の生家は雑賀惣国の土橋氏であった。有力行人の寡頭制が強化されても在地依存型の支配構造や「扱」による紛争解決の方式は変わらない。

一揆的性格を持つとはいえ有力行人の寡頭制を軸に運営される以上、根来寺権力は惣国一揆ではあり得ない。根来寺を支える土豪や村落も平時には一揆とは見なされない。海津氏の惣国一揆論は大永二年の「惣国百姓」の徳政・根来寺攻撃が史料的根拠であるが[37]、この「惣国百姓」が惣国一揆概念の惣国という根拠はなく、根来寺に敵対する徳政の史料なので根来寺を惣国一揆とする根拠にならない。

そもそも惣国一揆・郡中惣の概念と研究史からみても、根来寺のような大規模な寺院権力を惣国一揆とするのは理論的に不可能である。根来寺惣国一揆論の理論的前提である紀州惣国一揆論は[38]、惣村の惣国的連合を論証しないまま守護畠山氏への国内領主権力の結集を惣国一揆とした点で惣国一揆概念から逸脱しており[39]、紀州惣国一揆など最初から存在しない。紀伊のなかの惣国は雑賀のみであり[40]、紀州一国や根来の惣国論は惣国概念の乱用・誤用でしかない[41]。藤田達生氏は秀吉政権と対決した紀州の勢力を惣国一揆とするが[42]、根来衆・雑賀衆以外の紀州の勢力を秀吉軍と対決する「一揆」とした史料は見当たらない。根来寺や紀州一国の惣国一揆論は幻想に過ぎない。

しかも根来寺の寡頭制が一層強まる戦国後期には紀州や根来の「惣国」どころか、表1年表のように紀伊北部で内紛と戦闘が激化した。弘治三年の和佐・岩橋の相論は「佐武伊賀働書」によれば、雑賀惣国の内紛に根来寺衆が関わった「合戦」であった。弘治年間には根来寺の谷（蓮華谷と菩提谷、西谷と蓮華谷）の山分け紛争、威徳院・三宝院の跡式紛争（泉識坊と杉坊の抗争）と、行人方の抗争が相次いだ（表1年表）。行人方の境内での戦闘は雑賀衆の佐武伊賀のような寺外の勢力も巻き込んでいた[43]。

その後も時期は不明だが雑賀惣国の黒田で雑賀衆・根来衆による合戦が起こった。根来寺・粉河寺の戦闘も天正元年から再燃し、粉河寺衆徒と根来寺行人・大将の戦闘に拡大した。天正四年（一五七六）には根来寺の有力行人の泉識坊・杉坊・岩室坊の紛争が起こった。翌天正五年の織田信長の雑賀攻撃には杉坊が積極的に信長軍に味方し[44]、以後も根来寺は一山として信長に従い、紀伊・和泉の根来領は信長軍の攻撃を受けていない。しかし泉識坊は雑賀衆に味方し根来寺行人の分裂状況は解決されなかった。紀伊北部の諸勢力は信長に共同で対処など到底できない状態にあった。紀伊の諸勢力の抗争は信長軍襲来という外圧より以前に、紀伊北部において内在的に生み出された矛盾の産物であった。

三　根来寺境内・門前と地域経済構造――「都市」再考――

ここでは根来寺と根来領の経済構造を考察し、近年提起されている根来寺都市論の当否を問う。

伊藤正敏氏は寺社境内を金融や経済の拠点とし門前都市と一体とする境内都市論を唱えた。(45) 根来寺行人の銭主・蔵本としての金融活動は著名で、境内で利銭（金融）が行われた可能性もある（表1年表）。しかし商工業全般が境内で営まれたかどうかは不明である。蓮華谷「ヌリヤ小路」・塗屋坊・根来塗細工の存在が指摘されるが、その他の生産活動の事例は見当たらない。根来寺境内で発見された備前焼の大甕も院家で消費する物資保管用の甕であるが商品生産・販売・保管の甕とは考えられない。

「政基公旅引付」にみえる和泉南部の地域民衆は根来寺との関係が深いにもかかわらず、根来寺に交易や売買に出向いていない。当時の和泉南部の民衆が出入りする紀伊北部の市は粉河市であり、(46) 根来寺境内には地域民衆が交易を営む市場はまだなかった。

次に境内の谷の小路や院家群を伊藤氏は都市空間、仁木宏氏は町共同体に近い存在とする。(47) 境内都市論や仁木氏の「山の寺」論では院家の密集が想定されている。しかし伊藤氏の根来寺境内復元図を見ると谷の院家が密集した印象を受けるが、発掘された箇所が限られる現状で院家の密集景観を復元するのは行き過ぎで、現在の根来寺周辺の谷の棚田地形を単純にかつての院家の密集地形とイメージするのは危険である。また近世に描かれた「根来寺伽藍古絵図」から院家の密集を想定できるかも疑問である。むしろ伽藍を中核とした中世前期の求心的な境内構造が変質し、周縁部の谷へと行人の院家が分散していると考えられる。現時点では院家が密集しているとは断定できない。建物の密集を都市の指標とするのも、都市でない寺院や惣村集落が密集している点を考えれば疑問である。

海津一朗氏は根来寺には都市法としての「法度」があり、徳政一揆の攻撃対象であることから根来寺を都市とみる。(48) 海津氏が重視する根来寺の「法度」は戦闘に関わる法であり、「法度」が規制するのはあくまで戦闘に関わる事象である。この「法度」が都市法かどうかを論じること自体が無理である。境内が徳政一揆から攻撃されたことは境内での金融活動や金融資産の保管を示唆するが、それだけでは商工業活動の場や交易の市場を含む都市とは言えまい。

考古学からは武内雅人氏が院家と城郭の遺構、境内道路の整備、小路と地番から根来寺境内を都市とする。(49) 阿部来氏は根来寺境内の谷の小路・院家区画・道路の計画や遺物にみる物資の蓄積から都市論を追究する必要を説く。(50) ただし現状では遺構・城郭・道路・地番や境内の造成計画は都市に固有のものとは限らないし、蓄積される物資も寺院の法会や行人の軍事での消費が目的とすべきであろう。

以上の根来寺都市論の説明は都市に必要な指標ではあるが、いずれも都市論の十分な論拠ではないし、根来寺周辺の経済構造の総体は分からない。根来寺境内の都市的性格は否定しないが、寺院境内を都市とする論理や実証が十分でないまま性急に根来寺を都市と結論づけるのは現段階では無理がある。

仁木氏は「山の寺」を地域社会の核とする。(51) 根来寺境内も地域社会の核であるが、根来寺の人口と需要の維持にとっては地域の核となる経済機能が根来寺境内以外の所に必要である。根来寺が都市か否かをいきなり論じるのではなく、問題の立て方を変えて根来寺周辺の地域の核を検出した上で地域の経済構造を考察し、根来寺周辺にどのような都市が存在したのかを考えるべきであろう。

根来寺周辺地域で明確に都市であるのは境内の門前の西坂本である。西坂本には番匠・瓦師・塗師・金物大工がおり商工業活動が全般的に営まれていた。(52)言うまでもなく西坂本の都市機能は根来寺の法会・造寺・軍事や根来領の住民の需要を満たすためのものである。根来寺と西坂本の間には境内の結界がある。根来寺周辺の商人と推定される材木屋与五郎が根来寺足軽の「先陣」の指揮官であったように、(53)根来領の商人や町場住民には自立性があった。西坂本の住民にも自治・自立性が想定され、伊藤氏のように西坂本（門前）を根来寺（境内）と一体とみる見方には留保が必要である。なお境内の東の湯屋遺構に近い東坂本は商工業活動の拠点がなく門前都市とは考えられない。

しかし根来寺周辺の経済拠点は西坂本だけではない。紀伊北部の根来領の地域社会では地域経済の結節点となる交通経済の要衝が複数存在したとみるべきである。紀伊北部の交通動脈である紀ノ川と根来寺をつなぐ交通路の存在が「粉河寺旧記（天英本）」の次の記事にうかがえる。

（文明十一年）三月十一日、根来寺大塔木本山ニテ所望被申候間、（略）奉行ニテ三ヶ村衆百姓集大川迄引也、

文明十一年（一四七九）、根来寺は大塔建築の材木を粉河寺に求め、粉河寺領の名草郡坂井・木渡・重根三ヶ村衆が材木を大川（紀ノ川）まで輸送した。材木は紀ノ川の水運で運ばれ、陸揚げされて根来寺に運ば

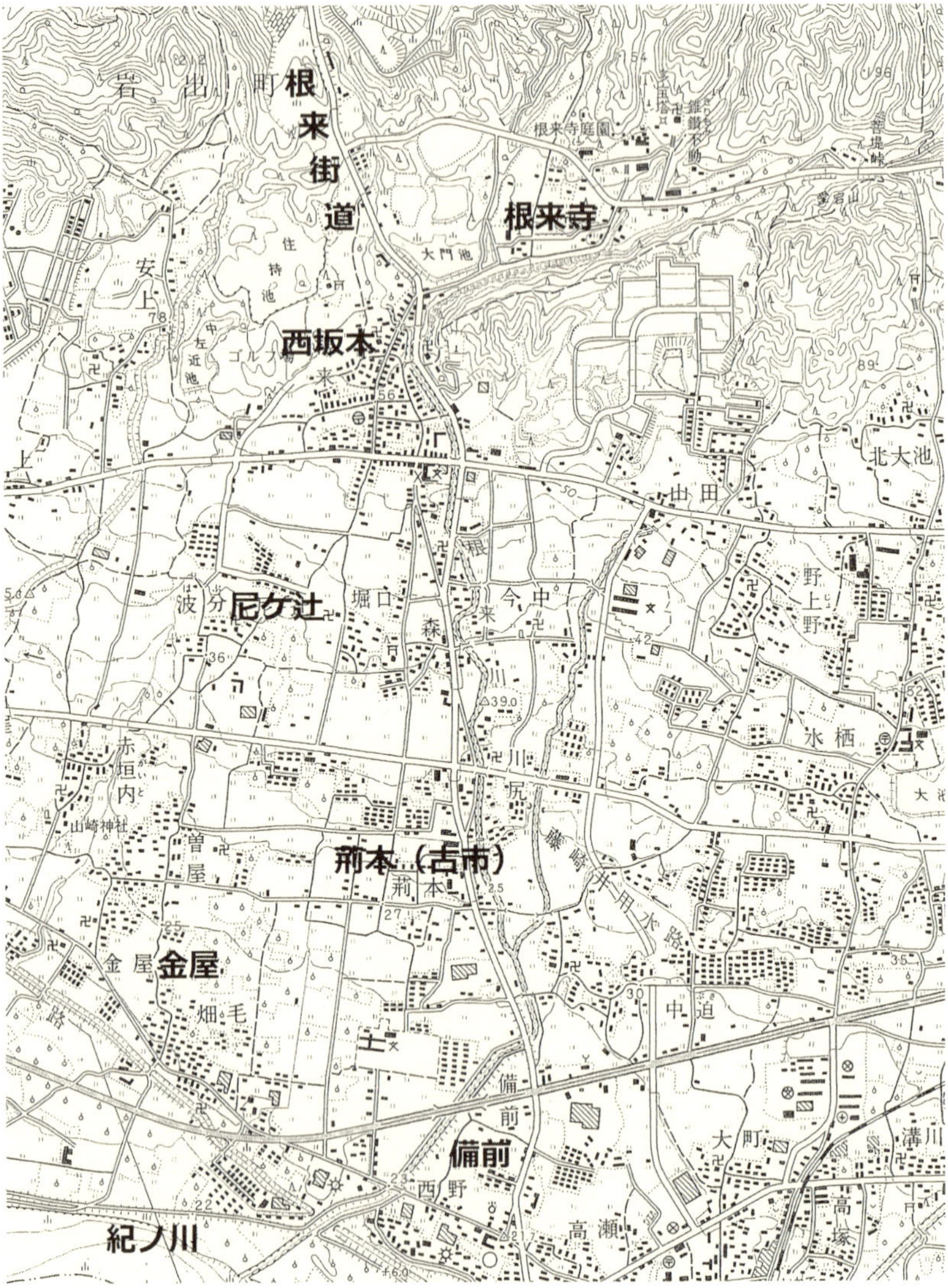

図2　根来寺周辺の経済拠点（国土地理院25000分1地図「岩出」1994年より作成）

れた。紀ノ川には根来寺への材木などの物資が集められる川湊が存在した筈である。

近世の地誌である「紀伊続風土記」には根来寺周辺の経済拠点の存在が垣間見える。西坂本の南の尼辻には根来街道と熊野街道方面への道の辻（交差点）があったとされる。西坂本から根来街道とよばれる古道を南下した荊本の集落には「古市」があったとされる。荊本の西の金屋の集落は根来寺時代から鍛冶屋がいたとされる。荊本の南の紀ノ川に近い備前は備前焼の陸揚げ地と推定されている。(54)「紀伊続風土記」にもとづく推定ではあるが、根来寺境内の西から紀ノ川岸にかけて根来街道に沿って市・辻・工業生産地・物資陸揚げの川湊といった経済拠点が分布していた構造が浮かび上がる。(55)

こうした経済拠点も西坂本と同様に、根来寺・根来領の需要や消費を支える役目を担った。根来寺境内・門前の経済構造は都市（西坂本）と消費地（根来寺境内）を中心に編成されているが、様々な経済拠点が街道沿いに分散する点に特質がある。行人方の軍事力が集中する根来寺境内は金融の中枢・一大消費地として地域経済の中心に位置するが、境内に移入された物資は法会・造寺・軍事に消費され、新たな財や富の生産・交易には使われていない。境内では都市機能の中核である商工業機能は微弱で市場は存在せず、根来寺は商工業や流通を西坂本や周辺の経済拠点に依存していた。

また西坂本は紀伊北部の根来領で卓越した都市とはいえ、和泉南部・紀伊北部の根来領全体の都市のなかの優越的な存在ではなかった。和泉南部の根来寺勢力圏では都市（貝塚・佐野）、港湾（嘉祥寺・深日・谷川小島）・宿駅（信達市場）が存在した。(56)粉河寺にも市・町がある。有力行人の寡頭制が強化されても根来寺は境内や西坂本に経済機能を集中させず、所領支配や経済拠点の分散性は克服されなかった。根来寺の経済拠点の分散性はその権力構造および行人の所領支配の分権性、在地依存型の支配構造とも関係していた。このような意味でも根来寺を求心的な都市権力とするのは一面的である。

おわりに――重層的な「衆」の権力としての根来寺――

本稿では史料に即して紀伊北部での根来寺の所領支配・権力構造・経済構造を総合的に実証した。冒頭でその問題点を指摘した従来の様々な根来寺の虚像は、本稿によりおおよそ克服されたと考える。また根来寺の権力構造の追究により根来寺惣国一揆説の批判は無論のこと、根来寺を統一政権に敵対した政権・「惣国」「共和国」という歴史像が成り立たないことも明らかになった。

もとより筆者も在地の村落や民衆の連合や一揆を高く評価し、戦後歴史学と史的唯物論が明らかにしてきた村落史・民衆史を継承している。しかしこれまでの根来寺権力論では一揆・惣国概念が乱用されており、史料に即した論証になっていない。「一揆」として現れる場合でも、一揆の内実の権力構造を史料に即して考察せねばならず、「一揆」「惣国」「都市」の概念を一人歩きさせてはならない。

拙稿で述べたように和泉南部では根来寺は戦国期に幕府から公権力と認知され、地域社会からも地域の公権力として支持された。(57) 畠山氏が守護であるとはいえ、守護被官・国人や近隣勢力を排除して紀伊北部に形成された根来領において根来寺が唯一の地域公権力になったと考える。

繰り返しになるが根来寺の権力組織は、個別に所領を支配する行人が谷ごとの「衆」として結合する一方で有力行人の寡頭制の下に系列化されていた。根来寺権力の意志決定は有力行人によって主導されるが、惣分・一山の集会が開かれる場合には衆議を経て重層的に決定された。根来寺の権力構造に寡頭制と一揆・衆議の性格が重層・複合するのは、谷ごとの「衆」、有力行人に編成された「衆」、惣分の衆議の「衆」と、性格の異なる様々な行人の「衆」結合が存在するためである。主導権を握る「衆」が寡頭制か一揆・衆議的かによって、根来寺権力は有力行人の権力でもあり得るし「一揆」にもなり得る。しかし根来寺が「一揆」「一味」であるのは和泉守護や秀吉政権と対決した非常時に限られるし、有力行人の支配も多様な「衆」の存在ゆえに専制化することはない。

以上の意味で根来寺権力の本質は重層的な「衆」の権力と言えるだろう。根来寺行人が外部から「根来衆」とよばれる所以である。様々な「衆」が重層した権力であることを踏まえて、どのような局面で根来寺権力は寡頭制により運営され、どのような局面で如何にして「一揆」となるのか、その意志決定と権力の作動の過程を一層詳細に考察する必要があるだろう。

根来寺権力が「衆」の権力であり寡頭制と一揆・衆議の性格が重層・複合することは、根来寺境内の構造も規定している。根来寺境内は根来領の地域社会からみれば軍事と金融の中枢であるが、一方で院家が分散する谷ごとの「衆」結合に境内が区分されている分権的性格があった。また商工業機能に乏しい消費地としての根来寺境内は、地域の経済拠点のネットワークのなかで存立していた。また根来寺の支配は境内の軍事と金融だけが支えたのではなく、在地の村落・土豪の秩序や分散的な地域の経済拠点に依存していた。根来寺境内にも集中的な側面と分散的・分権的側面がある。根来寺境内はまさに「衆」（＝根来衆）の権力の重層・複合する拠点であった。

註

（1）フロイス『日本史』をもとに根来衆を軍事集団・傭兵とした著述は数多い。倭寇・アウトロー国家論については海津一朗「研究史のなかの根来」（海津編『中世都市根来寺と紀州惣国』（同成社、二〇一三年）。

（2）熱田公「雑賀一揆と根来衆」（北西弘先生還暦記念会編『中世社会と一向一揆』吉川弘文館、一九八五年）、小山靖憲『中世寺社と荘園制』（塙書房、一九九八年）。

（3）寛永十三年（一六三六）「根来寺破滅因縁」（『根来寺史』史料編一）。

（4）三浦圭一「一五～一六世紀の人民闘争」（『日本中世賤民史の研究』部落問題研究所出版部、一九九〇年、初出一九六九年）、島田次郎「荘園制的収取体系の変質と解体」（『講座日本荘園史4　荘園の解体』吉川弘文館、一九九九年）。

（5）前掲註2小山著書。

（6）前掲註1海津編著。

（7）廣田浩治（A）「地域の公権力としての中世根来寺」（『根来寺文化研究所紀要』二、二〇〇五年）、（B）「中世根来寺の戦争と武力」（『和歌山地方史研究』五〇、二〇〇五年）、（C）「戦国期和泉国の基本構造」（小山靖憲編『戦国期畿内の政治社会構造』和泉書院、二〇〇六年）、（D）「鳥取荘山中谷と根来寺」（『泉佐野の歴史と今を知る会』二七一、二〇一〇年）、（E）「書評　海津一朗編『中世都市根来寺と紀州惣国』」（『ヒストリア』二四五、二〇一四年）、（F）「中世後期の畿内・国・境目・地域社会」（川岡勉編『中世の西国と東国』戎光祥出版、二〇一四年）。

（8）「大乗院寺社雑事記」長禄四年五月二十五日条。

（9）前掲註7廣田（A）（B）論文。

（10）海津一朗「紀州惣国一揆と根来寺」（前掲註1海津編著）の「西方論議蔵　小池之坊記」。

（11）『粉河町史　第三巻』「粉河寺旧記」（「粉河寺文書」）、「粉河寺旧記（天英本）」（「御池坊文書」）。

（12）「大乗院寺社雑事記」明応四年十月十日条。

（13）「政基公旅引付」文亀三年九月二日条。

（14）前掲註7廣田（D）論文。

(15)「実隆公記」永正七年六月十六日条。塗屋坊は「政基公旅引付」文亀二年七月二十二日条により行人方と分かる。根来寺では衆徒か行人か不明な院家が多く、その識別が課題である。
(16)「高野山上蔵院文書」永正十七年大伝法院明春等連署証状（山内治朗・土居聡朗「高野山上蔵院文書について（二）」『愛媛県立歴史博物館研究紀要』一二、二〇〇七年）。
(17)「高野山御影堂文書」長享三年（一四八九）渋田荘分田帳など。坂本亮太「解説　根来寺史料について」（前掲註1海津編著）。
(18)「粉河寺御池坊文書」年欠三ヶ寺（高野山・根来寺・粉河寺）行人方追加規式、伊藤正敏『中世の寺社勢力と境内都市』（吉川弘文館、一九九九年）。
(19)「向井家文書」年欠閼伽井坊明照・大金剛院勢算連署状。大金剛院勢算は天正十七年（一五八九）に存命している（「新川家文書」天正十七年大金剛院名跡譲状）。
(20)「歓喜寺文書」。
(21)「和佐家文書」弘治三年岩橋荘神主等連署去状。
(22)「湯橋家文書」天正十年矢喜・上使中連署書下。
(23)大阪歴史博物館所蔵の年欠根来寺惣分沙汰所快香の貝塚願泉寺卜半斎宛て書状（堺市博物館図録『貝塚願泉寺と泉州堺』二〇〇七年）。
(24)前掲註7廣田（C）（F）論文。戦国期根来寺の統治領域には戦国領主の「領」と同等の性格があると考える。ただし権力構造が武家権力と同質化したとは考えていない。
(25)前掲註7廣田（B）論文。
(26)前掲註7廣田（A）論文。
(27)「政基公旅引付」文亀二年七月二十一日条・九月八日条・九月十二日条。
(28)前掲註7廣田（A）論文。
(29)武内雅人「根来寺境内の景観と構造」（前掲註1海津編著）。ただし「寄親」―「近付」が軍事組織として現実に機能した事例がない。また現実の軍事行動においては戦闘地域の近くに所領を持つ行人（所領衆）が出陣する事例がある（前掲註7廣田（B）論文）。

(30) 前掲註1海津編著「坂上猶右衛門氏所蔵文書」元亀四年（一五七三）玉蔵院快正置文写。
(31) 前掲註7廣田（B）論文。惣分沙汰所の寺院宛文書には「観心寺文書」永禄四年（一五六一）根来寺惣分沙汰所祐範禁制、前掲註23史料。
(32)「政基公旅引付」永正元年（一五〇四）七月七日条、「信長公記」天正三年（一五七五）四月十三日条。前掲註29武内論文。
(33) 根来寺一山一味の事例は前掲註13史料。根来衆と地下の連合した一揆には、秀吉軍と戦った根来衆・雑賀衆・和泉の村々が連合した「下和泉ノ一揆」がある。『寺内町研究』第二号「貝塚御座所日記」天正十二年（一五八四）三月二十一日条。前掲註7廣田（A）（B）論文。
(34) 前掲註7廣田（A）論文。
(35) 前掲註11「粉河寺旧記（天英本）」。
(36) 紀の川市上丹生谷丹生神社所蔵の金銅鳥頸太刀入子鞘文明二年（一四七〇）墨書銘（新義真言宗総本山根来寺・根来寺文化財研究所『根来寺の歴史と文化財』二〇〇九年）。
(37) 前掲註10海津論文の「西方論議蔵　小池之坊記」、前掲註7廣田（E）書評。
(38) 石田晴男「守護畠山氏と紀州『惣国一揆』」（峰岸純夫編『本願寺・一向一揆の研究』吉川弘文館、一九八四年、初出一九七七年）。
(40) 小山靖憲「雑賀衆と根来衆」（前掲註2小山著書）、弓倉弘年「紀州惣国をめぐって」（『和歌地方史研究』三四、一九九八年）など。
(41) 近年では国一揆・惣国を国人一揆とする惣国一揆論批判がある。呉座勇一「乙訓「惣国」の構造」（『日本中世の領主一揆』思文閣出版、初出二〇一一年）、川岡勉『山城国一揆と戦国社会』（吉川弘文館、二〇一二年）。根来寺は国人一揆としての国一揆・惣国にも当たらない。
(42) 藤田達生「太田城水攻めと豊臣国分」（『ヒストリア』二四〇、二〇一三年）。
(43) 川端泰幸『日本中世の地域社会と一揆』（法蔵館、二〇〇八年）、武内雅人「佐武伊賀働書を『読み解く』（和歌山大学教育学部海津研究室『中世根来の社会史』二〇〇八年）、同「佐武伊賀働書から読み取る根来寺行人方の世界」（前掲註1海津編著）。この時期の紛争は武内論文や前掲註10海津論文のいう自力救済でもあろうが、時代状況としては天正期（信長の雑賀攻撃期）の泉識坊・杉坊の分裂の前提となる有力行人の境内での抗争と考える。

(44)「細川家文書」天正五年二月十日・十一日織田信長朱印状。

(45) 前掲註18伊藤著書、伊藤正敏『日本の中世寺院』（吉川弘文館、二〇〇〇年）、同『寺社勢力の中世』（筑摩書房、二〇〇八年）。

(46)「政基公旅引付」文亀三年（一五〇三）七月十二日条。

(47) 仁木宏「根来寺の首都論と都市論をめぐって」（『ヒストリア』二四五、二〇一四年）。

(48) 前掲註10海津論文。

(49) 前掲註29武内論文。

(50) 阿部来「考古学からみた中世都市根来寺」（『ヒストリア』二四五、二〇一四年）

(51) 前掲註18・47伊藤著書、仁木宏「「山の寺」研究の方法をめぐって」（『遺跡学研究』八、二〇一一年）、前掲註47仁木論文。

(52) 菅原正明「中世の根来寺を支えた商人・職人」（『久遠の祈り　紀伊国神々の考古学2』清文堂出版、二〇〇二年、初出一九九五年）。

(53)「政基公旅引付」永正元年九月九日条。

(54) 前掲註52菅原論文。

(55)「紀伊続風土記」巻二十八那賀郡。

(56) 前掲註7廣田（C）（F）論文。

(57) 前掲註7廣田（A）（B）（F）論文。

六　中世真言寺院の教学とその歴史的変遷

――根来寺の位置づけを考えるために――

上島　享

はじめに

日本中世の権門寺院は、伽藍の諸堂からなる寺家とその周囲に所在する諸院家、そして末寺から構成されており、寺家・院家の担い手たる僧侶の活動を寺内に居住した俗人や寺外の檀越・信者などが援助するとともに、庄園をはじめとする所領などからの収益が寺院の諸活動を経済面で支えた。このように、権門寺院においては多様な活動が展開していたが、その中でも法会の勤修など宗教に関わるものが中心かつ本質だといえる。それゆえ、寺家・院家の組織や機構は、そこで行われる宗教活動のあり方を反映した形態になっており、教学活動の結果として生成される聖教や文書は中世寺院においてもっとも重要な史料だといってよい。

顕密仏教を構成する南都・真言・天台に属する権門寺院は、中世寺院としての共通基盤を共有しながらも、それぞれ独自の宗教活動を展開していた。それゆえ、寺院の組織や機構も一定の類似性を持ちながらも、それぞれに独自の特徴を有しており、それは各寺院の宗教的性格を反映したものだと考える。

顕密仏教の教学を論じる場合、顕教に対する密教の優位性が説かれ、顕密仏教の密教化が強調される場合が多い。しかしながら、密教も顕教の影響を受けて変化しており、両者の相互交流による歴史的な変遷を考察することが重要だと考える。思想面においては、空海による九顕十密の解釈によるなら、密教が顕教を取り込むとされており、顕教に関する知識が密教の基礎となるのは当然のことともいえる。ただ、歴史学の立場では、様々な歴史的な現実のなかで、教学や思想がいかに変化したのかを解明することが求められている。つまり、時代とともに教学そのものも変化しており、真言密教が南都仏教など顕教から受けた影響をも視野に入れねばならないのである。

以上、中世寺院の本質は宗教・教学活動にあり、顕教と密教との相互交渉のなかで教学そのものも変化したという見通しのもと、真言寺院における教学の特徴とその歴史的変遷について論じることにする。

さて、真言教学は事相と教相とに分けて論じるのが一般的であり、事相とは、修行や修法の勤修など実践的な事象をさし、それらは通常、師匠から弟子へと師資相承により伝授される。一方、教相とは、密教の教学、特に密教経典や空海著述などの理解・解釈に関わるもので、伝授による場合もあるが、講説や談義など開かれた形で教授・議論がなされる場合が多く、この点では顕教の修学方式に近い。教相と事相とは車の両輪とされるが、現実には、両者のバランスが常に保たれていた訳ではなく、教相・事相のいずれを重視するのかは、寺院の性格や時代の状況によっても異なっていた点には留意したい。

一　法流の拠点寺院の歴史的変遷
――小野流の嫡流勧修寺流と勧修寺の歴史を中心に――

真言寺院を考える場合、その特徴から大きく二つの類型に分けることができる。ひとつは、空海とその直弟子が創建に関わった東寺・金剛峯寺・神護寺などで、これらを〈根本寺院〉と呼びたい。一方、九世紀後半頃から建立され「定額寺」や「御願寺」に認定される寺院がもうひとつのタイプで、勧修寺や醍醐寺・仁和寺などがこれに該当し、〈定額寺・御願寺系寺院〉とする。両者は、創建当初より寺内での教学の在り方が大きく異なっており、その歴史的変遷も相違する。かかる二類型の寺院を考察することで、鎌倉期に創建される根来寺の性格も自ずと明らかになるものと考える。

私が調査に関わっている勧修寺を例に、〈定額寺・御願寺系寺院〉の歴史的特徴とその変遷をたどりたい。延喜五年（九〇五）九月二十一日太政官符（『類聚三代格』巻二「年分度者事」）で、勧修寺を定額寺にするとともに、年分度者二人が置かれ、度者の修学内容は一名が真言宗声明業で、もう一名が三論宗とされた。つまり、勧修寺は真言と三論（南都仏教）との兼学寺院なのである。このように、九世紀後半以降、建立される〈定額寺・御願寺系寺院〉は真言寺院でありながら、得度した僧侶が南都の維摩会などに参加したり、南都教学との兼学が定められたりしており、真言密教の独自性が〈根本寺院〉と比べ希薄になっている点が特徴である。〈根本寺院〉の代表たる東寺では、弘仁十四年（八二三）十月十日太政官符（『類聚三代格』巻二「経論幷法会請僧事」）で、真言僧五十人を置くことが認められたが、そこには「道これ密教、他宗僧雑住（住）せしむなかれ」と記されており、他宗僧の雑任（雑住）を禁じており、〈定額寺・御願寺系寺院〉とは対照的である。(1)

〈根本寺院〉とは異なり、九世紀後半・十世紀前半に創建された〈定額寺・御願寺系寺院〉は南都仏教との兼学が特徴で、かかる性格はその後も継承される場合が多いが、院政期になると、仁和寺・勧修寺・醍醐寺など〈定額寺・御願寺系寺院〉のいくつかは密教法流の拠点寺院となる。なかでも、勧修寺を本拠とする法流勧修寺流（以下、「勧流」と表記）は小野流の嫡流となるのである。

広沢流と並ぶ真言密教の法流小野流を実質的に創始したのは十一世紀前半の仁海であった。(2) 仁海―成尊―範俊と相承されてきた小野流は院政期に入ると諸流に分派していくことになり、範俊弟子厳覚は勧流の祖となる。小野流の分流が進むなか、勧流がその嫡流たる地位を獲得できたのには、二つの理由があると考える。ひとつは、鳥羽宝蔵の蔵司職を獲得・相承したことである。小野流を象徴する存在といえるのが、仁海の収集した道具・聖教類で、それらは小野曼荼羅寺の経蔵に納められ、成尊―範俊と相承されてきたが、範俊により白河上皇へと献上され、やがて鳥羽宝蔵に収納された。範俊の嫡弟たる厳覚は鳥羽宝蔵の蔵司たる地位を獲得し、蔵司職は勧修寺長吏が代々相承することになる。(3) 鳥羽宝蔵に納められた空海所持の飛行三鈷をはじめとする小野一門歴代相承の秘書などを管理し利用できる蔵司職は、小野流の嫡弟たる地位を明示する立場といえ、それを勧修寺長吏が相承した意義は大きい。

二つ目は、厳覚の弟子寛信の活躍と法親王の勧修寺入寺である。寛信は白河上皇の近臣たる藤原為房の息で、勧修寺の創建に関わった藤原高藤の子孫にあたり、寛信自身も白河・鳥羽上皇の厚い信頼を得て、上皇らのために数々の修法を行う院近臣僧であった。上皇の修法を成功させるには、儀軌や先例の集積が必要で、鳥羽宝蔵に納められた聖教類も参照された可能性が高い。そして、修法の準備や結果報告などの過程で、上皇や院近臣との間で種々のやり取りがなされるとともに、修法勤修の場での出来事やその効験などをめぐり様々な事実や伝承も生まれた。これら修法の勤仕に関わる諸事はすべて聖教として記録され、寛信が住した勧修寺に蓄積・相承されていき、それが勧流を支える重要な基盤となった。つまり、院近臣僧として寛信の活躍が勧流の社会的地位を上昇させるとともに、修法の勤修に伴う諸記録の集積が勧流の社会的地位を継承可能な安定的なものとしたのである。

表1には、厳覚以降の勧修寺の歴代長吏（別当）を示した。[4] 寛信が勧修寺に入寺する以前には、藤原高藤の子孫が寺務を相承してきた訳ではないが、寛信以降、雅宝・成宝と高藤流勧修寺家の子弟が別当を勤め、勧修寺があらためて高藤流藤原氏（勧修寺家）の氏寺と位置づけ直されたといえよう。

表1　厳覚以降の勧修寺の歴代長吏（『勧修寺別当長吏補任等古記録』による）

長吏名	出自（長吏の品位など）
厳覚	三条院皇子小一条院御子参議従二位源基平卿息
寛信	高藤公八世、参議右大弁大蔵卿為房卿男
雅宝	高藤公十世、前中納言九条民部卿顕頼卿男
成宝	高藤公十一世、参議粟田口別當入道惟方卿男
聖基	後高倉法皇御猶子、松殿摂政関白太政大臣基房公息大覚寺従一位左大臣隆忠公息
道宝	九条前関白太政大臣兼実息男八条従一位左大臣良輔公息
勝信	光明峰寺摂政関白左大臣准三后道家公息
道淳	一条摂政関白左大臣実経公息
信忠	九条摂政関白右大臣忠家公息
教寛	九条関白左大臣忠教公第四息
寛胤	後伏見院皇子、二品法親王

尊信	後醍醐天皇御猶子、亀山院皇子常磐井一品式部卿恒明親王御子、無品法親王
興信	崇光院第二皇子、無品親王
尊興	崇光院御猶子、亀山院四世常磐井弾正尹満仁親王御子、准三后
興胤	常磐井弾正尹満仁親王御子
尊聖	後醍醐天皇三世南朝長慶院寛成帝皇子

さて、寛信・雅宝・成宝と勧修寺長吏には勧修寺家の出身者が続いたが、聖基より摂関家出身の僧侶が寺務を勤める。聖基は松殿基房の孫、道宝は九条兼実の孫、勝信は九条道家の息、教寛は九条忠教の息である。さらに、鎌倉後期になると、後伏見上皇の息である寛胤法親王が入寺し、以後、勧修寺長吏は伏見宮家の皇胤により相承されることになる。つまり、勧修寺長吏の出自身分は、中級貴族の勧修寺家から摂関家、さらには王家へと上昇したのである。それは、小野流の嫡流という真言密教内における勧流の社会的地位にふさわしい長吏が選任された結果といえる。ここに、勧修寺は他の小野流諸派とは隔絶した寺格を得て、名実ともに小野流の嫡流たる地位を確立させたのである。

一方で、長吏の出自が重視されるようになることは、密教修法や法流そのものの社会的変化が背景にある。院政期には上皇をはじめとする権力者の要望に応えるべく多くの修法が勤修され、新たな形態の修法も創始され、密教修法の全盛期を迎える。この時期、法流の分化が進むのもかかる社会状況が原因である。しかし、承久の乱以降、朝廷の政治的地位の低下とともに、修法の社会的需要は減少し、その創造性も低下した。一方で、平安末期より、各法流では自流の修法に関わる諸聖教の体系的な集積が進み（勧流ではその一部は『覚禅鈔』として結実）、各法流はその独自性を主張し、自流において伝授・相承すべき内容（根本聖教など）が定まっていく。このように、法流の基盤が固まり、安定的な師資相承が可能なシステムが確立することで、必ずしも僧侶の個人的な能力や験力によらずとも、法流の相承や修法の勤仕が可能となった。それゆえ、小野流の嫡流にはそれにふさわしい法親王が長吏として迎えられることになったのである。

こうした状況の下で、長吏による勧流の相承を確実なものとするために重要な役割を果たしたのが、勧修寺内の院家慈尊院の存在である。歴代の慈尊院主は、長吏より勧流を伝授され、長吏から次代の長吏へ直接伝法することが不可能な場合には、慈尊院の院主が次の長吏へと勧流を伝えた。このように、勧流は長吏方と慈尊院方の双方に相伝され、相互に伝授がなされており、かかるシステムの存在が勧流および勧修寺の安定的な相承を可能にしたのである。

以上、勧修寺では、勧流に関わる聖教類が集積され、勧流の伝授・師資相承が行われた。もちろん、教相に関わる活動もみられるが、密教事相に関わる活動こそが中心で、勧修寺はまさに法流勧流の拠点寺院なのである。それゆえ、長吏は勧流を相承し、かつその嫡弟であることが大前提なのである。

勧修寺の経蔵には、事相に関わる聖教類を中心に膨大な史料が納められていたが、建武三年（一三三六）と文明元年（一四六九）の二度の戦火により、その多くは灰燼に帰し、現存する史料には古いものは限られている。しかしながら、南北朝期以降、勧修寺の僧侶は失われた勧修寺経蔵の姿を復元すべく、諸寺に赴き、かつて勧修寺において書写された史料群の転写を行っている。本奥書に勧修寺で書写されたことを記す、諸寺に伝来した史料が再び勧修寺に戻ってきたのである。聖教類とそれを納めた経蔵の復元こそが勧修寺復興の根幹であり、そこに勧流の拠点寺院たる勧修寺の本質を認めることができる。

ここで、法流のアイデンティティーとは何かについて考えたい。勧修寺に集積された勧流の事相聖教類こそが、勧流の基幹であったといえよう。小野流では、仁海が得意とした請雨経法をはじめ様々な修法が行われ、小野流に属する諸法流の間では、各修法の具体的な勤修に関わる所作や発音などにおいて微妙な差異が存在し、それこそが自流の独自性の主張となり、それらが秘説として相承されたと考える。もちろん、各法流の基幹部は嫡弟のみに写瓶されたが、密教僧は諸寺に赴き諸法流を伝授されることが一般的であり、伝授が繰り返されるなかで、秘匿性は薄らいでいく。さらに、秘説は本来、口頭で師資相承されるものだが、現実には伝授の過程で書面に記載されることが多く、ひとたび文字化された秘説は容易に諸方へと拡散する。このような事実は聖教の奥書が雄弁に語るところで、枚挙に暇がない。

前述のように、密教修法が全盛を迎えた院政期には、修法勤修の過程で様々な聖教・文書が生成されたが、鎌倉期にはそれも低調となる。同時に、『覚禅鈔』をはじめとする事相書の編纂が各所で行われ、かかる類集書が流布することで法流のアイデンティティーや秘匿性は希薄になるのである。

その拡散には、二つの方向性があることを指摘したい。ひとつは、伝授などを通して法流の拠点寺院から諸寺への流出であり、南北朝・室町期に経蔵を失った勧修寺僧が、かつて勧修寺で書写された聖教を転写することにより、自らの経蔵を復元したという事実から明確である。そして、もうひとつは上皇の修法などを勤めたエリート僧が独占した知識体系が幅広い階層へと広がっていくことである。鎌倉前期から進行する、このような密教事相の大衆化と呼ぶべき現象は、正統密教が様々な呪術的要素とも混淆して、広く社会へと浸透していく中世後期の宗教世界を準備した点で重要である。

本節の最後に主張したいのは、法流のアイデンティティーを解明しようとする作業も大切だが、歴史学の研究としては、その法流が当時の社会の中で持った位置づけやその歴史的変遷を考察することこそが種々の検討の前提になるべきだという点である。伝授の対象となる聖教には、自流の正統性や独自性を強調する記述が多く、それは法流を護持すべき伝授の世界では当然の主張といえる。ただ、かかる僧侶の論理に沈潜するのではなく、その主張を当時の社会（具体的には、小野流全体や真言密教界）のなかで考察する史料批判こそが必要だろう。

密教修法は大幕に覆われた内部で、阿闍梨のもと秘密裏に行われるものだが、同時に、世俗の様々な要望を叶えるべく勤修され、当時の社会と密接に関わっていた。また、本節で述べてきたように、法流そのものも社会的な存在である。修法・法流にまつわる秘伝の考察ももちろん必要だが、時代や社会との関連を重視する歴史学の視点は忘れてはならないと考える。

二　東寺の教学復興――〈根本寺院〉の特質――

勧修寺を例に、〈定額寺・御願寺系寺院〉の歴史的変遷を確認した。つぎに、空海とその直弟子が創建に関わった〈根本寺院〉の代表として東寺をとりあげ、〈根本寺院〉の特質を考察したい。なお、この点については、拙稿「真言密教の日本的変遷」（『洛北史学』創刊号、一九九九年）で詳述したので、鎌倉後期の東寺の教学復興を中心に、要点を簡潔に記すこととする。

東寺では、弘仁十四年（八二三）十月に真言僧五十口が置かれ、彼らは大毘盧遮那・金剛頂経などを学ぶこととされた。そして、承和十四年（八四七）には伝法会が始行され、これは真言僧五十口が真言経律論疏を講説する法会である。このように、〈根本寺院〉では、密教教相面の修学が重視されてきたが、東寺・金剛峯寺などで行われていた伝法会は十一世紀前半には退転した。院政期になると、まず仁和寺で密教経論を講説する法会が復興し、かかる気運は覚鑁により、高野山へもたらされる。そして、金剛峯寺における教相修学のための諸法会の整備を踏まえて、鎌倉期以降、権力者により東寺の教学復興がなされていく。

鎌倉・南北朝期における東寺の再興については、先行研究も多く、宣陽門院・後宇多上皇・後醍醐天皇により順次、供僧・学衆組織が整備され、それを支える経済的基盤として庄園が施入されたことなどが明らかにされている。ただ、組織や財政ではなく、寺院の本質たる教学活動に関する研究は少ない。ここでは、後宇多法皇が東寺で伝法灌頂を受けた直後に、東寺の復興の方針を示した徳治二年（一三〇七）二月十二日後宇多法皇東寺興隆条々事書（東寺文書、『鎌倉遺文』二三一七六号）を素材に、東寺の教学復興について考える。

条々事書の冒頭には、「一、修学僧五十人をもって、当寺に住せしめ、真言教義を紹隆せしむべきこと」とある。その事実書では、修学僧は、安居の期間に大日経疏、菩提心論、釈摩訶衍論、空海著作などを順に講談すること、修学僧五十人のうち、三十人は東寺の常住僧を、二十人は広く空海門弟の諸寺の僧より選ぶこととする。次に、第六条では、鎮守八幡宮の宝前で二季真言竪義を行い、試度と真言竪義に合格した僧侶を夏講学衆（修学僧）にするという。そして、修学僧（安居）を五箇年勤めた功労で僧綱に補任することを永例と定める。

この第一条と第六条には重要な規定が多い。まず、学僧の修学の階梯（学道）が定められている点である。試度と真言竪義に合格した者が修学僧として、安居で密教経論と空海著述の講談を行い、安居を五年間勤仕すると僧綱になるとされている。竪義・講談など顕教の修学方法により密教教相を学び、しかも、その学習段階に応じて学僧の社会的地位が上昇するという顕教的な修学システムが採用されている点が注目される。

これは南都における修学方式を導入した高野山の学道を参照したものといえる。次に重要なのは、修学僧のうち二十人を広く諸寺の真言僧より選任するという点で、東寺における竪義や夏講が真言宗全体の教相研鑽の場としての役割を果たしており、東寺が真言教相研究の拠点寺院たることを示している。

さて、条々事書の第二条において後宇多法皇は、時縁が到来したなら、まず僧坊を建立すべきとしている。この僧坊は修学僧が止住する院家という形で実現し、南北朝期になると東寺内には観智院をはじめとする諸院家ができていく。そもそも、東寺には創建以来、院家に該当するものはみられず、新たに院家が建立された意義は大きい。そして、南北朝期以降、東寺の寺家と院家とが果たした役割やその運営実態は対照的である。寺家では、学衆や供僧といった自律的な僧侶集団の合議により、法会が運営され、密教教相を主とする教学活動が展開していた。一方、院家は院主を頂点に子弟関係に基づく世界で、寺家で行われる講説・談義に備え教相面の研鑽を行うとともに、事相法流の師資相承の場でもあった。それゆえ、観智院などには教相・事相に関わる聖教類が集積されていったのである。

以上、鎌倉後期以降、復興を遂げた東寺は真言宗全体の教相研鑽の拠点という役割を果たす。寺僧組織により運営される寺家では、密教教相に関わる法会（講説・談義）が行われ、それは真俗も聴聞可能な開かれた場であったといえる。一方、新たにできた院家では、子弟関係に基づく教相の修学や事相の伝授が行われ、そこは外部には閉ざされた空間であった。東寺におけるかかる寺家と院家との関係は、勧流の伝授を確実なものとするため、寺家と院家慈尊院が支え合った勧修寺のあり方とは大きく異なる。むしろ、平安後期以降の興福寺や東大寺と類似する点が多い。

〈根本寺院〉たる東寺は空海の時代からの特徴を基礎にして、鎌倉後期より復興を遂げていくが、院家が創建されるなど新たな点もみられる。再興された東寺の姿は、法流の拠点となった〈定額寺・御願寺系寺院〉とは異なり、平安後期以降の南都権門寺院に近いといえる。それは密教教相の修学システムを南都の顕教に学び、その方式を導入したことによるものと考える。

三　根来寺の位置づけについて――むすびにかえて――

空海とその直弟子が創建に関わった〈根本寺院〉の典型として東寺を、また、平安後期に法流の拠点寺院となった〈定額寺・御願寺系寺院〉の例として勧修寺を取りあげ、真言寺院の二類型を確認した。それを踏まえて、根来寺の位置づけについて若干の展望を示したい。

前節では、院政期に仁和寺で密教経論を講説する法会が復興し、それが東寺へとつながる密教教学復興の嚆矢になるとしたが、この点をもう少し詳しくみておきたい。天仁二年（一一〇九）に寛助の主導により、仁和寺で伝法会が実施された。講師は済暹が勤め、理趣経・菩提心論・摩訶衍論などの講説が行われた。その仁和寺で研鑽を積み、寛助の弟子でもある覚鑁は、大治五年（一一三〇）、永く中絶していた金剛峯寺伝法会の再興を果たした。それに先立ち、覚鑁は鳥羽上皇の支援を受け、伝法院を院御願寺として建立し、そこに学侶三十六口を置いた。さらに、伝法会では、密教経論の講説に加えて、談義が行われた点も重要である。公的な性格が強い講説に対して、談義は学侶による私的な研究会のような場で、青年時代に南都で学んだ経験を持つ覚鑁は、南都寺院で行われていた談義を取り入れたと考えられる。このように、覚鑁は学侶組織を設け、談義も行うことで、密教教相研鑽の場である伝法会の性格を明確にしたのである。

その後、紆余曲折はあるものの、覚鑁の活動をきっかけに、高野山では教学復興が進み、学道も整備されていった。そして、その影響は東寺へと及ぶ。さらに、重要なことは、覚鑁創始の伝法院の法灯を受け継いだのが根来寺なのである。(5)

頼瑜は小野三宝院流の支流中性院流の祖とされ、根来寺は法流の拠点であることは確かだが、寺家での活動の中心は密教経論の談義など教相面にあったといえる。寺院の形態としては、勧修寺のような法流の拠点寺院とは異なり、金剛峯寺や東寺に近い。ただ、鎌倉期に建立された根来寺は寺格としては根本寺院には及ばない。

第一節で、鎌倉期になると、上皇の修法などを勤めたエリート僧が独占していた知識体系が幅広い階層へと拡散していくことを指摘したが、それは修法勤修の方法など事相面に限らず、教相面についても同じである。鎌倉後期以降、密教経論や空海著述の社会的浸透が進むことを示すのが、地方にできる談義所と呼ばれる寺院である。真言・天台でみられる談義所には、教相を中心とする聖教類が集積され、学頭(能化)による講説・談義が行われ、周辺より広い階層の僧侶が勉学のために集まってきた。かかる談義所の発展こそが中世後期における真言・天台の新たな展開なのである。もはや、密教の教相・事相を〈根本寺院〉や法流の拠点寺院で独占できる時代は終わった。そして、かかる真言密教の歴史的変遷のなかで、根来寺の位置づけも考察されねばならない。根来寺を「談義所」と記す史料はないようだが、根来寺の性格を考えるうえで、談義所との比較が有効だと考える。

最後に、おおざっぱな展望を示し、本稿の結びとしたい。根来寺は教相面では室町期にみられる談義所を大規模にした寺院といえ、身分を問わず広く全国から学僧が集まってきた。ただ、通常の談義所にはみられない、事相法流の伝授も行われていた点が留意される。それゆえ、根来寺における中性院流の伝授の実態解明が、根来寺の性格を解明する上で、重要となるかも知れない。しかしながら、覚鑁以来の伝統を踏えながら、全国より身分を超えて広く僧侶が集まる学山としての性格こそが根来寺の本質ではないかと愚考する。

註

（1）拙稿「平安初期仏教の再検討」（『仏教史学研究』四〇―二、一九九七年）、「真言密教の日本的変遷」（『洛北史学』創刊号、一九九九年）。勧修寺については拙稿「真言門跡寺院における文書と日記」（『日記・古記録の世界』思文閣出版、二〇一五年）を参照。

（2）拙稿「仁海僧正による小野流の創始」（『仁海』大本山随心院、二〇〇五年）。

（3）拙稿「随心院と随流の確立」（前掲註2『仁海』）、佐藤愛弓「鳥羽宝蔵と勧修寺流」（『中世真言僧の言説と歴史認識』勉誠出版、二〇一五年、初出は二〇〇九年）。

（4）表1の記載は、安田弘仁「翻刻『勧修寺別当長吏補任等古記録』上」「同　下」（『勧修寺論輯』二、三・四合併号、二〇〇五年、二〇〇七年）による。

（5）前掲註1拙稿。

附記　根来寺科研の研究代表者である山岸常人氏より、科研組織外部の研究者として、科研の成果について中間評価するようにとの依頼を受けた。もとより評価を行うべき立場にはなく、また根来寺の研究とも無縁であり、果たせる役割はないと考えた。ただ、いくつかの真言寺院の史料調査にたずさわり、真言寺院の歴史的変遷については多少の展望を持っており、自らの見解を披露し、根来寺における研究成果と照合することで、新たな知見を得ることができるのではないかと考えて、中間報告シンポジウムでのコメントを引き受けることにした。本稿は、報告会の当日にコメントとして述べた内容を大幅に改稿したものである。かかる本稿の性格により、史料引用や註は最小限にとどめた。

なお、本稿は科学研究費補助金基盤研究B「真言密教寺院の史料調査に基づく分野横断的綜合研究」（平成二十七～三十年度）の成果の一部である。

七　大塔上層に安置される金剛界三十七尊像、賢劫十六尊牌等

伊東史朗

高野山大伝法院の籍を移した根来寺にあって、国宝大塔（図1）は、かつての大伝法院堂塔の規模をしのばせる貴重な遺構である。本尊は当初から大日如来一尊であったが、後世大幅な追加安置があった。それを行ったのが、豊臣秀吉の紀州攻めで衰微した同寺の復興をなし遂げた栄性（一七六八～一八三七）である。

大塔上層に置かれた諸尊については和高信二氏がすでに述べているが、(1)ここではさらに大伝法院塔と根来寺大塔との比較、根来寺大塔上層に安置されたものすべての紹介、および銘記により分かる栄性の指導した大塔復興の実態に及ぶ。

図1　大塔

一　高野山大伝法院塔と根来寺の大塔

高野山大伝法院が落慶供養されたのは、長承元年（一一三二）十月のことである。本堂（大伝法堂）となんでその主要な堂宇であった塔は、仁治三年（一二四二）、本寺（金剛峯寺）との抗争に失われたらしく、以後再建されなかったようである。創建時塔内のようすは、建長二～八年（一二五〇～五六）本奥書のある醍醐寺本『大伝法院堺内并本尊等目録』(2)に詳しい（読み下し。〔　〕内は割注）。

宝塔一基〔高十丈、三間四面、内陣八角、中間一丈三尺、脇間一丈、廂九尺〕、胎蔵大日如来〔半丈六〕を安置し奉る、仏壇〔八角、黒漆〕、母屋柱四本廂柱八本〔三十七尊字印形これを図す〕

黒漆塗り八角仏壇の上に半丈六の胎蔵大日如来像が安置され、母屋柱《もやばしら》四本と廂柱《ひさしばしら》八本に金剛界成身会《じょうじんえ》三十七尊の「字印形」が図されていた。同一塔内に金・胎両部の主尊のあるところにまず注意したい。柱に図されていた三十七尊の「字印形」はどういう図様と配置だっただろうか。「字印形」とは種子《しゅじ》・印《いん》契《げい》・尊像《そんぞう》をいうので、字義どおりなら三種をあらわす複雑な図様だったのだろう。この構成に似た柱絵のある堂塔を挙げると、高野山大伝法院内にあった覚皇院（宝形造八角二階）は母屋八方柱に両界各四仏、金剛界八供養菩薩・四摂菩薩そのほかを描き（『大伝法院堺内幷本尊等目録』）、また天台宗ではあるが、滋賀・西明寺に現存する三重塔（鎌倉時代）は、その四天柱に金剛界三十二尊[3]（三十七尊から五仏を除く）そのほかを描く。これらを参照すれば、高野山の大伝法院塔では、母屋柱四本に阿閦《あしゅく》・宝生《ほうしょう》・阿弥陀《あみだ》・不空成就《ふくうじょうじゅ》の金剛界四仏、廂柱八本にそれ以下の三十二尊、合計三十六尊それぞれの「字印形」を図したものと推定できる。残る金剛界大日如来は、塔の本尊である胎蔵大日如来像（彫像）と重なることになるが、何らかの形でその「字印形」が図されていたのだろう。

一方、明応五年（一四九六）以前に始まり、天文十六年（一五四七）頃竣工したことが建築部材の銘から推定できる根来寺大塔は、方形基壇の四方に母屋柱四本、その外側に廂柱十二本を円形にならべる（図2）。方形基壇に置かれる仏像は、現状によれば、中央の高い台座上に等身の胎蔵大日如来、周囲に等身をやや下まわる宝幢《ほうとう》・開敷華王《かいふけおう》・無量寿《むりょうじゅ》・天鼓雷音《てんくらいおん》の四仏と普賢・文殊・観自在・弥勒の四菩薩を配し、全体で立体

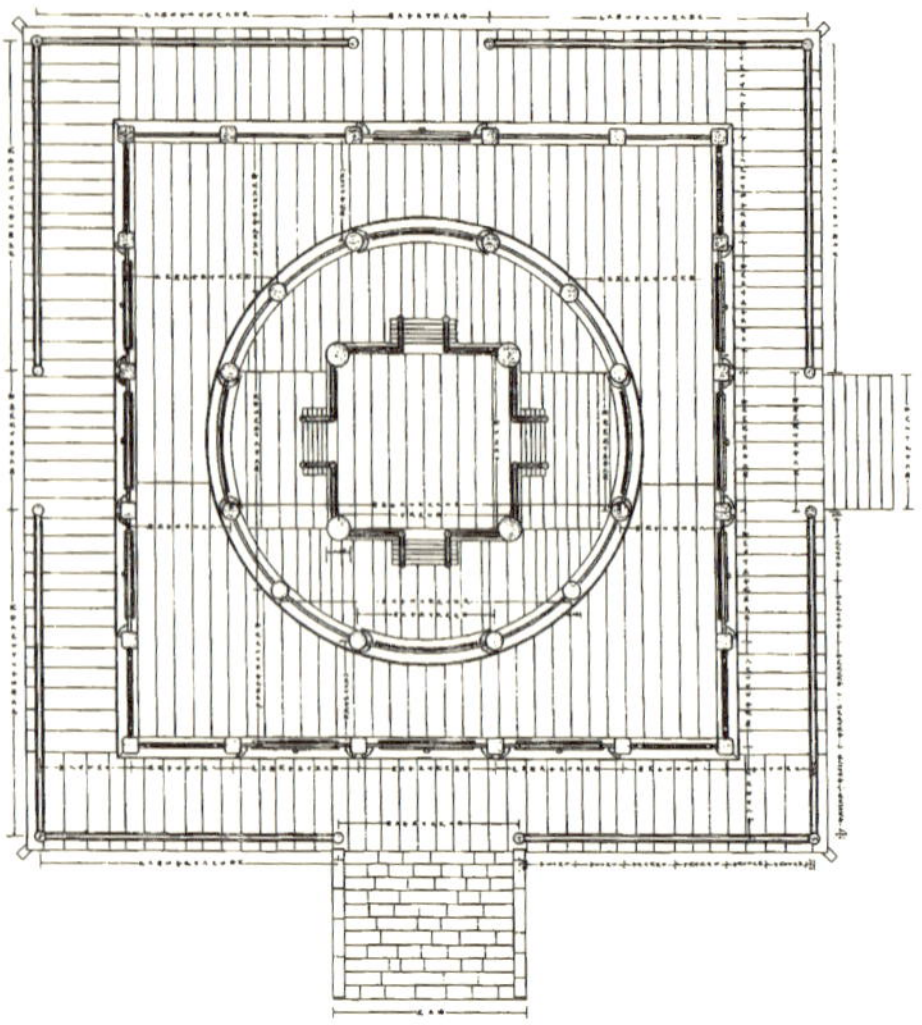

図2　大塔初層平面図（『国宝大伝法院多宝塔修理工事報告書』より）

の胎蔵中台八葉院《ちゅうだいはちよういん》を構成する（図3）。現状では柱に金剛界三十七尊の図は認められないようである。

ところが、柱に図されていなかった三十七尊の彫像が塔の上層に置かれている。像高は大日如来像約一尺、ほかはそれを少し下まわる七寸ほどで、上層の心柱周囲に設えられた壇上に置かれる。配置は、心柱南面に厨子入り金剛界大日如来、心柱のまわりには、厨子入り四方仏の一尊と十六大菩薩の四尊（つごう五尊を納置）、厨子入り四波羅蜜菩薩の一尊、厨子入り内四供養菩薩の一尊、厨子入り外四供養菩薩の一尊、厨子入り四摂菩薩の一尊が、それぞれの方位に置かれるので（現状では多少乱れがある。図4）、金剛界曼荼羅成身会の立体化が図られたことは疑いない。加えて、金剛界賢劫《げんごう》十六尊の尊牌（五尊納置の厨子両側に二基ずつ外向きに置く）と胎蔵四仏四菩薩の木札（一部亡失）がある。初層の胎蔵中台八葉院諸像を入れて考えると、上下に分かれながら、同一塔内に金・胎両部の主尊が置かれていることに留意される。

＊

高野山大伝法院にあった塔と根来寺に現存するこの大塔を比べると、大伝法院塔が前記『本尊等目録』に

図3　大塔初層内部

高さ「十丈」と記され、根来寺大塔は昭和十五年『修理工事報告書』[4]に総高（礎石上端から相輪頂上まで）「百十八尺五寸」とあり、前者が相輪《そうりん》（塔の最上部）を入れない高さなら両塔は同規模といえる。母屋柱四本は同じだが、廂柱は、大伝法院塔の八本、根来寺大塔の十二本という違いがある。柱数に違いはあるものの、高野山大伝法院の籍を山下に移したのが根来寺であるから、基本的には倣っているといえる。

しかし安置仏像では上述のように見逃せない相違があった。くり返せば、本尊の胎蔵大日如来像は両塔同じであるが、大きさにおいて大伝法院塔での半丈六、根来寺大塔での等身という違いがあり、しかも後者は六重蓮華座の下に下座を入れてかなり高くしている。また、根来寺

図4　大塔上層内部

塔大初層には胎蔵四仏四菩薩像が加えられ、さらに柱絵ではなくその上層に金剛界三十七尊の彫像が、賢劫十六尊（尊牌）、中台四仏四菩薩（木札、一部亡失）とともに置かれているのである。

　それらは近世根来寺を復興した栄性による作善である。三十七尊を置いたのは、高野山大伝法院塔の柱絵にそれのあったのが主な根拠であろうが、もうひとつ、大伝法院塔や覚皇院にもうかがえた、同一の堂塔内に金・胎両部諸尊を備えるという理念もまたあったものと推定される。

二　三十七尊像、十六尊牌等とその銘記

以上をまとめて根来寺大塔上層に置かれるものを分けると、

（1）金剛界三十七尊の彫像（大日如来を含む三十七体）（図5）

（2）金剛界賢劫十六尊の尊牌（十六基）（図6）

（3）胎蔵中台四仏四菩薩の木札（尊名不詳の一枚〈基台亡失〉を入れて六基。四仏のうち開敷華王・無量寿・天鼓雷音分の四基を欠く）（図7）

という三種である。初層安置の仏像とは中台四仏四菩薩（木札、一部亡失）が重複し、高野山大伝法院塔に比べると、金剛界賢劫十六尊（尊牌）が加わっている。

（1）三十七尊とは、金剛界曼荼羅成身会に配される次の諸尊をいう。

五　　仏　大日如来、阿閦如来、宝生如来、阿弥陀如来、不空成就如来
四波羅蜜菩薩　金剛波羅蜜菩薩、宝波羅蜜菩薩、法波羅蜜菩薩、羯磨（銘では業）波羅蜜菩薩
十六大菩薩　（菩提心門）金剛薩埵菩薩、金剛王菩薩、金剛愛菩薩、金剛喜菩薩
（福徳門）金剛宝菩薩、金剛光菩薩、金剛幢菩薩、金剛咲菩薩
（智慧門）金剛法菩薩、金剛利菩薩、金剛因菩薩、金剛語菩薩
（精進門）金剛業菩薩、金剛護菩薩、金剛牙菩薩、金剛拳菩薩
八大菩薩　（内四供養）金剛嬉菩薩、金剛鬘菩薩、金剛歌菩薩、金剛舞菩薩
（外四供養）金剛香菩薩、金剛華菩薩、金剛灯菩薩、金剛塗香菩薩
四摂菩薩　金剛鉤菩薩、金剛索菩薩、金剛鎖菩薩、金剛鈴菩薩

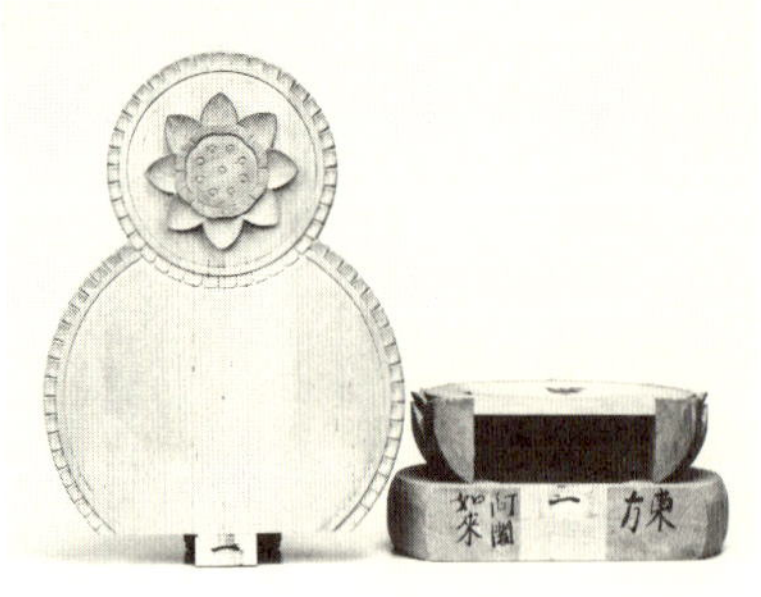
光背、台座

全容

台座上面

本体像底

図5　金剛界三十七尊像（阿閦如来〈右ページ〉、金剛利菩薩〈左ページ〉）

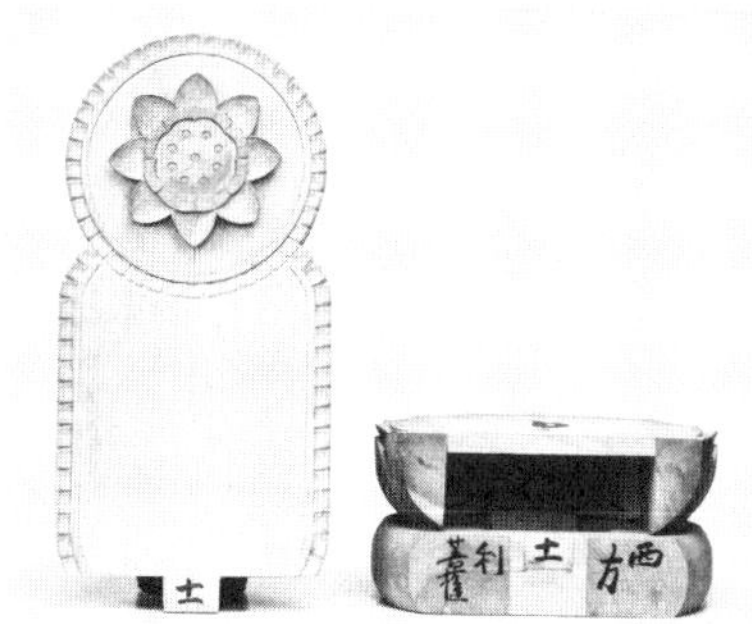
光背、台座

全容

台座上面

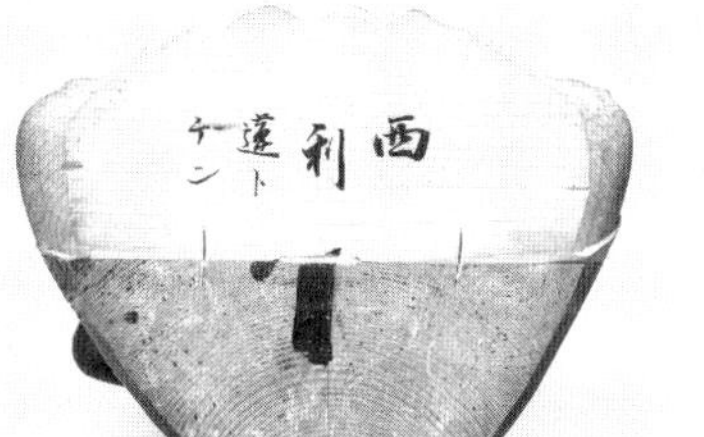
本体像座

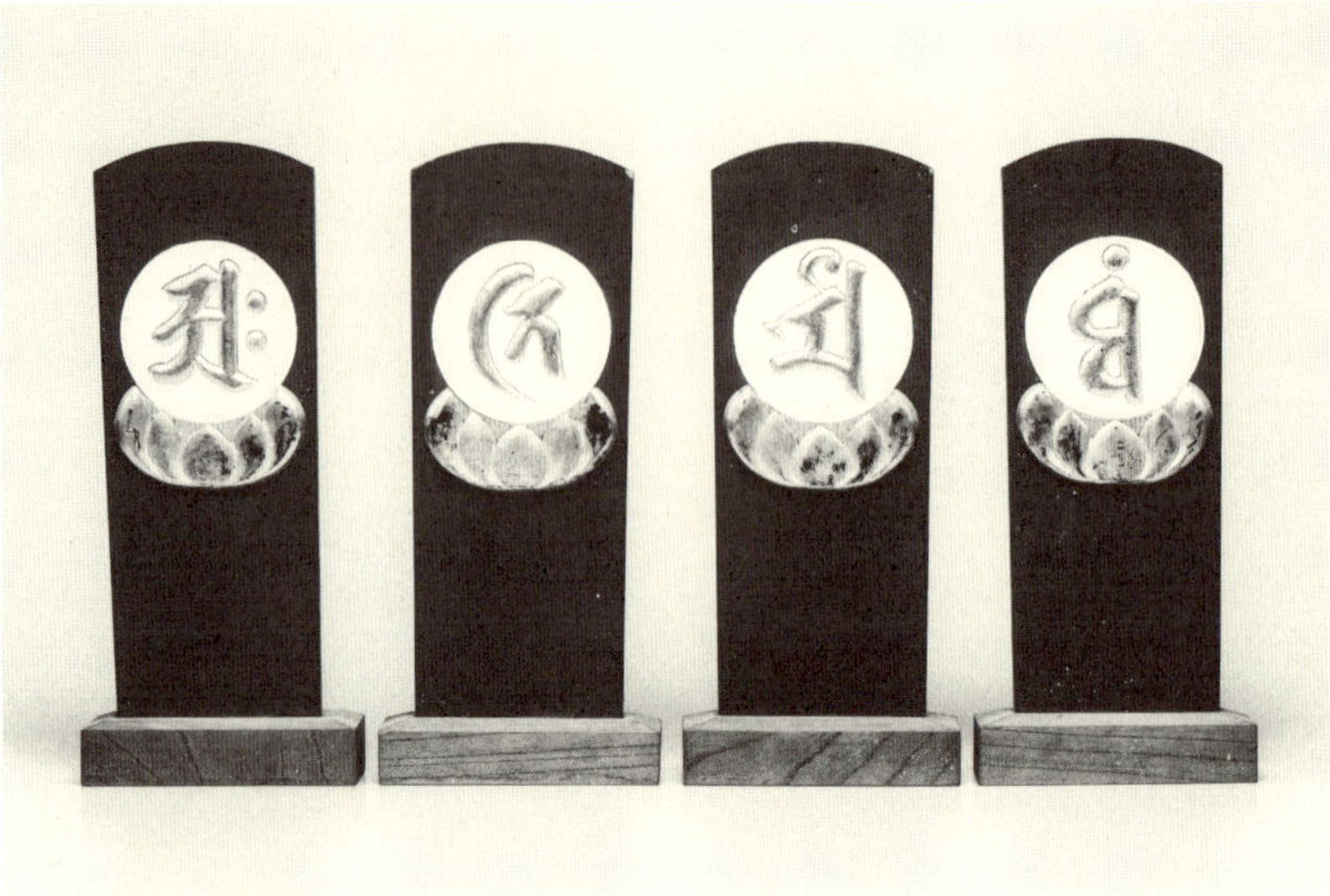

表

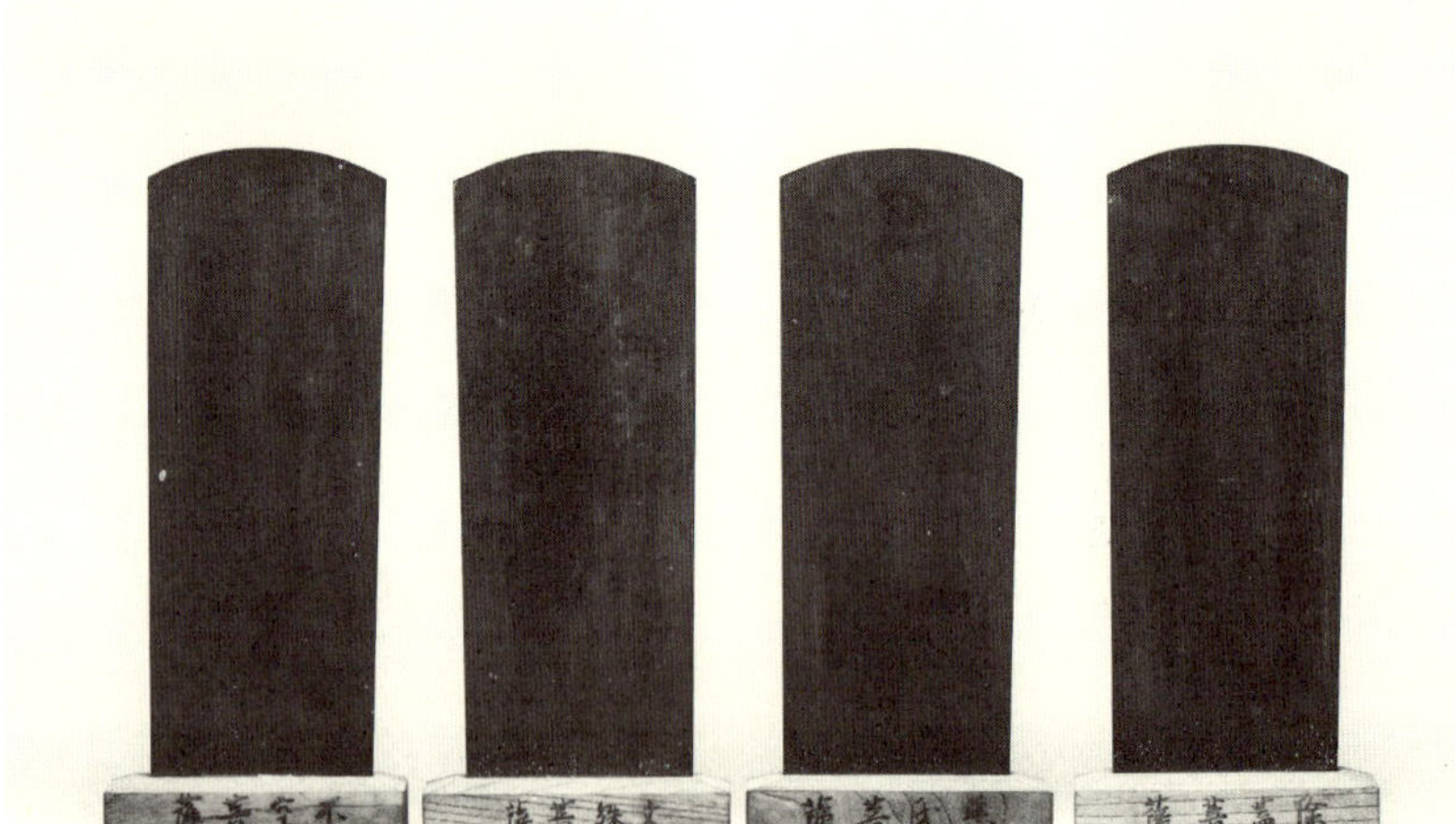

裏

図6　賢劫十六尊牌（左から不空見菩薩、文殊菩薩、弥勒菩薩、除蓋障菩薩）

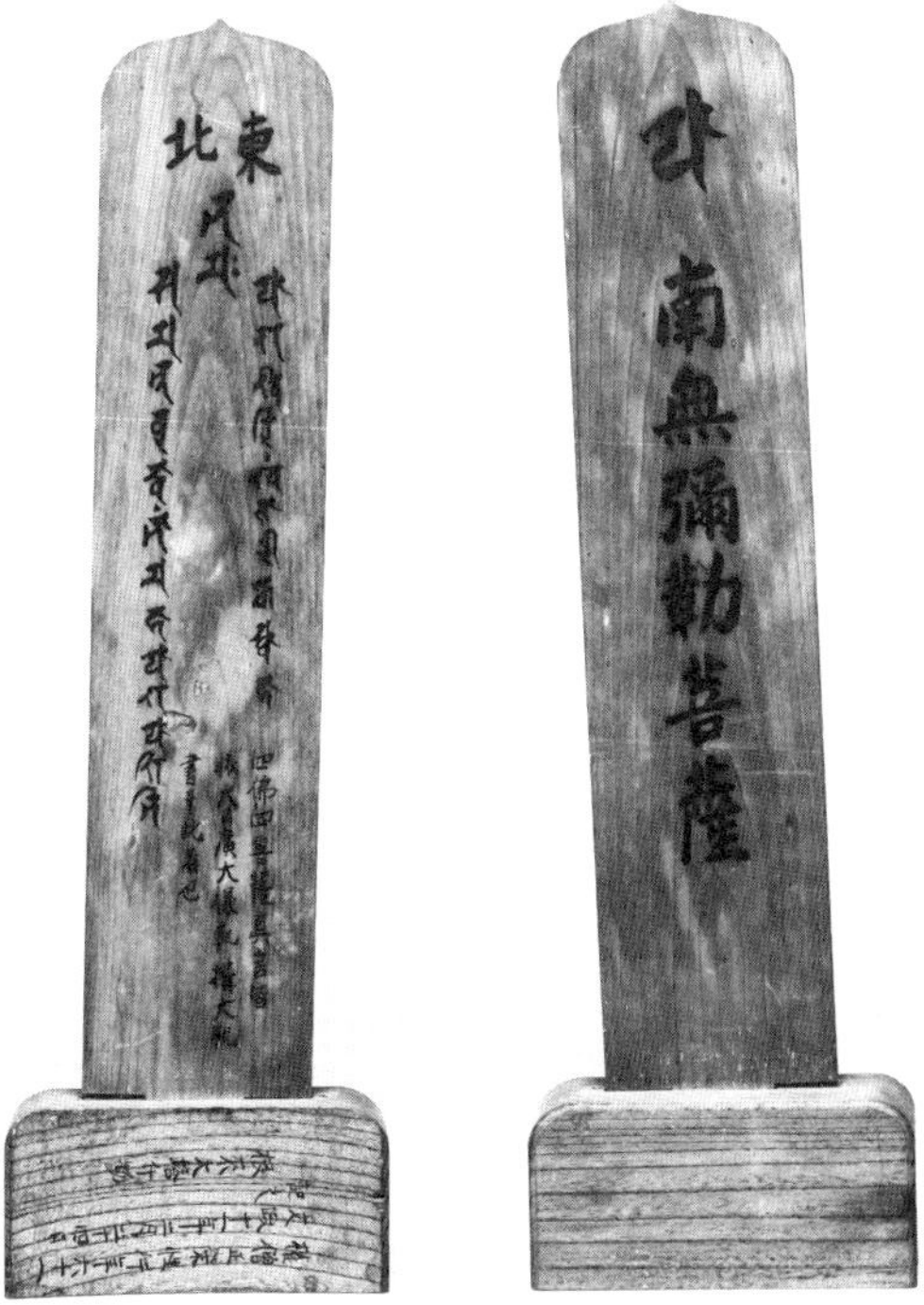

裏　　表

図7　中台八葉院諸像木札（弥勒菩薩）

それぞれの形状や品質・構造は基本的に共通する。すなわち、本体は、如来像では肉髻《にくけい》・螺髪《らはつ》をあらわし、衲衣《のうえ》を偏袒右肩《へんだんうけん》に着し、結跏趺坐《けっかふざ》し、また菩薩像では宝髻《ほうけい》を結い、条帛《じょうはく》・裙《くん》をまとい、宝冠《ほうかん》・胸飾《きょうしょく》（以上銅製）・臂釧《ひぜん》・腕釧《わんぜん》（以上彫出）をつけ、右脚上に結跏趺坐する。お互い相違するのは両手の印相《いんぞう》と持物《じもつ》だけである。光背（二重円光《にじゅうえんこう》、および円形頭光《ずこう》と蓮弁形身光《しんこう》の組みあわせ）、台座（敷茄子《しきなす》形に蓮華座《れんげざ》〈仰蓮〉が乗る）を備える。ヒノキ材、素地、彫眼。頭体根幹部一材に、両手部、両脚部に別材を矧ぐ。内刳《うちぐ》りはない。

各尊には梵字種子《しゅじ》、尊名、方位、持物、番号などの墨書がある。中尊大日如来像の光背枘《ほぞ》に番号だけが書かれる以外、すべてにわたり蓮華座天板に当該尊の梵字種子、像底に当該尊名の漢字一字（または二字）、方位、持物など、光背枘に番号、台座背面に当該尊名の漢字一字（または二字）、方位、番号などがある（一部書かれないものもある）。

以上のうち「番号」（一〜二十六）は、十番までは同じ番号が二体に記され、それ以降は一体だけで、また記される尊は、十番までが中心諸尊、それ以下は周辺諸尊という規則性はあるが、例外もあり、統一的な意図はくみ取りがたい。

法量は、大日如来像がやや大きく、全高（本体像高に台座高を足す）四二・一cm、本体像高三〇・一cmだが、そのほかはすべて同規格で、概数であるが全高約三七・〇cm、像高約二五・〇cmである。

（2）賢劫十六尊とは、弥勒を上首とする密教諸菩薩をいい、金剛界曼荼羅三昧耶会《さんまやえ》など五会に現れる。経軌により尊名に異同があり、本例の基台に書かれた銘でいえば、

弥勒菩薩、不空見菩薩、除蓋障菩薩、除憂暗菩薩、香象菩薩、大精進菩薩、虚空蔵菩薩、智幢菩薩、無量光菩薩、賢護菩薩、網明菩薩、月光菩薩、智積菩薩、文殊菩薩、金剛蔵菩薩、普賢菩薩

である。『金剛界七集』（淳祐撰）所説の尊名とほとんど一致する。

それぞれ牌本体一材、基台別材。牌表面は、蓮華上の月輪《がちりん》に賢劫十六尊の梵字種子を浅く浮彫《うきぼ》りする。牌本体は茶褐色、蓮華と梵字種子は金泥、月輪は白色を塗り、基台は素地。基台の前面・背面および底面に墨

書銘がある。法量は概数であるが、基台を含む全高が約三三・五㎝、牌だけの高さが約三〇・五㎝である。

（3）中台四仏四菩薩とは、胎蔵曼荼羅中台八葉院において八葉それぞれに配される八尊のことで、本例では次の諸像が現存する。

宝幢如来、普賢菩薩、文殊菩薩、観自在菩薩、弥勒菩薩

したがって開敷華王如来、無量寿如来、天鼓雷音如来の各分が欠けていることになる。それぞれ木札本体一材、基台別材。ともに素地。表面に諸像の梵字種子、漢字尊名、裏面に梵字真言等、そのほかの墨書銘があり、基台底面にも墨書がある。法量は概数であるが、木札全高が約四八・〇㎝、基台高が約八・五㎝である。

なおこれには該当しないと思われる木札一枚（基台亡失）があるが、ここではとりあえず除外する。

＊

銘記のうち、（2）（3）には栄性本人のことや製作にかかわる諸事情が書かれる。

次にその内容を見よう。（2）の尊牌には、栄性の出生にかかわること、造像・造牌に関する事情、そして作者についての墨書がある。まず出生にかかわることは、

「栄性者信州産」（智幢菩薩）

「栄性生更科郡八幡村森下」（除蓋障菩薩）
「栄性明和五年戊子四月十四日産」（精進菩薩）
「栄性童名又治良」（除憂菩薩）

とあり、出生地、その年月日、幼名が記される。すでに周知の履歴に比べ齟齬するところはない。

造像・造牌に関しては

「文政十三年六月造」（香象菩薩）
「文政十三年六月造」（無量光菩薩）
「文政十三年六月造」（文殊菩薩）
「権僧正栄性作」（虚空蔵菩薩）
「権僧正栄性代」（普賢菩薩）
「僧正栄性六十三歳」（金剛蔵菩薩）
「諦純房栄性」（賢護菩薩）
「栄性一号《(向イ)》法界宮」（月光菩薩）
「仏菩薩坐不可乱之　権山主知之」（不空見菩薩）

とあるので、文政十三年（一八三〇）六月、権僧正栄性六十三歳のときの造立と分かる。月光菩薩の銘にある「法界宮」は金剛法界宮といい、『大日経』説法の会場とされる。ことさら「仏菩薩坐不可乱之」とあるのは、あとにも触れるように、曼荼羅各尊の座位の正しさへの配慮である。

作者については

「法曼幷羯磨曼仏工柳朝作」（智積菩薩）

「京三条上ル麩屋町駒井氏柳朝」（網明菩薩）

と記される。法曼（法曼荼羅）は梵字の記される（2）賢劫十六尊牌のこと、羯磨《かつま》曼（羯磨曼荼羅）は立体曼荼羅の（1）三十七尊像のことで、初層の四仏四菩薩像（その作者については後述）とともに、すべてにわたり仏師駒井《こまい》柳朝《りゅうちょう》の作と分かる。京都の三条上ル麩屋町住みとある柳朝であるが、長谷洋一氏によれば[5]、同人は『京羽二重大全』に麩屋町六角下ル町住みと記されるという。三条上ルと六角下ルとでは多少離れるので、住所（仏所）の移動のあった可能性も考えられよう。江戸時代中期に活躍した京仏師のひとりであった。

また氏は、享保十五年（一七三〇）柳朝が兵庫・太山寺の四天王像の修理と新造をしていること、宝暦五年（一七五五）静岡・慈雲寺本尊千手観音像の台座銘に「仏工洛陽住駒井柳朝」とあること（『墨水遺稿』）を指摘し、さらに享保二十年（一七三五）にも、岐阜・清水寺地蔵菩薩像の修理をしたことを教示された。いずれも根来寺大塔の造像・造牌の時期とかなり開きのあることから、同じ名の襲名された別人かと推測してもおられる。

一方（3）木札は、尊牌より二年前の文政十一年（一八二八）三月のもので、製作事情もやや異なるようである。次にその銘を記す。

「権僧正栄性行年六十一　文政十一年二月二十四日記之　根来大塔什物」（弥勒菩薩）
「四仏四菩薩依大日広大儀軌摂大軌書于此者也」（弥勒菩薩）
「文政十一年春円成」（普賢菩薩）
「文政十一年円成」（文殊菩薩）
「山王栄性四仏四菩薩御寄進」（観自在菩薩）
「以観世音安置西西《（ママ）》隅依大日広大軌幷現図曼荼羅之坐位　山主栄性謹書」（観自在菩薩）

観自在菩薩は中台八葉院の西北に位置するはずなので、その銘にある「西西《（ママ）》」は誤記だろうが、安置位置の典拠をわざわざ示し、また別に弥勒菩薩分の銘には、四仏四菩薩それぞれの木札に書かれた真言の典拠を示している。先に見た賢劫十六尊の配置の乱れを許さない厳格な態度に通じている。

総括的な内容の弥勒菩薩分の銘に「根来大塔什物」とあり、また弥勒菩薩分と観自在菩薩分の銘に「四仏四菩薩」とあるので、（3）は大塔初層の四仏四菩薩像についての記であることが分かる。したがってこれら木札は四仏四菩薩像に附属し、もと置かれていたところは、上層でなく初層の当該仏像の傍らだったといえるのである。

なお、弥勒菩薩分の銘に「四仏四菩薩」すべての真言を書いたというのだから、三仏分の木札が亡失していることがここからも判明し、既存の大日如来像には木札を置かなかったものと知られる。

三　栄性による大塔内の構想

『修理工事報告書』は塔内にある各種銘札を収録しており、その中に初層・上層仏像等の造立事情を記す箇所がある。内容から、(一)本尊大日如来像、(二)四仏四菩薩像、(三)金剛界三十七尊像、(四)三十七尊の典拠、に分け、次にそれぞれの解説をし、そのあとに必要な当該箇所を抜き出し原文を掲げる。

図8　大日如来像

(一)大日如来像(図8)の造立を、大塔の草創時(天文十六年頃の竣工時)というが、それについては美術史の観点から充分な検証が必要である。しかし文政十一年(一八二八)春に、彩色(金泥)の補修とともに、蓮華座に下座を入れて高くする工作をしたというのは、二重の台座となっている現状の由来をよく説明している。同十、十一年修理時に解体しなかったので、銘記の有無は分からないという。

(二)その周囲にある四仏四菩薩像を

「羯磨形像」というのは立体彫像の謂いである。前述の賢劫十六尊牌の銘では三十七尊像を「羯磨曼」といっていた。栄性が私財を出して造立した四仏四菩薩像の開眼は、文政十一年七月十六、十七日である。三十七尊像の二年前ではあるが、面相に異なったつくりの見られるのは、京仏師駒井柳朝の養父瑞雅《ずいが》の手が入っているからだろう。

(三)三十七尊像は、文政十二年に栄性が京都で御衣木加持《みそぎかじ》を行い、駒井柳朝が造立した。同年から翌十三年にかけて、塔の上層に九尺四方の壇と天井を設えて三十七尊像を迎え、厨子は根来の地でつくった。開眼は天保二年(一八三一)七月八日であり、「伝流次第」により供養法楽の行われたのは九月十日であった。

(四)『聖位経』につき述べる部分がある。この経典は、正しくは『略述金剛頂瑜伽分別聖位修証法門』(不空訳)という密教経典で、[6]内容は、まず序で、密教が四種身(自性身・愛用身・変化身・等流身)をあらわし、五智、三十七智を備えることを説き、本文では、金剛界毘盧遮那(大日如来)が成仏し、四仏・四波羅蜜・十六大菩薩・内外八供養菩薩・四摂菩薩を生み、毘盧遮那(大日如来)と合わせて金剛界三十七尊を形成することを説く。銘札はこれを正しく引用しているのではないが、根来寺大塔に、ひいては覚鑁《かくばん》創建の高野山大伝法院塔に三十七尊を置いた(図した)典拠を、ここに求めていることが分かる。

(二)〔重修記懸札〕

中胎大日尊形像、文政十年秋十一年春修補之砌、以レ不レ開二御腹中一ヲ於レ中於(ママ)レ中不レ知二年号筆記等ノ有無一ヲ也

山主栄性謹考

〔本尊開眼供養銘懸札〕

大塔草創之時造立也、文政十一年春

修補彩色又加下台以高蓮華座

中胎大日尊

（二）〔重修記懸札〕

中台大日尊八葉四仏四菩薩内開眼者、文政十一年春、山主栄性依二伝流之次第一ニ、唯独自明了如形備二香華一ヲ、作二ス一尊一座修法一ヲ、以二九日一ヲ依二自記略次第一ニ、向二法界宮一ニ奉二迎請開眼一者也（下略）

文政十一年戊子七月十六日十七日表開眼時ハ　別ニ　荘二表白壇一ヲ（下略）

〔本尊開眼供養銘懸札〕

四仏四菩薩尊像ハ、為二栄性未来成三菩提一ノ、出二テ銀六貫匁ノ私財一ヲ、如レ形奉レ造二作羯磨形像一ヲ云（下略）

奉造立開眼中台大日八尊八葉羯磨形像秘供（山内安全 密法興隆）（下略）

山主栄性代新刻尊像途方隅

八葉八尊

奉安置如曼荼位四方正面者也（下略）

八尊彫刻仏師京都駒井柳朝養父瑞雅（俗名勝五郎）

（三）〔三十七尊開眼供養銘懸札〕

文政十二年（己 春）遙向二帝都一致二御衣木加持ノ作法一ヲ、仏工ハ京城駒井柳朝、同年夏秋文政十三年寅歳、於大塔二重一始テ造二ス九尺四方ノ方壇幷天井等一ヲ、（梵字三十二字）、奉レ迎二三十七尊一ヲ、於二根嶺一作御厨子等一ヲ、置二キ香花灯塗四器一ヲ（下略）

〔三十七尊開眼供養銘懸札〕

天保二年辛卯七月八日戊午開心宿月曜辰巳刻開眼、又以九日十日依伝流次第修供法楽

（四）〔三十七尊開眼供養銘懸札〕

依二聖位経一ニ実ニハ応レ造二四面大日尊一ヲ、三十六尊自内証ノ法門ナル故向レテ内ニ説二各説三密ノ法一ヲ、向レフ内ニ如二伝流敷曼荼羅梵書一、是大三羯磨モ例而可レ知也

結び

根来寺大塔の上層にある金剛界三十七尊の彫像、賢劫十六尊の尊牌、および胎蔵四仏四菩薩の木札を紹介した。いずれも金・胎両部の主要尊である。ただし四仏四菩薩木札は、もとは初層安置の同じ像の傍らに置かれていたといえるのだから、上層は、したがって金剛界だけである。文政十一年（一八二八）に胎蔵中台八葉院として整備された初層、三年後の天保二年に金剛界諸尊の置かれた上層という経過から考えて、栄性の意図は、高野山大伝法院塔の制にしたがいながら、両界の対比をより鮮明にするというものだったと推測できるのである。

註

（1）和高信二「根来寺大師堂、大塔、大伝法堂所在の彫刻について」（『和歌山県史研究』七、一九八〇年）、同「大傳法堂と三尊像」（『根嶺學報』一、一九八一年）。

（2）根来寺文化研究所『根来寺の歴史と美術』（東京美術、一九九七年）所収。
（3）関口正之「西明寺三重塔四天柱絵金剛界諸菩薩像」（『美術研究』二九六、一九七五年）。
（4）和歌山県国宝大伝法院多宝塔修理委員部出張所『国宝大伝法院多宝塔修理工事報告書』（一九四〇年）。
（5）長谷洋一「仏を刻む――仏師からみた近世の造形――」（堺市博物館『仏を刻む――近世の祈りと造形――』同館特別展図録、一九九七年）。
（6）『大正新修大蔵経』一八。

附記　本稿にかかわる調査は根来寺文化研究所主任研究員中川委紀子氏とともに行い、同氏より関連資料の提示を受けた。梵字解読は愛知県史調査執筆委員愛甲昇寛氏より、また仏師駒井柳朝については関西大学文学部教授長谷洋一氏より教示されたところが多い。
銘記の引用にはすべて常用漢字を用いた。撮影は山崎兼慈氏、ただし図2は『国宝大伝法院多宝塔修理工事報告書』より、図4は『国宝と歴史の旅』八よりそれぞれ転載。

あとがき

根来寺は歴史上も文学の上でもきわめて著名な寺院であり、多くの研究者による研究が重ねられている。それにもかかわらず、根来寺に関する史料は完全には把握しきれていないのが実情である。意外にも、現在根来寺に所蔵されている史料は限られ、むしろ他の多くの寺院に根来寺関連史料が所蔵されてきた。天正の豊臣秀吉の兵火とその後の一時的な衰微の影響が大きいのであろう。しかし一方で、根来寺が中世以来、教相・教学伝授の重要な場であったことから、周辺の寺院、あるいは関係するの多くの諸寺において、根来寺における事相伝授や修学活動を伝える関係史料が所蔵され、伝来することになったのは、歴史的な必然とも言えよう。

この五年間の我々の調査によっても、なお根来寺関係史料の完全な把握には至っていないし、その分析には多様な視点からのアプローチが残されている。そうした研究途上での研究成果の一端を公開するのが本書の目的である。

本書のもととなったシンポジウムは以下の要領で実施した。

シンポジウム「根来寺史をめぐる新たな視角」

日時：平成二十七年三月八日（日）十時から十六時半

会場：芝蘭会館別館

主催：京都大学大学院工学研究科建築学専攻建築史学講座

協賛：総本山根来寺

趣旨説明・進行　京都大学工学研究科　山岸常人

報告　大伝法院座主職と高野紛争　大阪大学文学研究科　平　雅行

本尊像から見る高野山大伝法院から根来寺への密教相承　根来寺文化研究所　中川委紀子

中世根来寺の教学とその聖教　日本女子大学文学部　永村　眞

発掘調査から見た根来寺の興亡　和歌山県文化財センター　村田　弘

中世権力・根来寺の実像――「惣国」「一揆」「都市」再考――　歴史館いずみさの　廣田浩治

報告へのコメント　京都大学文学研究科　上島　享

討論　全員

このシンポジウムは主として研究者を対象として開催したが、当日は約五十名の参加者があり、用意した部屋は窮屈なほどであった。討論の内容はいったん原稿に起こしたが、各報告者が本書に収録する際、大幅な補訂を加えられたので、本書では割愛した。

序にも述べたように、このシンポジウムは科学研究費基盤（B）「根来寺史の総合的研究に基づく中世後期寺院社会像の再構築」の一環で実施した。この科学研究費による研究は、総本山根来寺が実施している『根来寺史　通史編』編纂事業と連携をとりながら実施してきたものである。この連携によって、根来寺及び関係諸寺院の史料調査は円滑に進めることができた。

この科学研究費による研究は平成二十八年度で終了した。さらに継続的に史料蒐集を推進するとともに、教相と事相の教学展開に視点を見据えて、その実態を解明しながら、従来の教団史とは異なる形で新義真言教団の形成過程を探ることを主題として、いわば後継の科学研究費による研究が平成二十九年度から発足している。さらなる研究成果の公表を継続してゆきたい。

最後に、この科学研究費による研究遂行に対し、寛容な姿勢のもとで、多大な御協力をいただいている総本山根来寺、および第四十四世座主関根眞教大僧正猊下、第四十五世座主中村元信大僧正猊下、根来寺寺務長四柳隆澄僧正をはじめとする根来寺当局の皆様に対して、深甚の謝意を表したい。

またこの科学研究費による史料調査をご許可いただいた総本山智積院・金剛寺、その他関係寺院に感謝申し上げたい。

シンポジウムで報告をいただき、改稿して原稿に仕上げていただいた講師の皆様、科学研究費の研究成果の一部を新稿として寄稿いただいた伊東史朗先生、写真を掲載ご許可いただいた根来寺・金剛寺・京都国立博物館、シンポジウム実施に当たって協力いただいた京都大学工学研究科冨島義幸准教授、及び研究室の学生諸君に、改めて感謝申し上げる次第である。

また本書の刊行を実現していただいた勉誠出版と編集を担当いただいた吉田祐輔氏にも心よりお礼を申し上げたい。

平成二十九年八月二十六日

京都大学　山岸常人

執筆者一覧

編者

山岸常人（やまぎし・つねと）

一九五二年生まれ。京都大学教授。

専門は日本建築史。工学博士（東京大学）。

主な著書に『中世寺院社会と仏堂』（塙書房、一九九〇年）、『中世寺院の僧団・法会・文書』（東京大学出版会、二〇〇四年）、『塔と仏堂の旅　寺院建築から歴史を読む』（朝日選書七七二、朝日新聞社、二〇〇五年）などがある。

執筆者（掲載順）

中川委紀子（なかがわ・いきこ）

一九四八年生まれ。根来寺文化研究所所長・理事。

専門は日本美術史・寺院史。

主な著書に『根来寺を解く』（朝日選書九一五、朝日新聞出版、二〇一四年）、『根来寺史』史料編一・二（共著、総本山根来寺、一九八七・一九九二年）、論文に「高野山大伝法院の創立――その景観と仏像・荘厳」（『根来寺の歴史と美術』東京美術、一九九七年）、「神仏坐す葛城の峯――霊場をむすぶ峰の道」（『神仏霊場ものがたり』戎光祥出版、二〇一二年）などがある。密教学芸賞受賞（二〇一六年）。

平　雅行（たいら・まさゆき）

一九五一年生まれ。大阪大学名誉教授、京都学園大学特任教授。

専門は日本中世史。

主な著書に『日本中世の社会と仏教』（塙書房、一九九二年）、『歴史のなかに見る親鸞』（法藏館、二〇一一年）、『鎌倉仏教と専修念仏』（法藏館、二〇一七年）などがある。

永村　眞（ながむら・まこと）

一九四八年生まれ。日本女子大学名誉教授。

専門は日本中世仏教史。

著書に『中世寺院史料論』（吉川弘文館、二〇〇〇年）、論文に鎌倉仏教——密教「聖教」の視点から」（『智山学報』六六、二〇一七年）、「『東草集』と根来寺」（大橋直義編『根来寺と延慶本『平家物語』——紀州地域の寺院空間と書物・言説』アジア遊学二一一、二〇一七年）などがある。

村田　弘（むらた・ひろし）

一九五五年生まれ。公益財団法人和歌山県文化財センター埋蔵文化財課副主査。

専門は歴史考古学。

主な論文に「根来寺坊院における志野の出現について」（『紀伊考古学研究』二、一九九六年）、「紀伊国那賀郡衙跡に関する一考察」（『立命館大学考古記念論集』一、一九九八年）、「荒川荘をあるく」（『紀の国荘園の世界』清文堂出版、二〇〇〇年）などがある。

廣田浩治（ひろた・こうじ）

一九六七年生まれ。泉佐野市教育委員会。

専門は日本中世史（地域・村落研究）。

主な論文に「在地領主支配下における中世村落」（荘園・村落史研究会編『中世村落と地域社会』高志書院、二〇一六年）、「中世後期の摂河泉の興福寺領・春日社領」（大乗院寺社雑事記研究会編『大乗院寺社雑事記研究論集』第五巻、二〇一六年）などがある。

上島　享（うえじま・すすむ）

一九六四年生まれ。京都大学文学研究科教授。

専門は日本中世史・日本宗教史。

主な著書に『日本中世社会の形成と王権』（名古屋大学出版会、二〇一〇年）などがある。

伊東史朗（いとう・しろう）

一九四五年生まれ。和歌山県立博物館長。

専門は日本彫刻史。

主な著書に『院政期の仏像』（編著、岩波書店、一九九二年）、『調査報告 広隆寺上宮王院聖徳太子像』（編著、京都大学学術出版会、一九九七年）、『平安時代彫刻史の研究』（名古屋大学出版会、二〇〇〇年）、『十世紀の彫刻』（至文堂、二〇〇六年）、『日本美術全集』第四巻（平安時代）（編著、小学館、二〇一五年）などがある。

編者略歴

山岸常人（やまぎし・つねと）

1952年生まれ。京都大学教授。

専門は日本建築史。工学博士（東京大学）。

主な著書に『中世寺院社会と仏堂』（塙書房、1990年）、『中世寺院の僧団・法会・文書』（東京大学出版会、2004年）、『塔と仏堂の旅　寺院建築から歴史を読む』（朝日選書772、朝日新聞社、2005年）などがある。

歴史《れきし》のなかの根来寺《ねごろでら》
――教学継承と聖俗連環の場《トポス》

編者　山岸常人
発行者　池嶋洋次
発行所　勉誠出版㈱
〒101-0051 東京都千代田区神田神保町三－一〇－二
電話　〇三－五二一五－九〇二一㈹

二〇一七年十月六日　初版発行

印刷　太平印刷社
製本　若林製本工場

ISBN978-4-585-21042-9　C3015

根来寺と延慶本『平家物語』
紀州地域の寺院空間と書物・言説

根来寺において著述・編纂された延慶本『平家物語』と紀州地域との関わり、成り立ちを再検討し、延慶本が持つ説話論的な多様性を明らかにする。

大橋直義 編・本体二四〇〇円（＋税）

中世寺社の空間・テクスト・技芸
「寺社圏」のパースペクティヴ

「初期的都市」として寺社機構が成り立っていた場であるる「寺社圏」。寺社の内外にわたる、あらゆる「もの／ごと」を全方位的に明らかにするための方法論的試み。

大橋直義・藤巻和宏・高橋悠介 編・本体二八〇〇円（＋税）

ひと・もの・知の往来
シルクロードの文化学

様々な領域の知見から描き出したときに立ち現れる、東西の文化の融合と展開について、それを媒介する「道」――シルクロード――の意義とともに確認する。

荒木浩・近本謙介・李銘敬 編・本体二四〇〇円（＋税）

仏教がつなぐアジア
王権・信仰・美術

アジア世界をつなぐ紐帯であった仏教。中国史料の多角的読み解きにより、仏教を媒介とした交流・交渉のありようを照射、アジア史の文脈の中に日本を位置づける。

佐藤文子・原田正俊・堀裕 編・本体三六〇〇円（＋税）

方法としての仏教文化史
ヒト・モノ・イメージの歴史学

多様な史資料のなかに影響を色濃く残す仏教文化。美術史学・文献史学からのアプローチを「仏教文化史」という観点で再構築。立体的な歴史像を描き出す。

中野玄三・加須屋誠・上川通夫 編・本体一二〇〇〇円（＋税）

中世真言僧の言説と歴史認識

文庫に伝持される史料に残された栄海の活動、それらと密接な関係を持つ著述・編纂という営為から、当時の歴史認識と歴史を物語ることの意味を明らかにする。

佐藤愛弓 著・本体一二〇〇〇円（＋税）

醍醐寺文化財調査百年誌
「醍醐寺文書聖教」国宝指定への歩み

国内最多級の「紙の文化」の保存・伝承に尽力した人々の営みを振り返り、これからの文化財の保存と活用について提言する。

醍醐寺文化財研究所 編・本体三八〇〇円（＋税）

醍醐寺の歴史と文化財

創建よりいまに至るまで仏法を伝え、その文化財の伝承・保存に力を注ぐ醍醐寺。その信仰と歴史に焦点をあて、これからの文化財との共存のあり方を再考する。

永村眞 編・本体三六〇〇円（＋税）

醍醐寺叢書 目録篇

醍醐寺文書聖教目録

総本山醍醐寺の膨大な所蔵資料の中から、醍醐寺文書それぞれの史料名・年月日・員数・成立時代・内容・書出・書止などを抽出。目録として提供。順次刊行。

総本山醍醐寺 編・本体二〇〇〇〇～三〇〇〇〇円（＋税）

醍醐寺叢書史料篇

建築指図集 第一巻

寺院等の建物や、法会の会場やその舗設を描いた図、「指図」。醍醐寺所蔵の膨大な聖教のなかから、特に建築史・寺院史の観点より重要な指図史料を集成。

総本山醍醐寺 編・本体二二〇〇〇円（＋税）

枝葉抄 影印・翻刻・註解

醍醐寺報恩院門主・隆源の『枝葉抄』自筆原本を影印・翻刻。伝本、作者に関する詳細な論考と各記事の注解を付す。また、原本に無い諸本中の記事も集成・翻刻。

総本山醍醐寺 編・本体二〇〇〇〇円（＋税）

後七日御修法再興記

影印・翻刻・解題

「国宝 醍醐寺文書聖教」の一冊として伝わる本書は、後七日御修法に関する先例や要件等を詳細に記録した貴重資料である。全編初フルカラー影印。翻刻・解説を収載。

総本山醍醐寺 仲田順和 編・本体一〇〇〇〇円（＋税）

中世醍醐寺と真言密教

醍醐寺に所蔵される聖教や付法史料を博捜し、寺院社会の内部構造を明らかにする。また、中世社会において如何に真言密教が展開し受容されてきたかを考察する。

藤井雅子 著・本体九八〇〇円（＋税）

中世密教寺院と修法

聖俗両社会を結びつけた密教の祈禱、修法はいかなる仕組みで勤修・継承されていったのか——醍醐寺に伝わる聖教を活用し、修法勤修と相承の仕組みについて考察。

西弥生 著・本体九八〇〇円（＋税）

修験道教団成立史
当山派を通して

山岳信仰と仏教などが融合した修験道の「形成」「継承」「発展」の実態を、醍醐寺の伝持する膨大な史料に基づき、明らかにする。

関口真規子 著・本体九五〇〇円（＋税）

室町時代の陰陽道と寺院社会

寺院史料や新出史料・未刊史料など、多角的な資料を積極的に活用。室町期の基礎的史料を広く提供し、総合的な分析から陰陽道研究における新たな視座を提示した。

木村純子 著・本体一二〇〇〇円（＋税）

天野山金剛寺善本叢刊 第一期
第一巻 漢学／第二巻 因縁・教化

古代・中世における寺院の営みをいまに伝える一大資料群より天下の孤本を含む貴重善本を選定し収載。精緻な影印と厳密な翻刻。充実の解題を付す。

後藤昭雄 監修／(第一巻) 後藤昭雄・仁木夏実・中川真弓 編／(第二巻) 荒木浩・近本謙介 編・本体九八〇〇円 (+税)

金剛寺本『三宝感応要略録』の研究

最も古い写本である金剛寺所蔵『三宝感応要略録』。その古鈔本を影印・翻刻、代表的なテキスト二本との校異を附し、関係論考などと合わせて紹介する。

後藤昭雄 監修・本体一六〇〇〇円 (+税)

本朝漢詩文資料論

伝存する数多の漢文資料に我々はどのように対峙すべきであろうか。新出資料や佚文の博捜、既存資料の再検討など、漢詩文資料の精緻な読み解きの方法を提示する。

後藤昭雄 著・本体九八〇〇円 (+税)

平安朝漢詩文の文体と語彙

平安朝漢詩文を代表する十種の文体について、構成方法や機能などの文体的特徴を明らかにし、日本文学史・日本文化史における位置づけを提示する。

後藤昭雄 著・本体八〇〇〇円 (+税)

古文書料紙論叢

古代から近世における古文書料紙とその機能の変遷を明らかにし、日本史学・文化財学の基盤となる新たな史料学を提示する。

湯山賢一 編・本体一七〇〇〇円（＋税）

文化財と古文書学 筆跡論

書誌学はもとより、伝来・様式・形態・機能・料紙など、古文書学の視座との連携のなかから、総合的な「筆跡」論への新たな道標を示す。

湯山賢一 編・本体三六〇〇円（＋税）

紙の日本史 古典と絵巻物が伝える文化遺産

長年の現場での知見を活かし、さまざまな古典作品や絵巻物をひもときながら、文化の源泉としての紙の実像、そして、それに向き合ってきた人びとの営みを探る。

池田寿 著・本体二四〇〇円（＋税）

文化財としてのガラス乾板 写真が紡ぎなおす歴史像

先駆的に調査・分析・保全を続けてきた東京大学史料編纂所ほか、諸機関の手法を提示する各論を通じて、総合的なガラス乾板の史料学を構築する。

久留島典子・高橋則英・山家浩樹 編・本体三八〇〇円（＋税）